花森さん、しずこさん、そして暮しの手帖編集部

小榑《こぐれ》雅章

暮しの手帖社

花森さん、しずこさん、そして暮しの手帖編集部

小榑雅章

暮しの手帖社

戦争が終わった。
焼け野原。
何にもなかった。
でも明るい未来がある。
新しい暮しが始まるのだ。

花森安治と大橋鎮子は出合い、
そのなかで〈暮し〉を大事に、
少しでもよりよくするための雑誌を創刊した。
『暮しの手帖』の誕生である。
それは、世界で唯一の、広告のない、
１００万部の大雑誌になってゆく。
日本人みんなの暮しを第一に考えて
『暮しの手帖』を創った
花森さん、鎮子さん、
それを支えた編集部の思いと
泣き笑いの日々を、
ここに綴る。

まえがき

70数年前の太平洋戦争のことを、若い人に話したときに、「それは夏目漱石のころのことですか」と聞かれて愕然としました。めちゃくちゃな話ですね。でも本当のことです。

日本史では、昭和のことはあまり習わないようだし、その子どもたちの親の世代も、戦争のことはほとんど何も知らない人たちが、たくさんいることに、あらためて気づかされています。

『暮しの手帖』がなぜ誕生したのかは、この戦争ととても関係があるので、どうしても最初にこのことについてお話ししたいと思います。

75年前に、日本は米国や中国をはじめ多くの国と戦争を始め、海外に侵攻していき、多大な迷惑をかけました。そして、わが国の230万人もの男たちは戦死をしました。戦いは海外だけでなく、日本中が、米軍の飛行機から落とされた焼夷弾という爆弾によって、２３０万戸もの家々が焼かれ、女や子供も含む80万人も死亡し、１０００万人もの民間人が被災しました。そして日本は戦争に負けました。昭和20（１９４５）年8月15日のことです。なんでこれほどひどい戦争などしてしまったのでしょう。『暮しの手帖』を創り、長い間編集長だった花森安治《はなもりやすじ》さんは、一兵卒として極寒の旧満州に連れて行かれ戦い、結核になって傷痍軍人として帰国しました。花森さんと一緒に昭和23年に『暮しの手帖』を創刊した大橋鎭子《しずこ》さんも、母親や姉妹とともに戦争でとても苦しい思いをしました。日本中の国民は、戦争が終わっても、食べるものもなくひもじい毎日で、住む家は焼夷弾で焼かれて、雨風をしのぐのにもたいへんな苦労をしていました。

政府の命令で、「お国のため」、という名目の下、国民をこんなに苦しめる戦争はもうごめん。ぜったいに戦争をしない国にしなければならない、そのためには、「お国のため」などでなく、まず「国民のため」、「国民みんなの暮し」を一番大事にする世の中にしなければならないと考えて、『暮しの手帖』は創刊されたのです。

だから花森さんも鎭子さんも、ひもじい思いをし、寒さに震える人々と、いっしょにつらい思いをしながら、どうしたら少しでもましな暮しをしてもらえるだろうかと、必死に考えて作ってきたのが、『暮しの手帖』です。

私が暮しの手帖に入社したのは、昭和35（１９６０）年のことで、創刊から13年後です。日本も豊かになりつつありましたが、洗濯機も、冷蔵庫も掃除機もエアコンも、ほとんどの家にはまだない暮しでした。テレビがやっと出回り始めたころです。

もちろんパソコンもスマホも、まだ影も形もありません。いまの若い人たちから見たら、そんなこと、パソコンで簡単に出来るのに、と思われることも、『暮しの手帖』は創刊以来、ほとんど人力、自分たちの手作りで作り続けてきました。

私が入社してからもその姿勢はずっと変わらず、その後も、日本で最もたくさんの読者に読まれる雑誌であり続けてきました。この国の人々の暮しを少しでもよくなるように、そのことだけを考えて、記事を作り続けてきたのです。

この本は、その『暮しの手帖』を、花森さん鎭子さんを中心に、編集部のみんながどんな思いで、どんな苦労をしながら、作り続けてきたかの泣き笑いの記録です。

夏目漱石の明治時代のことではなく、ついこの前までの世の中の出来事だと思って、参考にしていただけたら幸いです。

小榑雅章

もくじ

三章　なかのひとりはわれにして

四章　日用品のテストから本格的テストへ

五章　暮しの手帖研究室の暮し

六章　いろいろな記事の作り方

七章　編集部の泣き笑いの日々

八章　「戦争中の暮しの記録」

九章　1世紀100号から2世紀1号へ

装画＝花森安治
装幀＝佐々木暁

一章　銀座の暮しの手帖編集部

花森さんの、みんな集まれ

花森さんが、「みんな集まれ」と声を上げた。夕方の5時だ。館内放送で、集合が告げられると、編集部員はみな仕事を中断し、手に手にノートをもって、急いで編集室の一隅にある台所のテーブルに集まってくる。みんなが席に着くと、花森さんが「今日は、編集者とは何か、ジャーナリストとは何かを話すから、みんなしっかり聞いてくれ」と切り出した。

こういう招集は、よくあることで珍しいことではない。だがこの日は、いつもと少し違った。花森さんは、これはどうしても言っておかなければ、と思い定めたような表情だ。

君らは、自分は雑誌の編集者だと思っているだろう。ジャーナリストでございと思っているだろう。でも、本当にそうか。自分は編集者でございい、ジャーナリストでございと胸を張って言えるか。自分に問うてみたことがあるか。

きょう日、ジャーナリストというのは、大半は月給をもらって、その社の給与規定や勤務規定に縛られながら働くのだが、絶対に、ほかのビジネスマンとは違うんだ。

それはどこが違うかというと、ジャーナリストというのは、他の企業のように人間が組織の中の1個の歯車になっているわけではないということだ。

銀行にしたって商社にしたって、ふつうの会社は、組織の巨大な機械が動いているとしたら、そこに働いている人たちは、その機械の中の一つの歯車だ。一つのレバー、一つの鋲だ。だからその会社の秩序にしたがって動かないと、機械は動かない。

しかし、ジャーナリズムというのは、そういうものではなくて、一人一人が独立した部品だ。それが寄り集まって、一つの新聞なり雑誌なりテレビなりをつくっているわけだ。決して一つの鋲、一つの歯車ではないんだ。ということは、裏返して言えば、一人ずつが、われわれはジャーナリストだという自覚があり、自分のなすべき役割があって、それを果たしているということだ。君らは、自分がちゃんとしたジャーナリストでございます、と言えるのか。その自覚があるのか、自分に問うてみたことがあるか。

将来、ジャーナリストたらんとするものは、極端に言えば、小学校のころからその志をかためて必死に努力して邁進《まいしん》するんだ。それでもなお不十分なくらいのたいへんな仕事だ。死に物狂いで取り組む覚悟が必要な仕事なんだ。

ところが、なんと毎年、文科*を卒業する学生が、この世界に殺到する。ジャーナリストのなんたるかが全然わかっていない。ＩＢＭに行こうか、朝日新聞に行こうか、講談社はどうか、三井物産に就職しようか、どこでもいいから、給料がよくて、楽なところがいい、なんて志も何にもない無節操に考えている学生が多い。他は知らん、ジャーナリストは、そんな甘っちょろいものじゃないんだ。

問題なのは、ジャーナリズム自体が大きくなりすぎて、新聞社も出版社も普通の会社と同じになってきていることだ。大きなビルに入って、総務局だ営業局だ編集局だ、部長だ課長だ、勤務規定に忠実に、などと会社のいいなりになって、大過なく過ごそうとしている。会社の歯車や鋲の一つになっている。ジャーナリストに課長も部長もあるか。そんなのはジャーナリストではない。ジャーナリズムの堕落だ。

不審そうな顔をしているのがいるが、疑問に思っても聞くな。ぼくが40年もかかってわかったことが、3年や5年、10年でわかるはずがないんだ。黙って、しっかり聞きなさい……。

このあと、1時間ちかく、花森さんのジャーナリスト論、編集者論が熱くつづく。昭和44（1969）年10月の夕刻のことである。私が入社してから9年の歳月が過ぎていた。花森さんが「不審そうな顔をしているのがいる」と言ったのは、私のことかもしれない。ジャーナリストとしての自覚があるか、と言われたら、そりゃあないよな、そんな待遇も受けてないしと、心の中で首をすくめたのを見透された、と思った。

10年ちかく前、ジャーナリスト、編集者を目指すという志も情熱もなく、無節操、無定見に商社でも化学会社でも雑誌社でもかまわず受験し、待遇がよさそうなという軽薄な判断で暮しの手帖に入ったのだった。しかし、怒鳴られ、しごかれて、それなりに努力をして、おれは結構仕事ができるぞ、おれも一人前の編集者になった、と自分なりに納得していたのだが、そのおごりを見透かしたかのような花森さんの訓示だった。まさに、お前はそれでも編集者と言えるのか、ジャーナリストだと胸を張れるのか、思い上がるな、と名指しで一喝されたのだと思った。

花森さんの演説のあと、自席に戻って、自分は本当に編集者なのか、と改めて問うた。う〜む。とても編集者なんていえないな。ジャーナリストだなんて大それた自覚なんか、もてるはずがないじゃないか。それどころじゃないんだ。いまは電気掃除機のテストで、一日中ゴミまみれになって、はいずりまわっている作業員だよ。

＊文科＝文学だけでなく、自然科学系統以外の学問の分野。経済学も商学も法学、社会学も含む。

暮しの手帖社に入社

この花森さんのジャーナリスト論、編者者論から10年ほど前にさかのぼる。

私が暮しの手帖社に入社したのは、昭和35（1960）年4月1日である。『暮しの手帖』1世紀54号*から仕事をはじめた。

その前年、昭和34年11月20日の夜、自宅に速達がきた。

暮しの手帖社から、「第1次試験を通過しました。ついては2次試験を11月27日に行います」という通知である。

第1次試験というのは、たしか「暮しの手帖と私」というタイトルで思うことを書いて提出せよ、という作文試験だった。それまで『暮しの手帖』という雑誌は、手に取って読んだことは一度もなかった。ときどき印象的な新聞広告をみて、へぇ、面白そうな雑誌だな。『主婦の友』や『婦人生活』とはまったく違う。ちょっと気取ってる。愛読者がどんどん増えているそうだ、という程度の認識しかなかった。

大学の就職課に掲載された暮しの手帖社の募集要項をみて、まあ、ここも受けてみるかと思い、最近発行された51号や52号を読んで、感想のような作文を提出したのだった。それからもう2カ月間もまったく音沙汰なしだったので、ほとんど忘れかけていたところである。

速達の通知によると、第1次試験への応募は201名。第2次テスト者は29名。通過率7分の1、最終的に何人採用するか知らないが、二、三人だと100倍に近い競争倍率だ。学生の間でも、ユニークな出版社だと評判は高かったのだが、これほど人気があるとは知らなかった。

じつは、私はすでに内定を三つもらっていた。一つはラジオ局。二つは化学メーカー。三つは出版社。何でもいいから、ただ当座の就職口を確保することに一生懸命で、その時は、内定していた三つの会社のどれに行こうかと迷っていたところだった。

母に、暮しの手帖社の話をしたら、

「雑誌社かい。名前は聞いたことはあるけど、だいじょうぶかね。つぶれたりしないかね。もっとまともな、大きな会社のほうがいいのだけどね」と不満顔。主婦の雑誌だというのに、自分ではまだ手に取ったことはないようだ。

給料も掲示板には1万3千円（現在の24～5万円相当）と出ていた。まあ悪くはない。

結局、内定先をもう一つ増やすために、11月27日の第2次試験を受けることにした。

＊『暮しの手帖』1世紀54号＝『暮しの手帖』は、創刊号～100号をひとくくりにまとめて、「1世紀」とし、次の号を2世紀1号と呼ぶ。本書で特に世紀の表記のない号数は、1世紀の号こと。

当然、崇高なるジャーナリストを志すわけでもなく、立派な編集者を目指すわけでもない、無自覚無節操な学生が一人、東京麻布新網町（今の東麻布）の暮しの手帖分室に出かけて行った。

分室はモルタル2階建ての建物で、2階のスタジオのようなところに案内された。部屋のまわりは、ぐるっとビロードのカーテンがめぐらされて、不思議な雰囲気だ。そこに折りたたみの机が並べられていて、すでに何人かの学生が座っていた。

正《しょう》ちゃん帽*をかぶった小太りの中年のおじさんがいた。能天気な私でも、この人はあの有名な花森安治《はなもりやすじ》だと気づいた。噂ではスカートをはいていると聞いていたが、スカートではない。ズボンだ。その人が、

「筆記試験に必要なもの持参と書いておいたが、何を持ってきたか」と聞きだした。

「鉛筆を持ってきた人？」「万年筆を持ってきた人？」

なんだこりゃ、これも試験なのかな。準備怠りないかをみるのかも。

朝9時から昼の1時までが筆記試験。問題用紙が配られたのを見て、やったと思った。

「熱貫流率について、説明してください」事前に、にわか勉強でいま出ている『暮しの手帖』52号（1959年）を読んだが、「冬とカーテン」の記事の中にあった言葉だ。暖かい室内から寒い戸外へ熱が逃げていく割合だったな。

最初の問題がなんとか書けたので、ふっと安心した。しかし、考えたら最近刊の52号は、

受験した連中はみんな読んでくるよ。自分ができたから安心なんてアホだ、と気づいたが、さてあとの問題は、何だったかおもいだせない。

このとき一緒に受験し、入社した平川（のち、結婚して加川姓）さんはしっかり覚えていて、「口紅の量目テストの結果をみて、どれがいいか選びなさい」「4月に発行する本に載せたらいいと思う料理を次の中から選びなさい。ちらしずし、鯛の潮汁、里いものごまみそ煮」「次の英語を訳してください。題名もつけてください」などなどだったそうだ。

花森さんがずっと試験場におり、いろいろ話をしていた。スタジオの隅に大きなスピーカーがでんとおいてあり、試験の最中も音楽が鳴りっぱなしですごくうるさかった。花森さんが、こう言った。

「今日はうるさかっただろう。こんなうるさいところでも仕事ができるかどうかも試験のうちだ」

うーん、これはたいへんな会社だなと思う反面、こんな試験にまで花森さんが陣頭にいるんだ、とうれしくなった。1時から弁当が配られ、昼食になったが、単純なもので、この会社はきっといい会社だぞ、と思った。帰りに、車代として500円（現在の9千円相

＊正ちゃん帽＝毛糸で編んで、頂に毛糸の玉をつけた帽子。1923年ころ、樺島勝一の漫画「正チャンの冒険」の主人公がかぶっていたところから流行した。一時期、花森さんもかぶっていた。

いな。

当）くれた。こんな会社は初めてだ。ますますいい会社だ、きっと待遇もいいぞ、入りた

面接試験

1週間後の12月3日に、待ち望んでいた通知が来た。7日に面接があるから来るように、という通知だった。まだ採用通知でもないのに、うきうきした。

12月7日。面接は、銀座西8丁目の本社で行われた。面接室に入ると、正面に三人。後でわかったことだが、真ん中に社長の大橋鎮子《しずこ》さん、左に花森さん、右に営業と経理の責任者の横山啓一さん。真ん中の女性と目が合ったとたんに、ありゃ、こりゃまずい、と思った。その女性がニコニコして、「あなたに煙草を買いに行かされましたよ」と言った。

最初の筆記試験の時に、煙草を切らしていて、たまらなく吸いたくなったので、近くに立っていた女性に「煙草はないですか」*と声をかけたのを思い出した。その女性が、まさか社長だったとは。恐縮して、すいませんと謝ると、大橋社長も、「こんなずうずうしい人は初めてですよ」と笑ってくれたが、冷や汗をかいた。

鎮子さんが、「あなたが暮しの手帖に入ったら、何をしてくれますか?」と質問してき

た。「もし入社出来たら、一生懸命働きます」当たり前だ。当たり前すぎて返事になってない。また冷や汗。自分でも、アホな答えだと思う。

横山さんが、「君の得意は何だ。これは人より優れているとか、自慢できるとかいうものは何かありますか?」

じつは、そういう質問はどこでも受けるので自分なりに考えていたが、何にもない。しいてあるとすれば新聞のスクラップかな。小学生のころから、新聞をいろんなジャンルに切り分けて、自分流のエンサイクロペディアをつくり、それが100冊ぐらいになっていたが、そのうちの3冊ほどを持参していた。おそるおそるそれを持ち出したが、花森さんは見向きもしない。こりゃだめか、仕方がない。「他に自慢できるものは、ありません。でも、暮しの手帖が困ったときには、必ず必ず、私が何とかします。ほかの人間があきらめても、私はあきらめません」これも馬鹿な答えだ。

横山さんが笑いながら、「暮しの手帖は、何も困っていないよ。君に心配してもらわなくても大丈夫だよ」

花森さんを見ると、無言。興味なさそうにそっぽを向いている。

*喫煙=今では、入社試験中に煙草を吸うなどは考えられないが、当時は喫煙は自由で、男性の8割は煙草を吸っていた。ヘビースモーカーの花森さんも、見回りながら煙草を吸っていた。

鎮子さんが「はい、結構です。ご苦労様でした」
冷や汗と自己嫌悪感、絶望感で退出。やれやれ、面接まで来たが、ここで墜落だな。仕方がない。内定が三つあるから、まあいいや。

翌日12月8日、電報が来た。

アナタヲワガシヤノスタツフトシテムカエルコトニナイテイシマシタ」一〇ヒ一〇ジインカンヲモツテギンザノホンシヤニオイデクダサイ」クラシノテチヨウシヤ

銀座本社の暮し

昭和35（1960）年4月1日に、銀座の暮しの手帖社に初出勤した。

新入りの五人が、社員みんなの前で自己紹介をさせられた後、花森さんが「五人もの新人が入ることになった。早く戦力になってもらいたいと期待はしているが、失望かもしれない。古い人は大変だが、鍛えてやってくれ」というようなことを話した。花森さんだからもっと変わったことを話すのかな、と思っていたが、案外月並みだな、などと生意気なことを思った。それでも、いよいよ暮しの手帖の社員になるんだ、1日も早く戦力になりたい、がんばろうという気になってきた。

その日だったと思うのだが、鎮子さんに呼ばれて言い渡されたことがある。

「暮しの手帖編集部員になったからには、親の死に目に会えないと覚悟してください。『暮しの手帖』は定期刊行物だから、なによりも締め切りが重要なので、それのためには、家庭の都合よりも何よりも仕事が最優先です。花森さんもお父さんの死に目にあえなかったのですからね。それから暮しの手帖には盆も夏休みも正月もありません。大晦日まで働きます。テストの関係で、お正月も出勤する人もいます。わかりましたね」

うへぇー、ほんとうかよ、こりゃえらいところに入ったな。たいへんだ、もっと待遇がいいと思っていたが、ちょっと雰囲気ちがうな。親の死に目より仕事が大事とは。性根を入れ替えてがんばらなければ。

会社の始業は9時。終業は6時だ。

鎮子さんから、「親の死に目にあえない」という訓示をうけて、毎日の残業は当たり前と覚悟していたが、仕事はひまで、毎日6時に退社していた。

朝と3時のお茶は、夜学に通っていた営業の深井君が、みんなの湯飲み茶わんにお茶を入れて配ってくれた。夕方、みんなの茶碗を下げて、洗って片付ける作業は、新人のわれわれの仕事だった。残業の食事は各自が勝手に出前を取ったり食べに行ったりしていた。

花森さんも鎮子さんも出前だった。

我々の入社した4月の初めは、次の54号の仕事の真っ盛りで、先輩方は大忙し。新人に仕事を教えたり、世話をしたりする余裕はなく、しばらく勝手にしろという状態だった。

入社第1日目は、石井好子*さんの「巴里の空の下オムレツのにおいは流れる」という原稿の清書をした。1日がかりで30枚の原稿の清書だけとは情けない。それでも、まだ仕事があっただけよかった。

2日目からは毎日、愛読者カードの整理ばかり。退屈で眠くなって困った。

愛読者カードというのは、名刺より少し横長の名簿カードで、『暮しの手帖』や出版物の購入者はもちろん、お便りや問い合わせや何かの縁がある人の名前、住所、購入や縁の履歴が書かれている。そのカードをもとに、毎号発行にあわせて、その号の記事のダイジェストをびっしり印刷したハガキに宛名を書いて送るのである。ところが引っ越しをされたとか、受取人不明だとかの変更が、毎号何千何百の単位で発生する。それがわかったカードは、休止したり破棄をしたり問い合わせをしたり、住所変更をしたりするのだが、その作業は面倒だが単純で面白くない。眠くなる。

その当時は、この退屈で辛気臭い作業を、なぜ学卒*のわれわれがやらなければならないのかと内心不満たらたらだったが、じつは、この愛読者カードが、『暮しの手帖』にとって、どれほど重要な戦力になっているのか、それを理解できるようになったのは、もっとずっと後のことである。

4日目か5日目のこと、その日も一日中愛読者カードの整理だった。6時になったので、さっさと片付けて帰ろうとしたら、鎭子さんが来て、「これからレインコートのテストの撮影があるから手伝って」と言われた。

えっ、そりゃないよ。今日は6時半に友人と会うことになっている。思わず「参ったな」と声に出してしまった。

「どうしたの、だめなの」

「はい、6時半に約束がありますので、今日は失礼します」

「あなた、何言ってるの、仕事よ、仕事を断る気。仕事より友だちが大事なの。もういいわ、坂東君にたのむから」

なんでそんなことを今頃言ってくるんだ。退社時間も過ぎているし、毎日、愛読者カードの整理ばかりやらせておいて、急に撮影を手伝えなんて勝手すぎるよ、と腹の中で毒づ

＊石井好子（1922〜2010年）＝シャンソン歌手。日本シャンソン界の草分け。大橋鎭子の府立第六高女の後輩。『暮しの手帖』第1世紀の号に掲載したエッセイはのちに、『巴里の空の下オムレツのにおいは流れる』として単行本化。日本エッセイスト・クラブ賞を受ける。
＊学卒＝「大学卒業（者）」の略。1955年の4年生大学進学率は約8％で、大学生は10人に1人もなく、エリートと言われ、思い上がっていた。

いて、そそくさと会社を出た。

銀座の編集室

暮しの手帖の本社は、東京都中央区銀座西8丁目5番地　日吉ビルの3階にあった。日吉ビルは戦災でも焼け残った古い建物で、石造りのがっしりとした3階建て。その3階の全フロアを借りている。階段を3階まで上がると、右手に受付のカウンターがあり、左手が応接室。われわれが面接試験を受けた時と違うのでとまどったが、直前に改装したという。オーク調の板張りで、落ち着いた雰囲気だ。正面のドアを開けると大部屋になっていて、入ってすぐ左側が営業や経理の席。一番窓際に横山さんが座っている。その手前に、伊夫伎、岡戸、深井、板谷のみなさん。

営業の奥が編集部で、一番奥に鎮子さんの机があり、その隣に花森さん用の革のソファが置かれている。その前方に、鎮子さんの妹でデスクの大橋芳子《よしこ》さんの机を起点にして、編集部員の机が二の字型に向かい合わせで長く並んでいる。編集部の先輩は中野家子、秋山洋子、松本千恵子、西村美枝、臼井久美子、林澄子、河津一哉、宮岸毅の八人。そこへ、今年は一挙に五人も新人が入った。岩澤弘恭、隠岐小苗、坂東清三、平川厚子、そして小榑《こぐれ》雅章の五人である。五人の机はひとかたまりでなく、旧人の間にばらまくように配置されていた。どこの机になるかは、くじ引きで決めた。私は一番はずれの机で左隣は林澄子さんである。

編集部八人のところに一挙に五人も採用するなんて、ずいぶん思い切った増員である。この当時、『暮しの手帖』の世間的評価もどんどん高くなり、1万部からスタートした発行部数も毎号のように増えて、50号（1959年）には75万部という大雑誌になっていた。編集内容も変化していく。女性中心だった仕事も編集内容も、男手が必要になってきていたのである。

学卒公募採用の第1回目が、林、河津、宮岸の三人で、つぎがわれわれ五人である。それまでは、気心の知れた女性五人の編集部だったところへ、初めに三人、ついで五人もの新人がどかどかと入ってきたのだから、気の合った有無相通じる静かな編集部ではなくなっていくのは当然である。

それでも前の三人は、志も高く、特に男性の河津さん、宮岸さんは、二人とも性格もおとなしく周囲の空気も読めるから、編集部にさりげなく溶け込んでいったようだが、われわれ同期の五人は男も女もガサツで、気遣いが少なく（と思われて）、「ガチャガチャしていて、目障り耳障り、癇に障る。静かにさせろ」と、花森さんが鎮子さんに怒鳴ったそうである。

同期の岩澤君は慶應大の経済の出身で、写真が趣味だから、面接試験の時も得意の写真をたくさん持ってきていた。坂東君は、早稲田の仏文科で、私は国文科だが、大学ではまったく面識はなかった。いかにも文学青年という感じだが、音楽が趣味で、『暮しの手帖』ではレコードなどの音楽関係の担当になっていく。隠岐さんも同じ大学の同じ国文科だったので、もちろん顔はよく知っていたが、授業よりもっぱら麻雀屋や喫茶店に出席していた私とは、話はほとんどしたことがなかった。平川さんは、日本女子大の食物科卒で、一番『暮しの手帖』にふさわしい新入生だった。また見るからにシャキッとしていて、スポーツウーマンタイプなので、入社後すぐにはじまった56号（1960年）の「ウイークエンド」では、キャッチボールのモデル役を演じ、58号でもなわとびのモデルを務めた。隠岐さんもこの58号で、ノウ（脳）の体操でモデルになって、新入生でも早速お役に立っている。しかし、男三人は、スポーツはからきしダメで、風采も上がらないから写真のモデル失格で、お互い何の取り柄もなく役立たずだな、とぼやき合ったものである。

河津一哉さんは、熊本出身、陸軍幼年学校をへて東大卒。とても優秀なのだろうが、決してそれをひけらかさない穏やかな先輩。寡黙で、いつも静かにゆっくり話す。それでいて、入社のときにベートーベンの第9の合唱を高らかに歌って、みんなを驚かせたというのが伝説になっている。

宮岸毅さんは、石川県加賀の出身で、慶應大学卒業。一見穏やかだが、がんこなところもあり、器用で、工作をやってもプラモデルでも、そつがない。オシャレなのだろうが、気にいると黒のとっくりのセーターを何週間も着続けて、林さんに顰蹙《ひんしゅく》されていた。

林澄子さんは、早稲田の英文卒で、いつもしゃんとしていて、よく気がつくし、仕事も早くテキパキしている。同期の河津、宮岸の男性二人を後ろに従えて闊歩している風情だ。ましてわれわれ五人の後輩に対しては、叱咤激励の教育役を任じている感がある。仕事は率先垂範、誰よりも努力をし、手早く確実に成果を上げる、ほんとうに頼りになる姉御であった。

その姉御が、社内の人間関係について教えてくれた。

「花森さんは編集長だけど、編集長とは言わず、花森さん。大橋鎭子さんは社長だけど、鎭子さん。デスク（次長）の大橋芳子さんは鎭子さんの下の妹。でも次長なんて言わずに芳子さん。営業部長の横山さんは、鎭子さんのすぐ下の妹の晴子さんの旦那さん。この会社は、編集長も社長も部長もみんなさんづけで呼びます。でも花森さんがいちばんえらい。つぎが社長の鎭子さん、そして芳子さん。わかったわね」

林さんは、席も隣同士で大学の先輩のせいか、能天気な後輩が気になるらしく、いろい

＊陸軍幼年学校＝陸軍の幹部である将校を養成するための初等学校。小学校卒業後入学し、中学校相当の学問に加え軍事学を学ぶ。教育期間はほぼ3年。まさに少年時代から軍人をつくる学校。1875年にはじまり、途中に改編されるが、昭和20年の敗戦まであった。

ろご指導をたまわる。内心、なんとか敬遠したいと思うのだが、そうもいかない。
「小榑君、知ってる？　暮しの手帖のはじまりは、衣裳研究所という名称だったのよ。知らないの、そのくらいのこと、ちゃんと知っておかなきゃだめよ」とピシッと叱られた。1号からバックナンバーをしっかり読みなさい、というご指導だとわかった。

ふーん、そういうもんかと些か感じるものがあって、それからひまがあるたびに、バックナンバーをひっくり返して読んでいった。

『美しい暮しの手帖』第1号*を手に取って、能天気な新人が、思わず粛然となった文章がある。「あとがき」の最後のところに書かれているつぎの文章だった。

はげしい風のふく日に、その風のふく方へ、一心に息をつめて歩いてゆくような、お互いに、生きてゆくのが命がけの明け暮れがつづいています。せめて、その日日にちいさな、かすかな灯をともすことが出来たら……この本を作っていて、考えるのはそのことでございました。

もっともらしい創刊の辞でなく、巻頭言でもなく、一番最後のあとがきの、さらにおしまいの方に、そっと書かれた編集者の創刊にかけた心もち。戦後すぐの昭和23（194

8）年の創刊時、生きてゆくのが命がけの明け暮れの日日……私自身が焼け跡に立ちつくし空腹でふるえていたあのころ、『暮しの手帖』は、灯をともして手をさしのべてくれるために始められたんだ——。そう思うと、涙が出そうになって、思わず創刊号を抱きしめてしまった。

あだやおろそかに、この仕事をしてはならない。自分もこういうつもりでがんばらねば、と正直に思った。

だが、目の前の現実はちがう。

怖い顔をして、その林さんがやってきた。

「小榑くん、だめじゃない。鎮子さんが怒ってるわよ。今年の新人はだめだけど、とくに小榑くんはだめだって。レインコートのテストのモデルになってもらおうとしたら、約束があります、お先に失礼、とはどういうこと。仕事がどういうものかわかってないって、カンカンよ」

ありゃあ、そういえば、レインコートの担当は林さんだった。参ったな。

結局、54号のレインコートのテストの後ろ姿の写真は坂東君になった。少しでも仕事を

＊『美しい暮しの手帖』第1号（1948年）＝暮しの手帖の創刊号から10号までの発行所は衣裳研究所で、11号から暮しの手帖社に変わる。表紙のタイトルは創刊号から『美しい暮しの手帖』で、22号からは美しいがとれて『暮しの手帖』になった。

させてくれようとした鎮子さん、ごめんなさい。

「そりゃ、小榑くんがわるい。どんな時でも、花森さんや鎮子さんからやれと言われたら、万難を排してやらなきゃだめよ」

平成のいまどきには、モーレツ社員のこんな話は通用しないだろうが、もう50年以上も前の話である。親の死に目に会えない、というのはさすがに極端だが、会社優先仕事第一というのは、サラリーマンにとっては当たり前の時代。高度成長の時期で、休日出勤、残業、午前様が当然の企業戦士、モーレツ社員の時代になっていた。暮しの手帖だけが無茶苦茶なわけではない。私が能天気で、世間知らずだったということだが、その私もすぐに否応なしにモーレツ社員になっていく。

銀座の夜と新橋の暮し

銀座の本社で一番驚いたことは、あちこちの窓に、クーラーが何台もついていたことである。いまではエアコンは当たり前だが、当時はクーラーと言われていたエアコンは、家電のなかでも飛びぬけて高価で、よほどの家でなければ設置していなかった。昭和36（1961）年の普及率が0・4％だから、100軒に1台もついていなかったぜいたく品である。

私は触るのは初めてだから、そばによってひそかに撫でたりのぞいたりしてみた。日本製ではなく、たぶんGEとかウエスティングハウスだったと思う。冷房も暖房も両方できるクーラーだと林さんが教えてくれた。

林さんに、クーラーなんてすごいですね、いつ動かすんですかと聞いたら、花森さんは太っているでしょ、とても暑がりなの。だから、ぜいたくだけど暮しの手帖では必需品なのよ。もう少し暑くなったら、クーラー入れろ、と言われるわよ。


日吉ビルの東側は、道をはさんで堀割になっていて、左側に難波橋、右側に土橋がかかっていた。入社した昭和35年にはその堀割は埋められ、高速道路に様変わりしたばかりで、その道路の下は新橋センターというショッピングセンターがつくられることになっていて、工事中だった。

このショッピングセンターがオープンすると、食べ物屋がたくさん入店していたから、昼飯も夕食もよく食べに行った。北側は道をはさんで、ショウボートという大きなキャバレーだった。

編集室の東奥にキッチンがあり、そのまた奥に花森さんの部屋があった。キッチンは息抜きの場で、ときどきお茶を飲みに行く。そこではつい声高に無駄話もしがちで、奥の花森さんの逆鱗にふれる原因にもなる。

そのキッチンに男の連中がよく出入りする、いやあね、と言われた。キッチンの窓から眺めると、ちょうどショウボートのホステスの着替えしているのが見える、というのである。それを目当てに出入りするというのは、それは濡れ衣だ。残念ながら、着替え姿にお目にかかったことはない。坂東や岩澤もやはり気にしているようなので、どうだと聞いても首をふるだけだ。そうはうまいことはない。

外出するときには、どこそこへ行きます、という外出先をメモに書いて、デスクの芳子さんに出す。交通費は伝票に書いてやはりデスクに請求する。花森さんの指示で取材に出かけた時には、帰社して報告をする。花森さんは必ず待っていて、どうだったか聞く。いい加減な取材だと怒られるので、報告は緊張するが、花森さんがきちんと聞いてくれるので必死だった。

給料日は毎月20日である。銀行振り込みなどではなく、横山さんが現金を封筒に入れて、ひとりずつに手渡しをする。お金はピン札の千円札である。ピン札を手渡しで渡すというのは、「よく働いてくれました、ご苦労さま。来月もお願いしますよ、という気持ちを表わしているのだ」と、横山さんから聞いた。「花森でも鎮子でもなく、給料はこのおれが渡すのだからな」と言って笑っていた。この風習は、ずっと2世紀になっても続いた。

給料の前日、林の姉御に「初月給もらったら、みんなにおごることになっていますからね」と教えられていた。新人五人で相談して、不二家のケーキを買ってきた。当時は、ケーキと言えば不二家で、結構高かった。大きいケーキを三つ買ってきて切り分け、紅茶を入れてみんなに食べてもらった。花森さんも鎮子さんも、ニコニコしながら食べてくれた。

銀座本社では、はじめのうちは、お先に失礼します、の日が続いたが、55号の編集がはじまると、すぐに新人でも担当を三つも四つも持つことになり、ほとんど毎日残業になった。夕食は、たいてい出前で、餃子とラーメン、しゅうまいとチャーハンなど中華が多かったが、先輩が寿司をとるときにはチャンスと便乗した。

しかし、銀座時代はまだのどかな時代で、仕事がまだ佳境に入らないときには、夕方6時ごろには終わることがある。花森さんも鎮子さんも外出して、いない。そんな時には、若い男連中でメシを食べに出かけ、町をうろうろした。河津さんも宮岸さんも同期の坂東君も、みんな郷里を離れての一人暮しで、気楽な身分だった。というより、家に帰ってもだれも待っていないし、腹は確実に減るから、いつも、一緒に何か食おうや、ということになる。

なにしろ銀座である。一歩外へ出れば、まわりはバーやサロンが軒並みのところだ。でも、ちょっと立ち寄っただけでも、1カ月分の給料が飛ぶ、と言われて、まったくわれわれとは縁のない場所と認識。われわれが行くのは、ほんの3分も歩けばたどりつく新橋駅前の飲み屋街である。

新橋駅周辺は空襲*で一面焼け野原になったが、戦後いちはやく闇市*になり、すごい盛り場だった。私は、この闇市の真ん中にある小学校に通っていたので、放課後にはよくうろついて叱られた。昭和35（１９６０）年当時は、もう闇市はなくなっていたが、駅前は木造の飲み屋やパチンコ屋が迷路のように入り組んでいて、どの路地に入り込んでも連日にぎわっていた。

われわれは、このあたりで、よく食べよく飲んだが、しかし深酒はしなかった。楽しみはほかにあった。新橋のガード下には、何軒もの映画館があって、石原裕次郎や小林旭の渡り鳥シリーズ、宍戸錠や赤木圭一郎などが毎週上映されていた。いつも空いていたので、最前列に陣取って煙草を吸いながら見ていた。しょっちゅう、頭の上を電車が通り、ガアー・ゴーと音がするのだが、気にならなかった。

当然、花森さんや鎮子さんには黙っていたが、どこからか耳に入ったらしく、鎮子さんに、やめなさいよ、暮しの手帖の社員でしょ、と言われた。こりゃ、花森さんに叱られるな、とびくびくしていたが、何も言われなかった。

花森さんは映画が大好きで、何かの映画の話になった時に、「渡り鳥は面白いか」と聞かれた。「はい」と頭をかきながら言うと、「おれも見てみるかな」と笑っていたが、たぶん見なかったと思う。

編集会議

毎号2回、編集会議が開かれる。場所は、銀座に本社があるときには銀座の事務所で行った。編集会議には、入社当時、編集部16名、写真部2名、営業・総務6名、計24名が全員参加する。編集部員の座る机に、全員が詰め合って座った。正面に花森さん、左に鎮子さん、芳子さん、右に横山さん。あとはてんでに座る。

初めの1回はテストと買物案内。つまり、どういう商品を取り上げて、どのような調査や検査をするかを決める会議。もう1回は、商品以外のテーマの編集会議で、こちらは通

＊日本本土の空襲＝第2次世界大戦中の日本本土への、米軍爆撃機による爆撃。日本中200以上の都市が空襲を受け、被災家屋は250万戸、約1000万人もの人々が罹災し、統計によって違うが、民間人の死者は30万人から100万人（原爆被害を含む）とされている。

＊闇市＝敗戦後、全国の都市の焼け跡などに自然発生的に形成された自由市場。当時、主食の米をはじめ、食料品、衣料、生活用具などの生活必需品の多くが配給などで統制されていたが、絶対的に不足していた。闇市は公定価格ではなく自由価格、いわゆる闇値で取引きされた。人々は、必要な物や金を手に入れるために、闇市に集まった。

常、「本文の会議」と言われていた。会議には全員がプランを提出する義務がある。営業や運転手さんもプランを出さなければならない。全員といっても花森さんは提出はしない。口頭で適宜話す。

プランは、B5判のレポート用紙に、縦書きで、プランのタイトルと取り上げたい理由を書いて、前日の夕刻までに芳子さんのテーブルに提出する。商品のプランの場合は、3つから5つぐらい、具体的な商品名を書く。たとえば電気せんたく機とか運動靴とかの商品名と、なぜそれを取り上げたいのか、その理由を数行で書く。本文のプランはさまざまだが、取り上げる理由が大事で、説得力のある理由がなければならない。

会議は、昼食をはさんで、ほぼ丸一日かかる。みんなの書いたプランを一人ずつ、鎮子さんが読み上げて、それについていいとか悪いとか、発言するのだが、花森さんがどういう反応をするのかを窺いながら、みんなは発言したりやめたりする。取り上げる価値がないと判断されたプランは無視されて、誰の発言もなく通り過ぎるが、通り過ぎてほっとしていると、なんでこんないい加減なプランを出すんだ、とカミナリが落ちる。安心はできない。

いいプランだと思って支持の発言をすると、これがいいプランと君は思うのか、どこがいいのだ、とつっこまれて、提案者の代弁をしなければならなくなり、発言しなければよかった、と後悔する。かといって黙っていると、君らは何の意見もないのか、それでも編集者か、無責任だ、と叱られる。こんな時、鎮子さんが助け舟のようにとりなす発言をする。しかし、君は余計なことを言うな、と退けられてしまうのがしばしばだ。

とくに花森さんの機嫌がよくないなというときには、みんなも、発言すべきかどうするか、首をすくめながら様子をうかがう。空気の読めない新人の時は、間抜けな発言をして飛んで火にいる虫になるが、ベテランになっても、編集会議の発言はむずかしい。

それでも、銀座のころは、採用するプランを花森さんがどんどん決めていき、これは何頁、これはグラビアで何頁と決めて、会議の終わるときには、1冊分のプランが頁数まで全部出来上がっているのである。花森さんの頭の中では、今度の号は、こうやろう、こうやって1冊出来上がる、という段取りが出来るのだ。もちろん、実際に進行していくと、その通りにならないこともしばしばあるが、それにしても、花森さんの頭の中はどうなっているのだろう、神業だなと思ったものである。

入社したときは、54号の制作途中だったから、編集会議から参加したのはつぎの55号からだが、その会議の席上、花森さんが一つの提案をした。

これから経済がどんどん発展する。飢えを満たすだけの時代ではなく、暮しを楽しむことも考えなければならない。『Good Housekeeping』や『Sunset』には、余暇を楽しむ、そういう記事がいっぱいある。そこでだ。こんどの号から「WEEKENDウィークエンド」

という頁をつくりたい。グラビア16頁だ。みんな暮しを楽しくするようなことは何か、プランを出しなさい。

ええっ、親の死に目にもあえないで働け、といっているのに、余暇を楽しめるプランを出せとはどういうこっちゃ。花森さんは本気なのかな。

編集会議の翌日からは、みんなさりげなく、会社が定期購読をしているアメリカの家庭雑誌の『Good Housekeeping』*や『Better Homes and Gardens』*、『Sunset』*などを奪い合うことになる。

ふだん、ペラペラめくることはあるが、アメリカ人の暮しは、日本人の暮し方とは別物の、遠い世界の暮しだと思っていた。それが、いまのわれわれの『暮しの手帖』に関係あるのかな、と新人同士は顔を見合わせた。えらいこっちゃ。

しかし、現実に55号には「WEEKEND」という頁が掲載された。しかも、そこに、私の原稿が掲載されたのである。「金魚にも住みにくい世の中」という記事。縁日やお祭りなどで、金魚をすくってくるのはいいが、すぐ死んでしまう。上手な飼い方はどうするのか、という記事である。金魚の飼育場に行って取材して来い、と言われて、小躍りして書いた原稿だ。

たった1頁の小さな記事。もっとも、ご多分に漏れず、自分の書いた文章のほとんどは赤ペンで消されて、花森さんに書き直されているが、自分にとっては記念すべき初原稿初掲載で忘れられない。

60年安保改定反対デモと花森さん

この55号の発行日は昭和35（1960）年7月5日である。

この号の編集期間中、日本はめちゃくちゃになっていた。

日米共同防衛を義務づけた改正安保条約案には、日本をアメリカの戦争に巻き込む恐れがあると反対論が強かったが、岸内閣は5月19日に衆議院日米安全保障条約等特別委員会で強行採決し、翌5月20日に衆議院本会議を通過させた。これは、6月19日に予定されていたアイゼンハワー大統領訪日までに採決を急いだためだった。

6月10日には羽田空港で、アイゼンハワー大統領訪日の日程を協議するため来日したハガチー新聞係秘書が、空港周辺でデモ隊に車を包囲され、アメリカ海兵隊のヘリコプターで救助されるという事態になり、6月15日には機動隊が国会議事堂正門前でデモ隊と衝突

＊『Good Housekeeping』『Better Homes and Gardens』『Sunset』＝どれも、アメリカの有名な家庭雑誌。主婦向けで、家事全般から健康、美容、料理、インテリア、ガーデニング、家族の問題等、身近で実用的な話題が中心。『Sunset』はアメリカ西部の生活が中心。

し、デモに参加していた東京大学学生の樺《かんば》美智子さんが死亡した。国会前でのデモ活動に参加した人は30万人にもなったと報道された。

この模様は、連日連夜、テレビで実況中継され、日本中が騒ぎの渦中におかれた。暮しの手帖の中でも、テレビはつけっぱなしにされ、花森さんも編集部のみんなも、仕事そっちのけでテレビに見入り、鎮子さんが「みんな、仕事をしなきゃダメじゃない」と金切り声を何度も上げていた。

私も、仕事をするふりをしながら、テレビを見ていた。大学の後輩たちもデモに参加している。今年、いろいろな会社に就職した同級生たちも、仕事をさぼってデモに参加したと言ってきた。夜なら一緒に行けるだろうと何度も誘われている。行きたい。行くべきだ。こんな安保改定など、許してはならない。

花森さんを見ると、テレビの前に座って動かない。まわりには誰もいない。鎮子さんの姿も見えない。

勇を鼓《こ》して、花森さんのところに行き、「デモに行きたいです。行かせてください」と言った。

花森さんは意表を突かれたような、えっという顔をして、「まあそこへ座れ」と言った。

「気持ちはよくわかる。おれも、若かったらそう思ったかもしれん。だがな、君はいまどこに勤めている。『暮しの手帖』の記者だ。編集者だ。ジャーナリストなんだ。ジャーナリストの武器は何だ、ペンだぞ。デモではない、ペンだ。戦うのは文章なんだ。君の今やるべきことは、ペンを磨くことだ。文章を勉強することだ。人を動かす、国を変えさせる、ペンにはその力がある」

若造の私は、向う見ずにも花森さんに言った。

「では、なぜいま、『暮しの手帖』はなにも言わないのですか」

花森さんはゆっくりと、言った。

「いまは、その時ではない。もし、その時が来たら、『暮しの手帖』は全頁をあげて、全力で発言をする。もてる力をすべて使って主張する」

そう言ってから、私の顔をしっかり見据えて、

「『暮しの手帖』はなぜ広告を取らないか知っているか」と聞かれた。

「商品テストをするので、企業に遠慮をしないためです」と模範解答を言うと、

「もちろん、それもある。でもそれは後づけだ。そう思われているが、本当に戦うべきは国だ。国家権力だ。それが本心だ。デモなんかに行くな。文章を磨け」

会社に入ったばかりの生意気な若造に、軽んじることなく、心から絞り出すように、花森さんは言った。

「君みたいに、まともに突進してくるのは初めてだ、アホやな」と、笑った。

この55号の花森さんのコラム「風の吹く町で」の頁で、安保闘争のことを三つ、いろい

ろなかたちで取り上げている。この時、花森さんが、何をどんなふうに思っていたか、以下にその一つを転載させてもらう。

馬鹿にするな

アイクの訪日が中止になったすぐあとアメリカへ謝罪使節を送ろうということを政府は考えた。

たいへんだ、申しわけないことをした、ご機嫌をそこねては一大事だ、という気持からだろう。

それなら、なぜぼくたち国民にも、あやまらないのだ。国民には、なんにも申しわけないことをしたおぼえはない、機嫌などそこねたってかまわない、というのか。それが「民主主義」とかいうものなのか。

首相も国民なら、幹事長も委員長も国民だ、警官も国民ならデモ隊も国民だ。しかし、そのどれでもない、日本中の国民が、この一ヵ月あまり、毎日毎晩、どれだけおろおろし、心配し、歯ぎしりし、重苦しい気持になり、仕事に身が入らず、いやな暮しをさせられていることか。

アメリカのご機嫌をそこねてはたいへんだと、すぐピンと回転するアタマが、どうして、このことには気がつかないのか。

せめて退陣を表明する文章のなかには一行半句でも、国民に迷惑をかけイヤなおもいをさせてすまなかった、くらいの言葉があるとおもっていた。一行半句もなかった。ふたことめには、国家だとか日本ということをいう。しかし、国家とか日本というものは、ぼくたちのはるか上空にひらひらしているものではないのだ。ぼくたちみんなが、こうして毎日必死になって、まともに暮している、そのより集りが日本だ、日本の国だ。

それにこんなに迷惑をかけて、しかも知らん顔をしているというのは、つまりアメリカはこわいが、国民などなんでもないということなのか。

いまだに、ぼくたちを、サムライの前に土下座させられた虫ケラのようにおもっているのか。それとも上にはチャラチャラおべんちゃらをいって、下には威張りちらす小役人根性がそうさせるのか。

信念とやらも結構である。しかし、どんな信念も、ぼくたち国民を馬鹿にしないこと、その上に発するのでなければ邪念である。

国民を馬鹿にして、ぼくたちの毎日の暮しをないがしろにして、なにが民主主義、なにが議会主義であるか。

日吉ビルの屋上から飛び降りてやるぞ

入社2年目の1世紀61号では、日用品の買物案内として、ドライバーを担当した。ドライバーといっても車の運転ではなく、ねじまわしのドライバーである。

ドライバーは銘柄で選ぶものではないから、比較テストをするわけでもなく、いわゆるテスト報告ではない。昭和36（1961）年のこの当時は、まだ＋（プラス）のドライバーは出回っていないで、ドライバーといえばほとんどが－（マイナス）ドライバーだった。ねじの頭の溝は3ミリ径のものから0・6ミリずつ、3・6ミリ、4・2ミリと大きくなり、大きいものでは9・0ミリのものもある。この大きなねじを、小さなドライバーで締めていくことはできないが、逆に大きなドライバーで小さなねじを締めようとしても、刃が溝に入らず使えない。結局、大きさの違うドライバーが何本あれば、3ミリから9ミリまでのねじをカバーできるのか、というのが、この記事のねらいである。

いろいろのドライバーを使って、大きさの違うねじを締めてみて、刃の長さが2・8ミリ、4・5ミリ、7・0ミリの3本のドライバーは必要という結論になり、その原稿を一生懸命書いた。写真も含めてだが、5頁分の原稿は結構な量である。入社して1年、新人の中で買物案内の記事を書かせてもらうのは自分が最初であり、とにかくそれだけでも誇らしくうれしくて、本当にがんばって必死に書いた。

徹夜で書き上げた原稿を、いつ花森さんに見てもらうか。花森さんが部屋から出てきて、芳子さんの机にどっかりすわった。いまだ、そばに行き「お願いします」とさし出した。花森さんはそこへ置いておきなさい、と目で机を示し、すぐに別の編集部員と話し出した。

私は自分の席に戻り、さりげないふりをしながら、チラチラと花森さんの方を眺めるが、原稿を手に取るような気配はない。もう打ち合わせは終わって一人なのに、なぜ、原稿を手に取らないんだ。早く読んで下さいよ。あら、立ち上がって部屋に戻っていく。原稿はそのまま机の上に置かれている。どうしたんだ。とうとうその日帰るまで、原稿はそのままだった。

翌日、芳子さんに、原稿は書き直しだと花森さんが言ってるわよ、と戻された。えっ、そんなばかな。1頁もめくっていないじゃないか、なんで書き直しなんだ。せめて全部読んで、ここはどうしろとか、ここはこう書けとかいうのが当たり前だろ、いくらなんでもひどすぎるじゃないか。どこが悪いとか言ってくれなければ、書き直しようがないじゃないか。

周りの連中も知らん顔をしながら、さりげなくオレの方を見ている。やっぱり書き直しだ、という眺め方だ。コンチキショウメ。仕方ない。でもどうしたらいいんだろう。虚心《きょしん》坦懐《たんかい》にもう一度読み直せ。ここが悪いのかな。でも1頁もめくっていなかったと思うのだが。とにかく自分なりに最後の頁まで、また徹夜で書き直し、提出した。

花森さんは、うむとうなずいて、手元に置き、読みだした。やったぁ、読んでくれる、と思ったら、もう閉じてしまった。2、3頁も読んだだろうか。

そして「小樽君」と呼ばれた。ノートを手に飛んでいくと、「書き直しだ」「ハイ、でも……」というと「よく考えろ」「ハイ」

でもどうしたらいいんだ。オレはわからない。大体二晩も徹夜で書き直しているのに、何でダメなのだ。ちゃんと最後まで読んでくれよ。全部読んでダメならここがダメと教えるのが礼儀だろ。これじゃ人間相手じゃない。「書き直せ」の一言かよ。ムチャクチャだ。

自分の席に戻り、下を向くと思わず涙が出た。書き直せという原稿用紙にポタッと涙が落ちてにじんでしみてゆく。顔が上げられない。オレが一番最初に書かせてもらえたんだ、という誇りも喜びも、逆に今は屈辱感でいっぱい。頭の中は真っ白になっている。まわりはさも忙しそうに、立ち働いているようにみせて、近寄ってこない。慰めなんていらないぞ、寄ってくるな。隣の林姉御も知らん顔だ。

書き直せと言ったって、もうオレはどうしていいかわからない。書き直しは、もう何回もやっていて、これ以上は、もうどうしようもない。その日の夜も、どうしようもないと思いながらも、ああでもないこうでもないと考えて、あちこちいじって、もうどうなってもいい、と提出した。

花森さんは、それを一瞥《いちべつ》して、ポンと放り出して黙ってどこかへ行ってしまった。一言もなんの言葉もなく、原稿を放り出していなくなった。

私は立っていられないほど、胸が苦しくなった。何か一言ぐらい発してもいいだろう。花森はそれでも人間か。神様のつもりか。いつの間にか会社を飛び出して、銀座の町を歩いていた。神ではないだろう。花森はそんなに偉いのか。人をこんなにないがしろにして許されるのか。胸が張り裂けそうなほど苦しくなり、叫びそうになった。

もう会社を辞めてやる。

その前に、日吉ビルの屋上から飛び降りて死んでやる。そうすれば、花森は編集部員を辱め苦しめ、突き落とした、と新聞が報道するだろう。そうでもすれば少しは反省するだろう。

銀座の町を、叫び出しそうな顔をして歩き回って戻って来た。荷物を片付けて辞表を書こうと思っていた。

花森さんが、向こうで「小榑くん、ちょっと来い」と呼んだ。なんだ、えらそうに。オレはもう辞めるんだ、と口の中でつぶやきながら、そばに行った。きっとふてくされて蒼い顔をしていたのだと思う。「まあ、そこに座れ」黙って座った。

「なんで書き直しかわかるか。わからないようだな、これがわからないと、編集者にはなれないぞ。ジャーナリストとはいえない」何をえらそうに言ってるんだ。オレはもう編集者なんかになるつもりはないんだ。やめるんだ。

「この冒頭の書き出しは何だ。『ドライバーといっても、車の運転手ではありません』という書き出しは何だ。これだけで編集者失格だ。買物案内の頁だぞ。誰が運転手のことだと思うんだ。トップには当然ドライバーの写真も載る。誰が見ても、ねじまわしだとわかるんだ。それなのに、運転手ではありませんなんてバカなことを書くなんて、全くわかっていない。書き直せと言ってやったのに、3回とも同じ書き出しだ。よく考えろ。中の方はもう読んだ。まあいいだろう。朱はいれて直してある。どこが直されているのか、よく見直しなさい」

頭がガーンとして、何も考えられなくなった。からだがカーッと熱くなり、なぜか泣けてきた。みっともないから泣くな、自分を叱咤したが、涙は止まらなかった。

その原稿が、1世紀61号132頁の「ドライバー　ねじまわし」という記事になって掲載されている。写真も一緒で、誰が見てもドライバーだ。思い出しても、胸が苦しくなり、同時に、アホやなあ、となつかしくなる。そして、花森さん、ありがとうございました、と頭を下げたくなる。

花森安治（はなもり・やすじ）

1911年10月25日、神戸市須磨に生まれる。六人兄弟の長男。神戸で最も由緒ある雲中尋常高等小学校に入学。この小学校時代の経験は、絶筆となった『暮しの手帖』2世紀52号の「人間の手について」につながっていく。中学校は神戸三中（兵庫県立第三神戸中学校）。近藤英也校長の示した「神撫教育」、個性を重視する自由な校風は、少年期の花森さんに大きな影響を与えている。高校は、旧制松江高等学校で、入学時は18歳。1年生の時に、母親を亡くす。病床で、高校の制服を着た花森さんを見て、立派だと喜んでいたと語っていた。

1933年、東京帝国大学文学部美学美術史学科入学。21歳。『帝国大学新聞』編集部で活躍する。編集にもレイアウトにも異才ぶりを発揮した。めったに自慢しない花森さんが、帝大新聞編集の新機軸やユニークさについては深い愛着があるようで、何回か話を聞いた。

１９３５年、松江の呉服問屋のお嬢さんの山内ももよさんと結婚。学生結婚だった。住まいは牛込簞笥町。いまの神楽坂のあたりに借家を借りていた。ずっと後年、何かの取材で花森さんとふたりで神楽坂のあたりに行ったときに、ちょっと待ってくれ、と言ってあちこち町を探し回った。自分も探すのを手伝うから、何を探しているのかと何回か聞いたのだが、いいんだいいんだと教えてくれなかった。あとで、新婚時代の借家が今どうなっているのか、ちょっと見てみたくなったのだろうと類推したが、そんな花森さんが意外だった。

１９４５年、終戦。高校時代からの親友だった『日本読書新聞』編集長の田所太郎さんの縁で、花森さんと鎮子さんが出会い、暮しの手帖社の前身、「衣裳研究所」を創立。初めは『スタイルブック』などを出版していたが、１９４８年に『美しい暮しの手帖』を創刊。花森さんは、編集長として、プラン、取材、原稿執筆、写真撮影、表紙、誌面のレイアウト、挿画、見出し、描き文字、それらすべてを担った。そのたぐい稀な才能で、表紙からおしまいの頁まで、すべての記事やデザインに全力で注力しつづけた。

世界で唯一の広告のない営業雑誌、「商品テスト」や「買物案内」の記事、名もない庶民の目線で作り続けた記事やルポルタージュ――『暮しの手帖』は、まさに花森安治の乾坤《けんこん》の作品だったのである。１９７８年１月14日、心筋梗塞で亡くなった。66歳だった。

大橋鎭子（おおはし・しずこ）

1920年3月10日、東京・深川で大橋武雄さん、久子さんの長女として生まれる。次女晴子さん、三女芳子さんの三人姉妹。父親を早くに亡くし、小学5年生で喪主を務めた。東京府立第六高等女学校を卒業後、日本興業銀行を経て、日本出版文化協会の『日本読書新聞』に勤務した。

かねてから「女の人をしあわせにする雑誌をつくりたい」という志があり、花森さんの協力を得て、1946年に「衣裳研究所」を設立、女性のための服飾雑誌『スタイルブック』を創刊。社長として経営にあたりながら、花森編集長のもと編集にも携わる。1948年、雑誌『暮しの手帖』を創刊。のちに社名を「暮しの手帖社」に変更した。花森さんは、仕事に専念するために、対外的な交渉やお付き合いは一切しなかったので、その役割は鎮子さんがすべて行った。

１９５８年、アメリカ合衆国国務省の招待で4カ月間の視察旅行に出かける。ニューヨークのペアレンツ・マガジン社より、雑誌を通じた子どもや家庭への貢献が評価され、旅中に「ペアレンツ賞」を授与された。

１９６９年、『暮しの手帖』2世紀1号より「すてきなあなたに」の連載を始める。確固たる哲学と美的センスを貫いた花森さんとは対照的に、日常のささやかな出来事や暮しへのこまやかな愛情を綴った。１９９４年、同エッセイにより東京都文化賞を受賞。

１９７８年に花森さんが没した後は、経営と編集に尽力し、93歳で亡くなる1年ほど前まで、朝9時から夕方5時半の勤務を続けた。２０１３年3月23日、肺炎のため永眠。もちまえの活発さと勇気で昭和から平成を駆け抜け、生涯を出版業に捧げた。その人柄と情熱は人間味にあふれ、社員はみな家族のように親しみをこめて「しずこさん」と呼んだ。

２０１６年度前期、連続テレビ小説『とと姉ちゃん』のヒロイン・常子は、鎮子さんの半生がモチーフとされた。

パーマ姿の花森さん（左）と鎭子さん。鎭子さんも若いなあ。

花森さんがあまりに怒るので、この屋上から飛び降りてやろうと思った。

二章　暮しの手帖研究室と日用品のテストの誕生

暮し方の研究

本社の銀座日吉ビルには、ほとんど全員の机があって、編集も営業もみなここで仕事をしていたが、写真の撮影となると、東麻布にあるスタジオへ出かけて行った。このスタジオは、社内では通常は「分室」とよばれていたが、入社試験も行われた場所で、写真撮影だけでなく、商品のテストや料理や対談などにも使われる。だから、買物案内やテストの担当になると、銀座よりも分室に通うことも多かった。

分室は2階建てで、スタジオは2階にあり、その一隅は台所になっていた。この台所で料理を作り、すぐ撮影ができるのである。1階はガレージ、夜間は営業用の車が2台入るのだが、日中は空いているので、テスト場にもなる。

しかし、暮しの手帖研究室が本格的に稼働するのは、2年ほどのちにこのスタジオの建物が増築され、テスト室がいくつも新設されて、テストできる環境が整備された昭和37（1962）年からである。

じつは、入社試験を受けるにあたって、『暮しの手帖』のバックナンバーを何冊か読んだ際に、「暮しの手帖研究室」というのがいくつも出てくるのが、気になって仕方がなかった。料理研究室というのも工作研究室というのもある。すごいな、出版社じゃなくて研究所みたいだな、とも思った。

入社してすぐに、林の姉御に、「暮しの手帖研究室ってどこにあるんですか？」と小声で聞いたら、「それは分室よ」という。

「だって、分室はスタジオじゃないですか。テストの研究室とか料理の研究室って記事に登場している研究室は、どこなんですか」

姉御はまじまじと私を見つめ、馬鹿じゃないのという顔をして、「部屋も研究所もありません。建物じゃないの。しいて言えば、研究班。テーマごとに研究班が編成されて取材したり研究したりするの。暮しの手帖全体が研究室。わかった？」

きょとんとしている私に向かって、ダメ押しのようにささやいた。

「花森先生のお考えよ。料理班とか調査班というより研究室と言った方が、重みがあるでしょ、そのくらいわかりなさいよ、にぶいわね」

林さんは、花森さん絶対である。林さんも普段は花森さんと呼ぶが、われわれに対して、特に教育したいという時には、居住まいを正して、「花森先生」という。

しかし、われわれが花森さんに直接、花森先生というと、おれは先生なんかじゃないと叱られた。

『暮しの手帖』に「研究」という見出しが最初に出てくるのが14号で、「板の間とタタミとどちらがよいか・暮し方の研究1」である。

この記事は、『暮しの手帖』の歴史の上でも、非常に重要な企画記事だと思った。つまり、花森さんが『暮しの手帖』という雑誌をつかって、何をしたいのか、大げさに言えば『暮しの手帖』の使命は何か、というのを示しているような気がした。もちろん、若造の勝手な思い込みかもしれないが、花森さんのことが少しわかったような気がしたのである。

この14号が発行された昭和26（1951）年ごろ、我が家は空襲の焼け跡に建てたバラックだった。あたり一面、焼け野原だった自宅のあたりにも、どんどん新しい家が建てられつつあった。我が家もなんとか家が建てたいと思っていたし、どうせ建てるならタタミがいいか板の間がいいか、どんな間取りにするかと話していたころである。それは楽しい会話だった。お金もかかるだろうし、大工さんはどこにいるのかとか、実現できるかどうかはまったくわからないが、でも、夢があった。話題にすること自体がうれしかった。おそらく、日本中の多くの家の中で、こんな会話がなされていたのだろう。

それに、誰がこたえてくれるのか。「板の間とタタミとどちらがよいか」という問いに、誰が答えてくれるのか。誰に問いかけたらいいのか。学校の先生でも大工さんでも大家さんでもお巡りさんでもない、誰も答えてくれない。自分たちで決めるしかないのだが、でも誰かに聞いてみたい。

それに答えるのが、『暮しの手帖』だよ、『暮しの手帖』がやるべきことだよ、これまでも、これからも、それが『暮しの手帖』の役割だよ、そう花森さんが言っているような気がした。

この記事は、まず、建築の専門家の清水一さんが、タタミの歴史や、日本の家の造り方、間取り、暮し方を総合的に論じ、次に大学教授が、タタミと板張りの性能や長所欠点を、掃除や保温、衛生面について詳細に教えてくれている。続いて、主婦の立場から、掃除はどちらが大変か、どちらが安いかが語られている。

極めつけは世論調査だ。『暮しの手帖』の読者名簿によって、「全国都道府県別に、一定の比率で一〇一三名を抜き出し、この人たちに対し、文書によって、回答をおねがいしました。〆切までに集った回答は七九二通に上り、回収率は、七八％強になりました」とある。そして、その結果を事細かに報告しているのである。

自分たちで、結論はこうだ、方向はこっちだ、と示せるものは示すが、世論が割れるようなことは、臆測で判断せず、まず実態を知ること、そのために調査する、この実証主義的姿勢は、『暮しの手帖』の大きな柱として、その後も一貫して貫かれていく。

この記事はまだ続く。

ふとんかベッドか、ふとんは経済的か、ふとんの値段、ベッドの場合の値段の実際の価格調査、さらに、タタミの部屋を改造する方法、板の間の手入れ、板の間の暖房……とにかく、あらゆる角度から徹底的に検討できるように、多角的に資料を提供しているのである。まさに暮し方の研究だ。

この国の人々が、いま困っていること、悩んでいること、少しでもよりよくなりたいと思っていること、それに応えたい、手を差し伸べたい、押しつけでなく、方向を示したい、それが『暮しの手帖』の役割なのではないか。

創刊号（1948年）の「直線裁ち」も「ブラジアのパッドの作り方」も、第2号の「お手洗を美しく」も、どの記事も、手を差し伸べ、寄り添うように提案する記事だ。

そうなんだ、『暮しの手帖』の編集方針は最初の最初からこれなんだ。

ただ、創刊から3年もたつと、人々の不満や不足の質が変わってきた。単なる一つの不満や不足を解消するには、作り方の提案でもいいが、総合的に検討しなければならない問題がつぎつぎに起こってきている。それにどう立ち向かうか、その解をみつけて提案する、それが「暮し方の研究」なんだな。

なんとも単純な図解だが、入社後、自分なりに納得したくて、たどり着いた若造の一知半解的花森ワールドだ。

その後、すこしずつ学習し、実際の花森ワールドはもっと高度で複雑でカオスで、素晴らしいことがわかっていく。

とは言いながら、ふと現実に戻ると、目の前で怒鳴っている花森さんは、理不尽で憎たらしくて分からず屋で、ああなんでこんな会社に入ったんだろう。

何もない焼け野原から立ち上がる

戦災復興院が発表した数字では、空襲で焼けたり、強制疎開で取り壊されたりした住宅は270万戸、それに加えて引き揚げてきた人たちや、もともとの住宅不足分が150万戸もあって、戦後すぐの住宅不足数は420万戸にものぼったという。

日本中が焼け野原になっていた。

第2号の巻頭に、「焼跡の煉瓦で作った炉端」という見出しの暖炉の写真が載っている。住まいの記事の始まりだ。

見出しの下に短い文章が載っている。

「家が無くてガード下の倉庫の二階に住んでいるが、焼トタンと瓦を底に敷いて、壁際に炉を切った。壁には、焼跡で拾って来たレンガを積んで、ちょっと西洋風の感じを出して見た。冬の夜、読書していると、頭上の省線*もたのしい伴奏に思われて来る。」

同じ焼け出された者同士、しんどい毎日だが、焼け跡から拾って来たものでも、ほらこんなしゃれた楽しみも出来ますよ、と語りかけている。何と暖かい思いやりに満ちた炉端だろう。

『暮しの手帖』は、最初の最初から、焼け跡に生きる人々と同じ目線で、思いやりを込めて記事をつくってきたんだな、と思う。

この記事でもわかるように、焼け出された人々は鉄道のガード下や焼けた跡にバラックを建てて、雨風をしのいで生きていた。

この状況が、今の豊かな社会に暮している人にわかるだろうか。

私は、昭和20（1945）年3月10日の東京大空襲*で焼け出され、炎を上げている我が家から必死に逃げ延びた。父は赤紙*で兵隊に召集され、一等兵としてフィリピンで戦っていた。母と二人、火の粉の舞う強風の中を、風上に向けてただひたすら逃げて、生き延びた。その夜から、どこにも寝るところがなくなった。

この話を若い人に話したら、「避難所に行けばいいじゃないか」と言われて、返す言葉がなかった。

いまの世なら、地震や台風の災害時には、すぐにも避難所も出来るだろう。一地域や一地方が被害にあっても、平安な地域から救援救助はすぐ行われるだろう。だが国を挙げての戦争なのだ。しかも国民の生命も財産も生活もすべて犠牲にして、聖戦断行、一億一心火の玉だ、と叫んでいる。焼け出されようとどうなろうと、救助も避難もなんにも出来ない、しない。学校も、役所も会社のビルもみんな焼けて焼け野原なのだ。避難所なんて、ないんだよ。出来ないんだよ。

焼け出されて、私と母はどこで雨露をしのいだのか。交番である。交番も中まで全部焼けこげて、もちろん巡査はいない。煤だらけだが、コンクリート造りなので、外観は残っている。雨風はしのげる。もちろん電気はないが、水もでる。ありがたいと思った。この交番で3カ月過ごしたが、結局、警察に追い出されて、そのあと私は親戚の家に疎開し、母は焼け跡にバラックを作った。

＊省線　国鉄　JR＝1920～1949年の間、現在の「JR線」に相当する鉄道を指した言葉。当時の国有鉄道が、鉄道省などの「省」のつく政府機関によって運営されていたことによる。1949年からは日本国有鉄道（国鉄）となり、1987年に民営化されて7つのJR会社になった。

＊東京大空襲＝第2次世界大戦末期に米軍により行われた、東京に対する焼夷弾を用いた大規模な爆撃で、1944年以降に106回もの空襲を受けたが、特に1945年3月10日、4月13日、4月15日、5月24日、5月25～26日の5回は大規模だった。その中でも特に3月10日の大空襲の被害は大きく、死者10万人、罹災者は100万人を超えた。

＊赤紙（召集令状）＝戦前、大日本帝国の男性に対して国民皆兵が義務付けられ、本人の意思とは関係なく、政府の命令で召集され、戦争に駆り出された。この召集を伝える令状が赤い色だったので、召集令状のことを赤紙と言った。「一戔五厘」も同じ意味でつかわれた。

8月15日に終戦になり、私はまた母の作ったバラックに戻った。

いまの人に、バラックというのがわかるだろうか。

辞書を引いたら、「粗造の仮小屋」と書いてあるが、これではわからない。バラックと言ってもいろいろあるが、私の住んでいた最初のバラックは、屋根はトタン板1枚、壁も焼け跡から集めたトタン板や板切れで囲っただけ。夏はトタンが熱くなり、暑い。雨は漏るし風も吹きぬけて、冬には寒くてつらかった。タタミも焼け跡から集めた焼け焦げたものだった。戸外にドラム缶で風呂をつくり、焼け残りの家材で沸かして入った。もちろん囲いもなにもない。

つらかったが、みじめとは思わなかった。まわりのみんなも同じような境遇だったから、仕方がないと思っていた。

とはいえ、なんとかもう少しましな家に住みたいとだれしも思っていたが、建てるにはお金がいる。もちろんそんなお金はないが、誰も貸してはくれない。日本中の人が一斉に家を建てたいと思っているのだから、木材は極端に不足し、高騰している。木材などの建材は配給制で手に入らない。法律の不備をねらってヤミ建築が横行し、大工の棟梁に支払った前金を持ち逃げされるようなことが、頻繁に起こっていた。鎭子さんも、前金を持ち逃げされた一人である。

そうした混乱を収め、いい加減な建築をさせないための法律が、昭和24（1949）年に建築業法、翌25年に建築基準法と建築士法が制定された。さらに持家推進のために同年には住宅金融公庫がつくられ、低金利の住宅ローンができて国民の住宅建設の牽引《けんいん》役になった。庶民は住宅ローンの申し込みに殺到した。庶民の、なんとか自分の家を建てたい、という切なる願いがかないつつあった。

花森さんは、この願いを実現させてやりたい、と次々に企画を実現させている。『暮しの手帖』の誌上でも、さまざまな記事を載せているが、昭和25（1950）年には、別冊『すまいの手帖』を出版した。そこでは、さまざまな角度からすまいについて取り上げているが、最も人々の参考になったのが、いくらあれば家が建つか、どんな土地をえらぶか、どんな家を建てるか、設計図は、見積は、契約書はどうするのかを、具体的に何がいくらかかるか、一つ一つ値段を示して、誰でもわかるように記載したことであった。どうしたら家を建てられるか、何もわからない、誰か教えてほしいという願いに、ていねいに答えた別冊だった。

続いて、『続すまいの手帖』や『美しい部屋の手帖』、『自分で作れる家具』など、次々にすまい関係の別冊を出版していった。このすまいの企画の原動力になったことがある。大橋家の新築である。

じつは、『暮しの手帖』には、まだ自前の写真のスタジオがなかった。銀座の本社でやりくりしたり、貸しスタジオを借りたりして撮影してきたが、大橋家の居間や庭での撮影も少なくなかった。特に、部屋の写真や住まいの工夫の写真は、大井町にあった大橋家で撮影することがよくあった。

その大橋家は、お母さんの久子さん、鎮子さんと芳子さん、それに横山さんと晴子さん一家も同居している大家族だった。その家も、戦後建てた急ごしらえの家だったので、鎮子さんたちは、かねてより建て直したいと思っていた。それだけに、どんな家にするか、いくらかかるのか、他人ごとではなく、どれもが『暮しの手帖』の住まいの企画や、別冊の『すまいの手帖』の制作に直結していた。

会社のスタジオ代わりにも役立つにはどんな間取りがいいか、世の中では焼け出されて、兄弟などの2家族が住む場合もあり、横山家大橋家のように大家族の場合、どうしたらいいかという一つ一つが、切実な問題だった。昭和28（1953）年、『暮しの手帖』の20号、21号のころのことである。

それだけに、『暮しの手帖』のすまいの記事には、家をつくりたいと思っている人たちが具体的に知りたいことが、わがことのように具体的に、かゆいところに手が届くようなことが書かれていると評判になった。

大橋家、横山家は、まさに一家をあげて『暮しの手帖』の制作に協力していたのである。

キッチンの研究　KITCHEN
わたしたちの暮しに　なによりも大事な台所

家を建てるなら、最も重要な場所は、どこか。玄関でもない。座敷でもない。最も大切なのは、台所である、と『暮しの手帖』は考えた。

そして、昭和29（1954）年9月発行の25号から暮しの手帖研究室の研究と銘打って、「キッチンの研究」シリーズを始めた。

戦前の家では、どこの家も、台所は隅っこの暗い所にある。食べ物は、家族みんなの健康の源だ。最も重要な場所である。それを隅っこに押しこめているような暮しは、おかしい。家をつくるときには、その大事な台所を預かっている主婦が働きやすいように考えるべきだ。25号のトップの記事で、こう書き出している。

「KITCHEN　わたしたちの暮しに　なによりも大事な台所、それでいて　これまでとかく　なおざりにされてきた台所　その台所について、いろんな角度から　あなたと一緒に考えてゆこうという、これは今後10回にわたって連載される　その第1回です」

暮しの手帖研究室が、これから10回にわたって取り組むというこのシリーズは、台所ではなく、KITCHENキッチンだ。暗い台所から、明るいキッチンにしようという台所の革命こそ、『暮しの手帖』の真骨頂であり、使命遂行の大本丸である。

大体、これから10回も続けるという覚悟がすごい。そんなに続けると公言してしまって大丈夫かな、大風呂敷きを広げて収まりがつかなかったらどうする気だ、などと私のような小心者は考えるが、花森さんは考えない。やる価値がある、やらなければならない、台所の改革なくして、日本の暮しを変えることは出来ない、主婦を日陰から日向に出すんだ、というキッチン革命の宣言である。

キッチンの研究第1回は……、

「どんな台所にも　すくなくともこれだけはどうしても要るというものが三つあります　水を使うところ〈流し台〉と、いろんなものをのせるところ〈調理台〉と、そして火を使うところ〈煮たき台〉の三つです」という文章で始まる。

それまで、一般の主婦に対し、台所の役割を3つに分解して考えるなどということがあっただろうか。台所は台所、それ以上のことなど考えるだけ無駄だ。余計なことは考えるな、というのが落ちである。

それを、『暮しの手帖』は大真面目に語りだした。花森さんだなあ、と思う。人にわからせる。納得させる。そのためには、いちばん根っこのところまでバラバラにして、それを目の前で組み立てていく。台所とは何か、何のためにあるのか、ここのところをストンと納得してもらわないと、キッチンへの改革など出来ない。

そして、頁をめくると、

「この3つのならべ方としては　大まかに分けて、これを一直線にならべる方法（I字型）とカギの手におく（L字型）のと　コの字におく方法（U字型）とがあります」

という説明が出てくる。

いまでこそ、キッチンのI字型もL字型も当たり前に通じるが、昭和29（1954）年のこの時には、まだ暗い台所しかなかった時代である。この頁を開いた主婦たちは、なんとまあ、そういう台所は夢のように感じただろう。

だいたい、I字型もL字型も、広まっていくのは、まさにこの『暮しの手帖』のこのキッチンの研究からである。

キッチンさがしは鎭子さんの馬力

花森さんの大号令で始まったこのシリーズの特長は、模型やショーウインドウではなく、実際の、普通の家庭の台所が登場することだ。絵空事でなく、誰が見ても、身近な、なじみのあるような台所が対象に取り上げられて、解説や批評が行われている。だから、読者は、まるで我がことのように思えて、納得するのである。

こんなに多くの家庭が、よくもまあ、台所を見せてくださるのか、しかも撮影して掲載するのを許して下さるとは、どれほど大変なことかと、バックナンバーを見ながら感嘆したものである。この時代、前にも書いたが、台所は日陰の存在で、男子は足を踏み入れる場ではないとさえ言われていたところである。

だいたい、自分の家の中は、他人に見せたくないものだ。玄関とか客間なら、まだ仕方がないが、台所は奥ノ院。汚れているし、乱雑だと思われるかも、などと考えると、とても外部の人にはお見せできないのが普通だ。

その台所を、キッチンの研究シリーズではつぎからつぎと登場させて、私の入社後までシリーズが続いていた。どうしてそんなことができたのか。

例によって、林姉御に聞いてみると、「鎮子さんの馬力よ、私にもそうしなさいって教えられたわ。キッチンの苦労のこと、小榑君も鎮子さんに聞いてみなさいよ。よろこんで教えてくれるわよ」といわれた。

そこで、鎮子さんと一緒に取材に行った車の中で、「あのキッチンの撮影は大変だったでしょう、よくできましたね」と聞いてみた。

そうしたら、「わかる、わかるっ、たいへんだったのよ、聞いてよね」と、うれしそうに話してくれた。聞きながら、その馬力というか突撃力というか、さすがだな、おれには絶対まねできない、と感服したものだ。その努力がどんな状態だったかは、鎮子さん自身が著書『「暮しの手帖」とわたし』の中で書いているので、引用させてもらう。

この研究をやるには、実際に現在使われている台所をたくさん見なければなりません。写真も撮らなくてはなりません。そして、その台所のいい点、悪い点をはっきり指摘して、どうすれば使いやすくなるか考えなければなりません。

そのために台所を見つけてくるのが、私の役目でした。初めは友人の家とか、知人に紹介された家に行きましたが、それで間に合うはずもありません。

でも、まったく知らないお宅の玄関から「私は暮しの手帖社という雑誌社の大橋というものです。今、台所の特集を企画しています。ぜひ台所を見せてください」と言っても、まず断られてしまいます。

そこで、私なりに一計を案じました。

ずるいというか、物怖じしないというか、一度やろうと決めたことは、なにがなんでもやろうと考えます。子どものときからそうでした。北海道にいたときも、近所の子どもたちを連れてザリガニとりに行ったり、牧場の柵をこえて遊んだときのガキ大将も私でしたし、女学校のとき歯みがきを作ったりも、その一例だと思います。

台所拝見のときは、これぞと思うお宅の裏口に回って、「この近くに○○さんというお家がありませんか。道に迷ったらしいんです」と話しだし、チラッと台所を見て、「いい台所ですね。じつは、私は『暮しの手帖』という雑誌をやっている大橋鎮子といいます。ぜひ見せてくださいと上にあげていただき、「あらためてカメラマンを連れて来ますから、写真を撮らせてください」とお願いするんです。大岡山、田園調布、成城……ずいぶんと歩きました。断られることはほとんどありませんでした。

勇敢というか、猪突猛進というか、あつかましいというか、……

このキッチンの研究は、昭和34（1959）年の49号キッチンの研究22で一応の終わりになる。10回連載として始まってから5年間、10回どころか倍以上の22回にわたっての大研究シリーズになった。

暮しを変える、それにはまず、台所を変えなければ、暮しは変わらない。この強い信念のもと、暮しの手帖研究室のキッチン研究は、時代の潮流を引き寄せ、花森さんの卓越した説得力・編集力と鎭子さんの突破力で、この国にキッチン革命を起こし、成功させていった。今では、日本中どこの家庭のキッチンも、日の当たるメインルームになり、家族の中心にいる。これは、国がもっともらしく行った何百の経済政策よりも効果的に、国民の暮しに貢献したと思っている。

「暮しの手帖研究室」の活動が始まった

「暮し方の研究」ではなく、「暮しの手帖研究室」が最初に登場するのは、14号（１９５１年）から2年後の20号（１９５３年6月）の「石けん―日本品と外国品をくらべる」という記事である。

ここでは、化粧石けん、洗たく石けん、粉石けんの日本製、アメリカ製の商品を取り上げて、性能の比較をしている。化粧石けんで取り上げた日本品の銘柄は、ミツワ石けん、花王石けん、牛乳石けん、ニッサン石けん、資生堂オリーブ石けんの五種。この五種の洗浄力や泡立ち具合、手荒れ、香い、包装などの性能比較を行っている。つまり「商品テスト」である。まだこの時にはテストという言葉は使われていないが、重要な商品テストの始まりである。

だが、記事の中では、その具体的な銘柄名は出さずに、イロハやＡＢＣなどの記号で銘柄を代替し、洗浄力や泡立ちなどの性能の発表をしている。

銘柄名を出して良し悪しをはっきり批評しているのは、包装についてだけである。そしてこの包装の評価は『暮しの手帖』ではなく、評価者は花森安治だとことわっている。

当然、まだ私はこの時には参加していないが、花森さんや鎭子さんたちはずいぶん悩んだんだろうなとよくわかる。その場の会話や状況が目に浮かぶ。銘柄ごとの具体的な評価の数字は出ている。明確な優劣はついている。この銘柄はいいが、こちらは劣ると発表したい。だが、出来ない。

なぜか。

この時、企画も商品の選定も買い集めも、みんな『暮しの手帖』の編集部、つまり暮しの手帖研究室が行った。責任の所在は暮しの手帖研究室である。しかし、肝心の洗浄力や泡立ちや手荒れの検査は自分たちだけではできない。その検査能力も検査器具もない。外部の検査機関やメーカーに相談し、検査をやってもらわなければならない。そして検査してもらった。その結果、優劣がわかった。だが、その検査機関は洗剤メーカーと関係があり、銘柄のわかるような優劣の結果を公表するのは、いろいろ差し障りがあるからやめてほしい、とOKしてくれない。

仕方がないので銘柄名は伏してイロハにし、日本品と外国品をくらべる、という大まかな発表にせざるをえなかった。あくまで勝手な臆測だが、こういう成り行きだったと思う。

この時、花森さんの中には、まだ明確な自前の商品テストという像は完成していなかったのだろう。しかし、この石けんの検査をして、銘柄ごとの優劣の発表ができないという事態になって、きっと、悔しかった、残念で仕方がなかったと思う。

メーカーに遠慮しないで検査をしてくれるような機関はないか、いっそ自前で検査をできないか、なんとかしたい。何としても、実現してやる。

日用品の最初のテスト報告

その結果が、さらに1年半後の昭和29（1954）年12月発行の26号「ソックス—日用品のテスト報告その1」である。以下、記事からの抜粋である。

……「暮しの手帖研究室」では、現在デパートや洋品店で一般に売られている子供用のウーリイ・ナイロンの靴下と、ナイロンを補強した木綿の靴下を買い集め、これらを小学校や中学校へ通っている子供たちに一定の期間、同じような条件の下ではいてもらい、洗濯も同じ回数だけ、木綿の靴下は木綿を洗濯する方法で、ウーリイ・ナイロンの靴下はナイロンを洗濯する方法で、試験することにしてみた。……今度試験のために買い集めたのは小学校上級から中学校にかけての年齢の子供用のソックスで、これを買ったのは、東京の一流のデパートの靴下売場であった。同じ会社の製品を、ナイロン補強の木綿とウーリイ・ナイロンとに分け、またそのおのおのを色ものと白とに分け、更にまたゴム入りとゴムなしとの二種類を選び、その全部について、それぞれの特長や欠点を比較できるようにと注意した。このようにして買い集めた靴下の製造会社は、内外編物とレナウンと福助足袋の三つの会社であった。その他にも靴下の製造会社は数多くあるが、それらの製品については、また次ぎの機会に報告することにしたい。

試験に供した靴下を、その種類と製造会社と値段によって分類してみると、前頁の一覧表のようになる。（表をみると、22種類の靴下をテストすることになっている。）

試験のやり方

はいた期間　五月一日から七月末日まで3カ月間。

はき方　毎日・学校への通学、友だちの家への訪問、買い物、日曜の外出など。

はいた人　小学校五年生、中学校一年生、中学校三年生の女生徒たち。

洗濯　三日目ごとに電気洗濯機で洗剤（ソープレス・ソープ）を用いて行った。

3カ月もの間、こどもたちに同じ条件で、毎日毎日規則正しくはいてもらい、それをまた回収して洗濯をしてまた届ける。

書けば、たったこれだけのことだが、これを実行するのは、どれほど大変なことか。履くのが大人なら、まだいろいろ頼みようがあるだろうが、はくのはおしゃれ盛りの少女たちである。白い靴下なんかイヤだという子もいるだろうし、日曜日は、はきたくないということもあるだろう。それを説得し、毎日毎日、組み合わせや順序を間違えることなく履かせるお母さんが、どれほど苦労したことか。
このテストの「木綿ソックス（色もの）」の結果評価をみてみよう。

A「ゴム入り」のもの
内外編物製（一〇〇円）淡緑　メリヤス編
・ゴムの入った所の縁の留め方が悪く、そのままほつれて来るので、まずこれを糸で修理しなければならなかった
・二回目の洗濯で、色は殆んど白に近いまでにハゲてしまった
・洗濯はしやすく
・ゴムも最後まで完全に保った
レナウン製（一三〇円）クリーム色　ゴム編（ウネ織）
・一回の洗濯で色が殆んど消えてしまった
・ゴムも伸びず
・形も崩れなかった
・しかし足裏の部分に一箇所アナがあいた。それはナイロンと木綿のつなぎ目の部分に当っている

福助足袋製（一〇〇円）クリーム色　メリヤス編
・一回目で大部分の色が落ちた
・ゴムの部分の縁がよく留めてなかった
・洗濯しやすく
・最後まで形もよく保ち
・アナもあかなかった

企業の実名を出して評価する決断

この評価を見てほしい。銘柄ごとに実名を挙げて、「留め方が悪く」とか「大部分の色が落ちた」とか、マイナス結果を明確に表現している。すごい。20号（1953年）の時には、個々の銘柄名を伏せて、イロハで発表していたのを、ここでは実名を出して、しかも欠点をきちんと記したのである。

実名を出して、良し悪しを発表する、このことがどれほど画期的なことで、どれほどの快挙か、私はいまでも大声で、「花森さんはすごーい」と叫びたい。

『暮しの手帖』が実名で企業の成績を発表したとき、褒められる企業はいいが、欠陥や欠点を指摘される企業はたまらない。売り上げにも影響が出る。どうしてくれる、賠償しろ、と抗議が来る。裁判になるかもしれない。たいへんなリスクだ。そんなリスクのあることを、『暮しの手帖』はなぜやるのか。それは、明快だと私は思っている。

なけなしのお金をやりくりして、必死に暮している人たちを、ひどい目に合わせたくないのである。乏しいお金を出して買った商品が、欠点があったり、こわれたり、まずかったり、欠陥だったりしたら、せっかくのお金が無駄遣いになってしまう。そういう悲しい思いをさせたくない、損をさせたくないのである。

みんなの暮しを思えば思うほど、少しでも良い商品がえらべるようにしてあげなければならない、と花森さんは考えるのだった。

ずっと後の昭和44（1969）年4月刊の100号で、「商品テスト入門」という特集のなかで花森さんは、つぎのように言っている。

「なにもかしこい消費者でなくても、店にならんでいるものが、ちゃんとした品質と性能をもっているものばかりなら、あとは、じぶんのふところや趣味と相談して、買うか買わないかを決めればよいのである。

そんなふうに世の中がなるために、作る人や売る人が、そんなふうに考え、努力してくれるようになるために、そのために〈商品テスト〉はあるのである。」

そのためには、誰でもがよい品を選べるように、実名で評価を発表しなければならない。

しかし、それを実行することを最初に決断するためには、どれほどの準備と努力と勇気が必要だったことか。ものすごいことなのだ。

まず、企業から広告をもらっていたら、その企業の商品の批評などできない。誉めれば提灯記事といわれ誰も信用しないし、けなせば企業に広告を止められて経営が困る。世界中の営業誌は、広告をとって経営をしているのだから、この時点で、実名での商品批評は出来ない。

『暮しの手帖』は広告を取っていない。雑誌の売り上げだけで経営が成り立っている。読者が支持者なのだ。だから企業には遠慮しないで実名で批評し発表できる。それができる世界でたった一つの営業誌である。

しかし、だからといって実名での商品評価発表というのは、たいへんなことなのだ。『暮しの手帖』は、この26号のソックスのテスト以来、実名で商品評価を発表し続けるわけだが、そうするために、企業側から度重なるさまざまな誹謗や苦情、懇願、哀訴、抗議、訴訟などを受け、それをすべて乗り越えてきた。

新聞も雑誌もテレビも山ほどあるが、そんな面倒に巻き込まれるような記事は、どの雑誌も新聞も書かない。いまだにどこも出来ない。欠陥商品が出た時には、企業名をニュースとして報道することはあるが、それは単なるニュースだ。報道社や記者にはリスクも責任もない、お気楽な内容である。

しかし、『暮しの手帖』26号のソックスのテスト結果の発表記事は、他所《よそ》で起こった事実を追いかけて報道するのではなく、自身でその事実を作り出し、公表したのである。その事実であるテスト結果の公表は、企業にとって都合の悪いことも、公表してもらいたくないこともある。それが世の中に知れたら、売り上げに影響するかもしれない。それを、意志を持って公表したのである。もし企業から逆襲されたら、どうするか。裁判になったら誰が責任を取るのか。

今だからわかるが、花森安治にしてはじめてなしえたことだと、畏敬してやまない。

ソックスをテストするまでに

26号の発行は昭和29（1954）年の12月。私の入社の5年半ほど前のことである。

「当時の編集部には、鎭子さん芳子さんを除くと、清水洋子さん、中野家子さん、松本千恵子さん、大田美枝さんの四人しかいない。この方々は私の入社時にもみな元気に活躍されており、一緒に仕事をした。

「ソックス——日用品のテスト報告その1」の編集に、私は当然参画していないが、その誕生までの経過はわかるような気がする。推測だが、私なりに振り返ってみたい。

たぶん、24号か25号の編集会議で、誰かが「ちかごろの靴下は穴があかなくなった、大人ものは丈夫になった。でも女の子がよく履いているソックスはどうだろう。以前はよく穴があくので、お母さんは大変だったが、すこしは丈夫になったのだろうか」というプランを出したのだろう。

26号の記事の中でも、これまでの靴下は「不思議なほど靴下にはアナがあいたのだ。足の指先のアナをかがったかと思うと、翌日にはかかとにアナがあき、それを始末すると、もう次ぎの日には別の指先にアナがあいているといった風であった」と、靴下の破れやすさを嘆いている。さらに、「靴下とはすぐアナのあくもの、はかないものとあきらめているのかも知れない。戦後に日本でもナイロンの靴下が作られるようになった。今までの靴下と違って、ナイロンの靴下はアナがあかない、なかなか破れないと言われた。事実アメリカ製のナイロンの靴下を、ヤミか何かで手に入れて、これをはいた経験を持つ大人たちは、『丈夫なので驚いたね』と、如何にも靴下の世界に革命でも起ったかのような感想を語っていた。

事実そうだったのだ。細いナイロンを撚り合せた糸で作った男の大人ものの靴下は、今までの木綿や毛の靴下と違って、一週間やひと月でアナがあくということがなくなった。いや毎日はいても一年ぐらいは、アナがあかないくらい丈夫なことが判った。家庭での妻の仕事が一つ楽になったわけである。もしこれが子供の靴下にも使われるようになったら、どんなに母親の苦労が減るか知れなかろう。いやその意味で靴下の革命だといっていいのかも知れないのだ」と書いている。

プランを聞いて、花森さんが、「よし、それをやってみよう、本当に丈夫になったか調べよう」と決めたのだ。

この時、花森さんの頭の中には、20号（1953年）の石けんの顚末があったに違いない。あの時には、メーカーひも付きの検査機関が嫌がったために、銘柄ごとの性能を公表できず、残念な思いをした。

ソックスなら、自分たちでテストができるかもしれない。こんどこそ、銘柄を出して発表したい。ひも付きの試験所やメーカーに検査を依頼しなくても、ソックスなら自分たちの手で、結果を出せるのではないか。やるべきは、実際にはいてみて、洗濯を繰り返してアナがあくか、擦り切れるか、色落ちするか徹底的にしらべることだ。実際に使ってみた事実には、だれも文句は言えないはずだ。そのためには、検査はどこからも文句を言われないように、周到に、そして徹底的にやらなければならない。

何より重要なことは、靴下を実際にはく女の子が必要だ。そして、それをきちんと管理してくれるお母さんがもっとも重要だ。小学生か中学生の女の子がいて、しっかりしているお母さんがいる家庭を探せ。

前に書いたが、この時の編集部は、鎮子さん芳子さんを加えても六人しかいない。

この靴下のテストには5月から7月まで3カ月かかっているから、25号（1954年）の制作と並行して作業が行われている。25号には、暮しの手帖研究室として、キッチンの研究という重要なシリーズの第1回が始まっているのだから、編集部はてんてこ舞いの大忙しだ。そこへ、花森さんが、ソックスのテストという難物をやる、と決断。こりゃあ、大変である。とても重要で、やる価値があるのはわかるが、この戦力で出来るのかということは、考えてくれているのだろうか。私がこのときにいたら、途方に暮れて泣きたくなったと思う。なにしろ前人未到のことで、全体像は花森さんの頭の中にしかない。

でも、花森さんは、やるんだ、と決めた。

なんとしてでも、しっかり母娘を見つけなければならない。

こういう時には、鎮子さんががんばる。お母さんがしっかりしていて女の子のいる家族はどこか。必死になって心当たりを探しまわったことだろう。

結果として、無事に3カ月間のテストが終わり、日本最初の商品テストの発表が行われたのである。

もうだまされない、そのためには事実を見究める研究室が必要だ

この26号（１９５４年）には、ソックスのテストの他にも「暮しの手帖研究室」の重要な記事が載っている。道具シリーズの第1回「料理」。キッチンシリーズ第2回「L字型台所」。暮しの絵本シリーズ「どうすれば短かい時間でおいしい料理が作れるか」。

まさに「暮しの手帖研究室」、全開である。このことについて、26号の「あとがき」でとても大切なことが語られている。以下、引用する。

あとがき

べつに、外国のものが、なんでもいいというわけではないのですけれど、たとえば、グッドハウスキーピングといった雑誌をみると、ちゃんとした研究所を持っていて、衣食住いろんな面から、暮しについての研究をやっています。日本のＯＳＳ*などに来ている商品には、よく「グッドハウスキーピング推奨」という楕円形のマークがついているのを見かけますが、これなども、この研究所で、実際にテストして、責任のもてるものだけを推奨しているようです。（このグッドハウスキーピングという雑誌は、

＊ＯＳＳ（Overseas Supply Store）＝オーバーシーズ・サプライ・ストアの略。戦後、在日外国人向けにできた食料品や日用雑貨等を販売する小型百貨店

「暮しの手帖」が、日本での転載権をもっていて、これまでも、ときどき、その記事をのせて、来ましたから、おぼえておいでになる方も、おありかとおもいます。）

しかし、雑誌を作ってゆく場合、研究する機関が必要なことは申すまでもないことで、ことに暮しについて考えてゆく雑誌なら、ただ原稿をおねがいし、写真をとり、記事を書き、それに表紙をつけて、それで出来上り、というわけにゆく筈のものではありません。どうしても、自分たちの手で、実際に研究して、答えを出してゆかねば、どうにもならないことが、たくさんあります。

私たちも、実をいうと、この雑誌をはじめるときから、そういう研究室がほしいとおもいながら、ご承知のように、お金と人のやりくりで、なかなか思うようにゆかず、やっと三年ばかし前から、ほんのお粗末なものでしたが、この研究室を作りました。それから、まあ少しずつではございましたけれど、研究した結果を発表して来て、おいおい曲りなりにも、やっとカタチもついてきたかとおもいます。その結果が、たとえば、先月からはじめた十回連載の「台所」の研究とか、この号では、一番はじめの「道具」や本文の「ソックスをテストする」などにあらわれているわけですけれど、もちろん、私たちとしては、とてもとても、これくらいで満足しているわけではございません。ありとあらゆる角度から、いろんな研究をしたいし、そのためには、もっと設備もほしいのです。まあ、あせらないで、すこしずつよくしてゆきたいと心にきめております。……

ここで言及している「研究室」が、東麻布のスタジオだが、このあとがきで*、私が最も重要なことだと思ったのは、つぎの箇所である。

……雑誌を作ってゆく場合、研究する機関が必要なことは申すまでもないことで、ことに暮しについて考えてゆく雑誌なら、ただ原稿をおねがいし、写真をとり、記事を書き、それに表紙をつけて、それで出来上り、というわけにゆく筈のものではありません。どうしても、自分たちの手で、実際に研究して、答えを出してゆかねば、どうにもならないことが、たくさんあります。……

世の中には、たくさんの雑誌がある。

多くは、人に原稿を頼み、それに写真をつけて、表紙をつけて出来上がり、ということになる。

＊あとがき＝『暮しの手帖』のあとがきの「編集者の手帖」署名は、（S）となっているが、実際には花森さんの筆によるものが少なくない。このあとがきも、もちろん花森さんである。

それが、編集者の仕事だと思っている。
だが、『暮しの手帖』は、そんな他人まかせでは出来ない。
暮しというのは、自分たちの手で、実際に研究して
答えを出してゆかねばどうにもならないのだ。
この国の人々の暮しを、少しでも、暮しやすく、美しくするために
『暮しの手帖』は、自分たちの手で、実際に研究して、自分たちで答えを出して、
それを記事にして、読者の皆さんに読んでいただく。
そのための、暮しの手帖研究室なのだ。
暮しの手帖研究室は、暮しに真正面から真剣に取り組む。

花森さんは、あとがきで静かに暮しの手帖研究室の役割と使命を述べているが、私にとっては、花森さんの断固たる決意表明のように響いてきた。

戦前の、大日本帝国の臣民には、まずお国があった。「お国のため」が、すべてに優先した。お国の言うことに、国民は、へへーと従った。お国のいうことはすべて正しいと思っていた。そして、男たちは戦争に行き、故郷の家は焼夷弾に焼かれた。庶民の暮しは、二の次三の次。なんでも、がまん。そして敗戦。焼け野原。食糧難。お国を守るとは何だ

ったのか。国民の暮しを守るのではなく、目茶苦茶に破壊し、苦しめることだったのか。これっておかしいだろう。順序が逆だ。なによりもまず、国民が先だ。国民の暮しだ。この国の暮しを変えなければならない。住むに足る暮しに作り変えなければならない。そのためには、国のいうことは常に正しいごもっとも、と従ってきた国民が変わらなければならない。「そんなのおかしいよ、もうだまされないぞ」という国民にならなければだめなんだ。

しかし、ただ待っていても、何にも変わらない。国なんてあてにならない。結局、自分たちが、自分たちの手で、守るに足る暮しをつくっていかなければならないのだ。『暮しの手帖』は、お国の言うことに唯々諾々《いいだくだく》と従うようなこの国の人々の考えを変え、暮しを変え、もうだまされないという人々をふやし、自分たちの暮しが第一なんだという社会に作り直す手助けをするのだ。

もう決してだまされない。そのために暮しの手帖を創ったのだ。これが花森さんの内に秘めた決意だった。だが、花森さんは、それをスローガンにしたり、声高に叫んだりはしない。この国の人々の考えを変えるのは生半可なことで出来ることではない。

お国やお役人やえらそうなことを言う評論家や、便利だ、高品質だとわめく企業の宣伝や、もっともらしい権威に素直に従うのではなく、一度立ち止まって、これっておかしくないか、と考えるような人々を増やしていく。そのためには、暮しの手帖自身が、何がほんとうで、何がニセモノなのか、何が大切なのかを自分たちで見究めなければならない。地道に、事実を積み上げ、本当は何なのかを見究めてゆく、それが、暮しの手帖研究室の使命であり、役割であり、「商品テスト」はその結果のひとつなのだ。そっと静かに、地道にさりげなく、読者に伝えていく。

　その気持ちを、花森さんは、創刊号以来毎号の表紙裏で、やさしく、さりげなく語りかけている。

これは　あなたの手帖です
いろいろのことが　ここには書きつけてある
この中の　どれか　一つ二つは
すぐ今日　あなたの暮しに役立ち
せめて　どれか　もう一つ二つは
すぐには役に立たないように見えても
やがて　こころの底ふかく沈んで
いつか　あなたの暮し方を変えてしまう
そんなふうな
これは　あなたの暮しの手帖です

花森さんは、第１号から２世紀の53号までの、153冊すべての表紙を手がけた。

銀座時代の編集会議。正面に花森さん、その左隣が鎮子さん、右隣が横山さん。
あとは順不同で、編集部員だけでなく、営業や経理や運転手さんも参加した。

三章　なかのひとりはわれにして

〈暮し〉という言葉には、あたたかさ、せつなさがこめられている

花森さんから、いろいろなことを教えられたが、何が一番心にしみているかと言ったら、「なかのひとりはわれにして」という言葉である。

花森さんから、原典については聞いたことはないが、元の詩は、昭和3(1928)年の尋常小學國語讀本巻七にある「長き行列」の中の一節で、

「…君、此の長き行列の
中の一人は君にして、
中の一人は僕なるぞ…」

からきているという説もあるが、それはちがう。昭和3年には、花森さんはすでに松江高校の学生だから、小学唱歌を歌い覚えていたとはとても思えない。この唱歌の意味は、日本中にはたくさんの小学生がいる、その中の一人は君で、その中の一人は僕である、という詩だと思うのだが、花森さんの言う意味は、そんな単純なことではない。

私の耳にこびりついて離れないのは、唱歌の文言とは違っていて「なかのひとりはわれにして」なのである。

私たちが、考えを述べたり、原稿を書いたりして花森さんと接するとき、花森さんが声を荒げる場合の多くは、この「なかのひとりはわれにして」に、はずれている場合なのだ。「みんなと同じ大地に立ち、同じように笑い、苦しみ、悩み、泣き、語らう仲間なんだ。自分は、みんなの中の一人なんだ、間違っても、自分の方がよく知っているとか、えらいとか思ったら、失格だ。つまり、君は、そんなに偉いのか、なんでみんなと同じ目線で考えないのか。自分は『なかのひとり』なんだ。『なかのひとりは自分』なのだ。みんなと同じに悩み、みんなと同じに悲しむ、みんなと同じに喜ぶんだ。上から目線で判断したり、教えてやるみたいに語りかけたりするのが許せない。えらそうに上から教えてやる、みたいな文章を書くなっ……」

いまでも、花森さんの声が聞こえてくる。「なんで君は、この肝心なことが分からないのだ。おれは悲しい。早くわかってくれ」

『暮しの手帖』は創刊号の時から、すべて「なかのひとりはわれにして」の自戒の思いで貫かれている。「なかのひとりひとりは君にして」ではない。「君にして」では、自分への戒めにならない。どうしても「われにして」でなければならないのだ。取材の時も、テストの時も、原稿を書くときも、われは（自分は）、みんなが悩むことを悩み、悲しむこととを悲しむ、それが自分の血肉にならなければ、『暮しの手帖』の編集者ではない。『暮しの手帖』という雑誌名にも、この「なかのひとりはわれにして」の思いはこもっている。

創刊からずっと後の、15年たった71号（１９６３年）のあとがき「編集者の手帖」で、花森さんは「暮し」という言葉について、こう述べている。

「……ぼくは、〈暮し〉という日本語が好きなのです。美しいとおもいます。／いくつにもたたまれ、しわだらけになり、手あかにまみれた千円札、あれをじっとみていると、これをたたんだりのばしたりしてきた、大ぜいの人の指が、目にうかんできます。たのしそうな笑い声や、身を切られるようなため息が、きこえてきます。うすぐらい灯の下で煮えている食べもののにおい、青空にひろがってゆく石けんのにおい、がにおってきます。／〈暮し〉という言葉には、そんなふうな、あたたかさ、せつなさがこめられています」

先の頁でもふれたが、第2号（１９４９年）の、「焼跡の煉瓦で作った炉端」という見出しの文章にもう一度ふれたい。

「家が無くてガード下の倉庫の二階に住んでいるが、焼トタンと瓦を底に敷いて、壁際に炉を切った。壁には、焼跡で拾って来たレンガを積んで、ちょっと西洋風の感じを出して見た。冬の夜、読書をしていると、頭上の省線もたのしい伴奏に思われて来る」

インタビューして書いているのではない。焼け出されてしんどい毎日だが、焼け跡から拾って来たものでも、ほらこんなしゃれた楽しみも出来ますよ、と同じ焼跡に住む人々に語りかけている。何と暖かい思いやりに満ちた炉端だろう。

「なかのひとりはわれにして」『暮しの手帖』は、最初の最初から、焼跡に生きる人々と同じ目線で、同じ思いを共有して記事をつくってきたんだ、と思う。

いつも読者とともにいる

「なかのひとりはわれにして」は暮しの手帖の根本姿勢で、編集も文章もテストにも、あらゆる面での規範になっている。

いや、ちがうな。規範みたいなカッコウつけたものではない。根っこというか、芯というか血肉というか、になっている。またそうなっていないと、『暮しの手帖』ではない。

だが、それは声高に言うべきものでもなく、当たり前の根っこだから、その現れ方は、いろいろな形で表出されている。

一つは、徹底した読者参加だ。

「五人か十人の編集者の知恵や経験や見聞など、ほんの些細なもので、高が知れている」という認識が、まず編集者になければならない。自分は編集者でございい、読者に教えてやる、みたいな考えは、最もダメなやつだ。まず、自分は無知だ、というところから始めなければ、「なかのひとりはわれにして」にはならない。

では、どうしたらいいのか。決まっているだろ、なかのひとりが、なかのみんなにひろく聞くのさ。助けてもらえばいいんだよ。われわれには、読者という仲間がいる。われわれに賛同してお金を払って、読んで下さる味方がいる。

そのみんなの見聞や経験や知恵をいただくのだよ。「なかのひとりはわれにして」同士、仲よく助け合うのさ。創刊号（１９４８年）から、ちゃんと読者にお願いしてるだろ。

「原稿を送って下さい。この雑誌に向くものなら、何でも結構ですけれど、とりわけてあなたの具体的な暮しの記録が、いただきとうございます。ひとが、どんなに生きたかを知ることは、どれほど力づけられ、はげまされるか知れないと思うからです。四百字で十枚くらい。お待ちしています」（あとがき）

第２号の「あとがき」でも、

「お手紙や、いい原稿を、たくさん送っていただいて、ありがとうございました。いいご意見は、どしどし取入れさせていただいております。この号で、写真の頁を思い切って倍にもしたのは、経費の点では苦しいことでしたが、切角のお気持にそいたいと思ったからです。原稿もいくつか、のせさせて頂きました。どうぞ、これからも、具体的なご感想ご希望や、原稿を送って下さいませ。どんなに私たちが力づけられるか知れないのです」

第3号の「あとがき」でも、

「読者のみなさまから、送ってくださる原稿は、暮しのなかから、にじみ出るような美しさに、思わず頭の下がることも、いくたびかでございました。いくつかは、のせさせていただきましたが、まだのせきらないで、次の号に予定してあるのも、いくつかございます。くわしいことは、百十六頁にのせてございますから、どうぞ、あなたの毎日の暮しの中からどんなにささやかなと思われることでも、お書きくださいませ。お待ちしております」

そして、その116頁には、つぎの囲み文が掲載されている。

原稿を送ってください
A女の日記　あなたの暮しの記録を、うれしいこと悲しいこと具体的に書いて下さい。
B暮しの工夫　ちょっとした工夫や思いつきで、実際にやって見て、とてもよかったということを書いて下さい。
C私のお料理　まいにちのお惣菜の中で、大して道具もいらず、簡単で値も安い、そんなご自慢のお料理の作り方を聞かせてください。
その他この雑誌にのせられるものでしたら、どんなものでも結構です。長さもご自由にしてください。みんなで、この雑誌を作ってゆきましょう。のせさせて頂いたものには、四百字一枚百円以上の稿料を差上げます。どうぞ、お待ちしてます。

第4号の「あとがき」でも、

「原稿を送ってくださいませ。自分では何でもないことでも、他人にとっては、全く新しいこと、飛びつきたいようなことが多いものでございます。私たち原稿を拝見していて、それなのです。どうぞ、文章の上手下手など気になさらないで、お寄せ下さいませ。机の上で考えたことでなく、毎日の暮しの中で、実際にやってみたことの真実は、とうといと思います。いつの日か、そのような原稿ばかりで、この雑誌を作ることが、私たちのたのしい希望の一つなのです」

しつこいようだが、第5号の「あとがき」には、「なかのひとりはわれにして」の大切な記述がある。読者をどれだけ大切に思っているか、読者からの原稿が、どれほど貴重で尊いものか、花森さんが、ていねいにていねいに、心を込めて書かれているので、ぜひお読みいただきたい。

……どうぞ、この雑誌について、内容のこと、体裁のこと、定価のこと、頁数のこと、何でも結構でございます、なるべく具体的に、おきかせ下さいませ。お手紙の一字一句、拝見するたびに、体のうちにしみとおってゆく思いでおります。

どんなに私たちが、朝から夜中まで、夢にまで見ても考え及ばないことを、原稿にして送って下さいます。それこそ一人ずつ違うといってもいいほど、この世の数多い暮しのなかで、その一つの暮しを、しっかり見つめていらっしゃる眼に、私たちは打たれてしまうのです。

毎日の明け暮れは、決して夜空に花火を上げるような、いっとき花花しく、はかなく消えてゆくものではなく、あるかなきかに見えて、消えることのない、つつましいけれど、分秒の狂いなく燃えてゆくものとすれば、そのつつましさの中から生まれる原稿を、ありがたく、とうといものに思います。どうぞ。お待ちしております。……

随筆は高名な先生にお願いする

『暮しの手帖』の随筆の執筆陣は、ほんとうにすごい。創刊号から、毎号、よくぞ、この高名で権威ある方々がお書きくださっている、と誰もが驚く。どの頁を開いても、綺羅星のごとく並んでいる。

やっかみをこめて、花森さんは有名人好みだ、一流人ばかり集めて、趣味悪いという向きもいた。

だが、全く無名の出版社が、焼け跡のバラック暮しの人々に、徒手空拳《としゅくうけん》で新雑誌を売ろうというのである。書店の話を聞けば、婦人誌は『主婦の友』も『婦人倶楽部』も『主婦と生活』も、みんな表紙には、きれいな奥さんの顔をどかんと大きく載せているんだから、主婦に売りたいんだったら、まず、表紙だよ、と言う。いろいろゴシップも載せているし、広告もたくさん載っている。

花森さんはそういう雑誌は作りたくない。焼け跡の中、風に逆らうように息をつめて生きている人々のために、どうしたら、苦しみを分かち合ってあげられるだろうか。雑誌を作るなら、その人たちのために何かお役に立てる雑誌を作りたい。

苦しみを分かち合う。そうなのだ、「なかのひとりはわれにして」なのだ。

誰でも、自分だけが苦しい思いをしていると思うと、よけい辛くなる。みんなが、日本中、あのえらい先生も、お医者さんも小説家の先生も、みんな大変なんだ、みんな、つらくても必死に生きているんだ、私たちと同じように苦労しているんだ。「なかのひとりはわれにして」自分も、なかのひとりだということを、分かち合おう。

有名な先生に、衣食住の随筆を書いてもらう。それを掲載する。高名な先生ほどいい。あの先生がそんな暮しをしているのかと、みんなが思うような、みんなが名前を知っている先生がいい。

花森さんは、こういう先生の所へお願いに行きなさい、と鎮子さんと芳子さんに指示をした。そして、何回も、くどいほど、こういうお願いをするんだと、教えて。

「おねがいに行くときには、何でもいいから書いて下さいなんて言ったらだめだよ、衣食住のことを書いて下さい、とお願いしなさい。食べること、食べ物のこと、着ること、履くこと、すまいのこと、台所のこと、とにかく暮しのことでうれしいことでも困っていることでも、つらいことでもいいですから、書いて下さい、とお願いしなさい」

そうして、『美しい暮しの手帖』の第1号は出来上がった。その主な執筆者は、次のような方である。

土岐善麿　川端康成　森田たま　小堀杏奴《こぼりあんぬ》　田宮虎彦《とらひこ》　兼常清佐《かねつねきよすけ》　坂西志保　佐多稲子　P・キャリシア　花森安治　中里恒子　吉田謙吉　山本嘉次郎　戸板《といた》康二　牛山喜久子　中原淳一　扇谷正造

無名で、資金もなく、コネもなく雑誌を創刊し、これからそれを売らなければならない。売れてほしい。買ってほしい。

誰が見てもこの先生方の書いているものなら、読んでみたい、と思ってくれるだろう。そのために花森さんは新聞広告に、この執筆者の名前を列挙して，買ってほしいという思いをこめた。必死だ。『暮しの手帖』はまったく無名だが、この著名な先生方の名前はみんな知っている、願ってもない販促の武器である。

この当時、新聞はたった1枚で、裏表2頁だけだったが、国民にとってはニュース源としても広告手段としても、ほとんど唯一だ。もちろんテレビはない。ラジオはあるが、NHKだけ。新聞は、日本中ほとんどの家庭が定期購読している。

広告、宣伝に精通している花森さんは、どんなにお金がなくても、ほかを犠牲にしても、新聞広告だけは、日本中くまなくやるんだ、と、中央紙だけでなく地方紙にも打った。だから、『暮しの手帖』の名前は、地方の新聞社の広告の力で、地方の方が早く話題になりだした、という。

東久邇成子さんの「やりくりの記」

著名人のネームバリューに乗る戦略は、徐々に広まってはいったが、部数の伸びはいまひとつだった。

それを打開したのが、第5号の東久邇《ひがしくに》成子《しげこ》さんの「やりくりの記」である。

昭和天皇の第一皇女照宮さまが東久邇家に降嫁なさって、東久邇成子さんになっていた。庶民は、配給だけで芋と麦が主な食事で、がまんの暮しである。われわれにくらべて、皇室はきっとみんなたらふく食べているのだろう、寒い時も暖炉かなんかでぬくぬくしているのだろう、と世間では噂していた。

ほんとうに、そうかしら、日常の暮しをありのままに書いていただけないかしら、と鎮子さんが、勇を鼓して麻布の東久邇家に突撃したのだ。

そして、みごと原稿を書いていただいた。*

『暮しの手帖』5号（1949年）は、思い切った新聞広告を打った。特に朝日新聞は、いままでの広告の4倍ぐらいで、タテ83ミリ、ヨコ72ミリの大きさ。その上半分近く占めて書き文字の『美しい暮しの手帖第5号』、その下に子持ち罫囲みで、「やりくりの記　特別寄稿　東久邇成子（そのわきに小さく）天皇陛下第一皇女照宮さま」。

もちろん、いつものように、主な執筆者の名前も列挙されている。花森さんとしては、抑えて抑えて、それでもいかに目立つかを考えた苦心の広告だったろう。

いまでは、開かれた皇室になり、テレビにもお姿がしばしば登場なさるが、当時はいまとまったく違った。天皇陛下は、なにしろついこの間まで、現人神《あらひとがみ》だった。つまり、人間ではなく、神として尊ばれておられた存在だった。その御方の第一皇女（今の天皇陛下のお姉様）が、市販の一婦人誌に寄稿されるとは、信じられないようなことだったのだ。

前にも記したように、皇室は、やはり占領軍から特別扱いを受けて、きっといい暮しを続けているだろうと、多くの国民はおもっていたのである。

*この辺の東久邇成子さんに原稿をお願いした経緯については、大橋鎮子著『「暮しの手帖」とわたし』に詳しく書かれているので、ごらんください。

その皇族のお一人が、「やりくりの記」を書かれたとあれば、どんなことが書かれているのか、のぞいて見たくなるのは当然である。

鎮子さんは、先の自著の中で、次のように書いている。

「この号は売れました。……一万だった部数も、四号が一万八千、五号が二万五千、六号が四万五千と増えていきました」

「やりくりの記」は花森さんの最も重要な二つのことを、はからずも体現したと思う。

一つは、もちろん営業的な成果だ。経営的になかなか自立するところに行かなかったところへ、天佑のように照宮さまが舞い降りてくださった。『暮しの手帖』の発行部数は、この5号を境に、急上昇するのである。これは、鎮子さんの大きな功績である。

もう一つは、「なかのひとりはわれにして」だ。毎号たくさんの高名な方々に、暮しの話題を執筆してもらって、苦しいのは、自分たちだけではないのだ、みんな苦しい。でも頑張って生きている。苦しいのも、楽しいことも、「なかのひとりはわれにして」なのだ。お互い、励まし合い、思いやって生きていこう。

それを、なんと配給などと無関係に、毎日おいしいものをたらふく食べているものだと思っていた雲の上の皇女照宮さまが、なんとわれわれと同じ「なかの一人だった」というのだから、これはおどろいた。自分たちも苦しいのはがまんしてがんばろうね、お互い支え合って生きていこう、となったのである。

東久邇成子さんの「やりくりの記」の一部を転載しよう。


日本は変った。私たちもこれまでの生活を切り替えようと此の焼跡の鳥居坂に帰って来た。やりくりの暮しがはじまったのである。ここは居間の方が全部焼けて、ただ玄関と応接間だけが残ったので、これを修理して、やっと、どうにか住めるようにしたのだ。だから押入れが一つもなく、台所と言っても、ただ流しだけで、配給ものなどを入れて置く戸棚もないので、洋服ダンスの下方にしまったりしている始末である。ともかく移ろう、あとは移ってから、だんだん工夫して便利に改造しようと思ってのことだったけれど、何やかにやに追われて二年になるのにそのままになっている。

広い品川の家に、昔ながらの習慣にひたって両親と共に暮す事は、ある意味では、楽だと言う事も出来る。しかし生活そのものを思いきりつめて、むだな所を捨て、将来に大きな希望、明るい夢を抱いて、その実現へと、一歩一歩ふみしめて行くと思うとこんな生活でも、いまの暮しを私はたのしいと思う。咲き誇った花の美しさより、つぼみのふっくらした美しさがほしいと思うからである。

……三度の食事も配給もので、大体まかなうのだけれど、パンや粉ばかりの時があったり、お芋が何日もつづいたり、時には玉蜀黍粉や高粱だったりすると、どんな風にしたらよいか、中々頭をなやまされる。大人はまだしも、育ちざかりの子供達の為に、栄養がかたよらないように、そして、おいしく頂ける様にいろいろ工夫しなければならないのだが、そんなわけで、いつの間にか、お粉の料理は私の自慢料理の一つになってしまった。

衣服でも、子供たちのものは皆つくる事にした。子供のものは、すぐよごれるし破けたりする上に、どんどん伸びて小さくなってしまう。この間も、よそゆきのズボンを汚れついでに半日着せておいたら、夕方には、早速垣根にひっかけたとかで、大きなカギざきを作って、私をがっかりさせてしまった。下の子は今伸び盛りだから、去年秋に作って、いくらも着なかった合着を春に出して見たら、丈も短く、首廻りもおさなければ着られなくなっていた。こんな風なので、布地を一々買ったり洋服屋に出していたのではとても大変だから、なるべく主人や私の着古しをなおしてこしらえるのである。いろいろデザインを考えてすると、変った可愛いい感じのものになり、これも又やりくり暮しのたのしみである。子供たちもやはり、きれいな着物が好きと見えて、新しく出来ると大喜びでそれを着る日を楽しみにしている。

……焼跡の大部分に畑もつくった。毎日の食生活を少しでも助けるためである。夏の朝早く露をたたえて生き生きと輝いているトマト、なす、きうり等、もぎとってくるのも嬉しかった。しかし、今年の春の頃は、畑に人参も、ほうれん草も、大根もなくて、毎日春菊だの、わけぎだのと同じきまった野菜に、今日は何を使おうかしらと苦労させられたものだ。そして結局高い端境期の野菜を買わなければならなかった。この苦い経験を生かして、来年は多種類の野菜が少しづつでも、絶間なくとれる様に、殊に端境期を気をつけて菜園計画を立てようと思っている。

（そして最後に）

……世界は、社会はまさに混沌とした深い霧にとざされている様に見えるが、しかしその中にもある一点から、ほのぼのとした光がさし始めているような気がする。私の生活も又様様なもやにさえぎられて、今もまだ幾多の困難をのりこえなければならないが、これは私たちだけではない、日本中みんな苦しいのだから、此の苦しさにたえてゆけば、きっと道はひらけると思うと、やりくり暮しのこの苦労のかげに、はじめて人間らしいしみじみとした、喜びを味う事が出来るのである。

昭和天皇の第一皇女照宮さまが東久邇家に嫁がれて、一部焼け残った玄関と応接間だけの、押入れもないところに、家族四人（後でもう一人加わって五人）が暮している。食べるものは、配給と焼跡を耕して作った畑の野菜。ひもじい毎日なのだ。着るものは、お古をつくろって着せている。まさにわれわれ庶民と同じ「なかのひとりはわれにして」のやりくりに明け暮れる仲間なのだ。

この記事で、皇室を見る国民の目は、ガラッと変わった。

そして、成子さんが最後に書いている「日本中みんな苦しいのだから、此の苦しさにたえてゆけば、きっと道はひらけると思うと、やりくり暮しのこの苦労のかげに、はじめて人間らしいしみじみとした、喜びを味う事が出来るのである」ということが、まさに、『暮しの手帖』の創刊の思いなのであった。

東久邇成子さんも読者も、同じ「なかのひとり」なのだ

花森さんの「なかのひとりはわれにして」への配慮は、編集の仕方を見てもわかる。東久邇成子さんの「やりくりの記」も、随筆欄のトップではあるが、活字の大きさも、見出しも、組み方もふつうで、他の原稿の掲載とまったく同じである。このものすごい特ダネ記事の筆者でも、「なかのひとりはわれにして」としての登場なのだ。このことが、もっとわかるのが、読者からの投稿原稿の扱い方である。

『美しい暮しの手帖』は創刊号以来、ずっと読者に、原稿を送って下さい、と呼びかけていることは前に書いた。そのお願いに、読者は答えて毎号どんどん原稿を送ってくる。それを、『暮しの手帖』の誌上に掲載しているのだが、それがどのように扱われているか、

昭和25（1950）年10月発行の9号をみてみよう。

いま、ほとんどの方は、65年も昔の『暮しの手帖』を、ご覧になることはないだろうと思うので、この機会に、すこし長くなるが、この号の本文（随筆欄）を具体的に俯瞰《ふかん》してみたい。

まずどんな方々が、この随筆欄に原稿を寄せているかだが、前にも書いたように、多くはみんなが知っているような著名人である。それでも、読者の中には知らない執筆者もいるかもしれないという配慮で、それぞれの随筆の末尾に編集部が肩書や身分を付している。

以下に、9号の随筆のタイトルと執筆者37名の名前とその肩書・身分を列挙してみよう。

（連載の執筆者は除く）

私の暮しよう　古瀬政子（筆者は主婦・世田谷区東玉川在住）
自炊の話　阿部次郎（筆者は元東北大学教授・哲学者）
和服と洋服　赤松常子（筆者は参議院議員）
花売爺　有馬頼寧（筆者は元農林大臣）
フランス婦人の好み　瀧澤敬一（筆者は東京法科大学出、旧銀行員、在仏四十年、昭和五年失業以来百姓家事労働の片手間に「フランス通信」を執筆しつつ今日に至る。家族はフランス国籍、現在リヨン在住）

おはぎ　藤尾ふ三（筆者は元大阪心斎橋北詰、玉林堂）
寒がりの弁　和達清夫（筆者は中央気象台台長・理学博士）
仲よき事　武者小路実篤（筆者は小説家）
養老株式会社　菊池南海子（筆者は主婦、会社員の妻）
顔のつや　黒川武雄（筆者は厚生大臣）
アルペンの秋　麻生武治（筆者は我邦スキー界では欧米通の第一人者※一部省略）
雑感二つ　高田なほ子（筆者は参議院議員）
貧すれば　高濱五平（筆者は元会社員、現公務員）
花のプラグマティズム　茂木照子（筆者は主婦・神奈川県葉山在住）
食物の好み　久松潜一（筆者は東大教授・文学博士）
お伽噺　内田誠（筆者は明治製菓重役）
みそ汁　黄鳳姿（筆者は「台湾の少女」の著者・池田敏雄夫人・松江市在住）
蘇州の憶ひ出　泉山三六（筆者は参議院議員・元大蔵大臣）
虚栄について　三島由紀夫（筆者は小説家）
ねまきの夢　藤本和子（筆者は主婦、茨木市本町在住）
終栖賦　小絲源太郎（筆者は洋画家）

南窓雑記　生田花朝（筆者は女流日本画家）
年寄は子供に返る　佐野利器（筆者は東大名誉教授・工博）
女の日記　桑村洋子（筆者は主婦）
赤ちゃんと蜂蜜　詫摩武人（筆者は東京大学教授・小児科部長）
蜂飼　松田正義（筆者はクイン・ビー社長）
長崎のいわし　石田君江（筆者は長崎市戸町居住・主婦）
いわし料理　内藤直茂（筆者は西銀座いわしや主人）
血圧の話　橋田襄（筆者は第一生命大阪業務部・医長）
にほん料理おさらえ帖　中江百合（筆者は料理研究家）
中年のひとの美容　芝山みよか　※肩書記載なし
疲れた夫婦　田中マリ子（筆者は主婦、名古屋市在住）
きもの帖　平山蘆江　※肩書記載なし
いなご　今村富士子（筆者は武蔵野市在住、主婦）
飛驒の味　加茂美江子（筆者は主婦、高山市在住）
お菓子と砂糖　守安正（筆者は日本大学講師）
点数制お小遣　山村はつね（筆者は清水市在住・主婦）

お気づきになっただろうか。一番トップに掲載されている「私の暮しよう」を書いた古瀬政子さんの肩書は「主婦」である。次は阿部次郎さん。著書『三太郎の日記』は青春のバイブルといわれ学生必読の書であり、まさに有名な哲学者。その次の赤松常子さんは、参議院議員。戦後の労働組合運動の指導者だ。さらにその後には、有馬頼寧さん。もと久留米藩主有馬家の当主で、伯爵・元貴族院議員で農林大臣。という、そうそうたる人々と並んで、さらっとトップに主婦の原稿が載っている。

先に進むと八番目の武者小路実篤さんの次の菊池南海子さんは（主婦、会社員の妻）だ。菊池さんの次は、現職の厚生大臣の黒川武雄さん。茂木照子さんも主婦だ。三島由紀夫さんの後に載っている「ねまきの夢」の藤本和子さんも主婦……随筆執筆者37名のなかに、何と10人もの主婦の原稿が、有名人と並んで掲載されているのだ。

これを見て、改めて花森さんの「なかのひとりはわれにして」の心持を強く感じた。著名人も無名の主婦もみな同じ人間なんだ。なかの一人なんだ。有名人だからえらいわけでも、上にいるわけでもない。おんなじ仲間や。この思いは、ずっと『暮しの手帖』に流れてゆく。

前にも書いたが、4号のあとがきに、原稿をお寄せくださいとお願いの文章で「……机の上で考えたことでなく、毎日の暮しの中で、実際にやってみたことの真実は、とうといと思います。いつの日か、そのような原稿ばかりで、この雑誌を作ることが、私たちのたのしい希望の一つなのです」と書いている。みんなの毎日の暮しの中にこそ、伝えたい真実がある。「なかのひとりはわれにして」のみんなの原稿で、それで1冊を埋めたい。昭和24（1949）年のこのあとがきの希望は、これから19年後の昭和43（1968）年に、別の形で実現する。

『暮しの手帖』96号（1968年）。全頁、同じテーマ「戦争中の暮しの記録」で、全部読者の投稿で成り立った1冊である。

愛読者カードと手帖通信

『暮しの手帖』ほど、読者とのきずなを大切にした雑誌はないのではないかと思っている。その一つが愛読者カードだ。一度でも暮しの手帖社に何らかのアクセスがあった方のお名前と住所を記したカードである。今はもうないので確かめられないが、名刺大よりも少し幅が狭い短冊状のカードに、横書きで氏名・住所と、何号の注文とか、何年何日に問い合わせとかお手紙とかの履歴を細かく記している。いまだったらコンピューターで愛読者情報を簡単に保存・分析・活用できるのだろうが、当時は全てが手仕事である。

このカードをはじめたのは、昭和21（1946）年の秋からだという。『暮しの手帖』

の創刊以前の最初に『スタイルブック』を売り出した時に、郵便為替でたくさんお金が送られてきたが、その方々の住所・氏名を記録して以来、ずっと続けてきたのだ。14号の時にも、すでにこの愛読者カードから人選をしてアンケートを行っている。

私がこの愛読者カードを知ったのは、入社した昭和35（1960）年だった。入社すぐは、まだ新人教育の時間もなく、われわれに与えられた仕事がこの愛読者カードの整理だった。このカードをもとに、毎号、手帖通信というお便りを出す。これは官製はがきに、次号の主だった記事のダイジェストをびっしりと印刷した案内状を、読者に送るのだが、そのハガキの住所の表書きを1枚1枚丁寧に書くのが、暮しの手帖編集部の重要な仕事なのだった。

表書きは誰が書いてもいいというわけではない。事前に審査がある。鎮子さんが見て、この人の字は合格、この人はやめてもらって下さいというチェックがあるのだ。それほど、手帖通信という読者との交流手段を大切にした。編集部員で表書きの許可が出た人間は編集の間にヒマな時間が出来ると、だれでもカードを持ってきて、ハガキの表書きをする。それが習慣みたいになっていた。

ハガキの表書きの字など、誰が書こうが、宛名印刷であろうがどうでもいいのではないか、相手に届けばいいのだ、と思うがそれは違う。受け取った方が、ああ、また送ってくれた、今度の号もどうぞお読み下さいという、こちらの心が伝わるように、1枚1枚丁寧に書いてくださいと言い渡されているのだ。丁寧にきれいな字で書くことが、その心が伝わると信じる。ほんとかいなと、新人の時には思った。皆さんの多くも、無駄な仕事だな、人件費の無駄遣いだと考えるかもしれない。

『暮しの手帖』以外の当時の多くの企業もそう思っただろう。だが花森さんも鎮子さんもそう思わなかった。愛読者カードの数は半端じゃない。たしか100号（1969年）の時か2世紀1号（1969年）の時で30万枚だったと記憶している。ハガキ1枚の値段が100号の時は7円だったから210万円。それが年6回。それに年賀状も出していたから7回分。1、470万円もかかった。今だったらハガキ一枚52円だから、年間1億920万円もかかることになる。

『暮しの手帖』は100号の時には、80万部以上発行しており、毎号そのほとんどは買っていただき、家庭の中に入っていった。月刊だと毎月購入というので買い忘れは少ないのだが、長い間、年5回発行という不定期な特殊な発刊だったので、買い忘れるかもしれないと、書店に定期購読の予約をしてくださる読者が多かった。だから不定期発行が、マイナスではなく、かえって安定的に購読を続けてもらえるプラスになっていたともいえる。

しかしその裏には、この愛読者カードと手帖通信という架け橋があったことを感じる。定期刊行物ならしなくていい苦労の手帖通信だったのかもしれないが、1号1号手塩にかけて、丁寧に作っています、どうぞこの号をお読みいただけたら幸いです、と思いをハガキに乗せて送り届けることは、決して無駄ではなかったと思う。
それが『暮しの手帖』だったのだ。

協力グループの誕生

『暮しの手帖』27号（1954年）の最後の頁をひらくと、非常に重要なことが掲載されている。「暮しの手帖研究室に協力して下さる方を求めています」というお願いである。

暮しの手帖研究室に協力して下さる方を求めています

私たちの暮しに少しでも役立つようにとおもって、すこし前から、この「暮しの手帖研究室」を作り上げました。まだとても貧弱なものですけれど、少しずつ、お金と人間をにらみ合せて、充実してゆきたいと考えております。

この研究室の仕事の大きな一つとして、私たち毎日の暮しのなかで、いろんな役目をしている物を、使う方の立場から実際に使ってみて果してどうかということをしらべてゆきたいのですが、それについて、協力して下さる方がほしいというわけです。

その方々におねがいしたいのは、大体つぎのようなことです。

1 こちらからお送りする一定の品物について、こちらできめた方法で、一定の期間に、お家でその品物を使ってしらべて、その結果を報告していただきます。(品物は、こちらの指定したものを、ご近所で買っていただくこともあります)

2 その意味で、さしあたりこちらで希望しているのは次のような方です。

A 女の方であること。

B 主婦もしくは家事担当者であること。

C 科学的な知識は必要ではありませんがものごとを辛抱づよく綿密にキチンと処理できる人であること。(日記を一週間分まとめてつけるような方は、この場合ちょっと不向きだとおもいます)

D できたら、ご家族全部が協力していただけるようなら、なお結構です。

E 大人なら、年や学歴は問いません。

F 日本中どこに住んでいらっしゃる方でも結構です。

3 しらべていただくための実費の外に、おねがいするテストの種類によって、そのつどお礼を差し上げます。

このような条件に合った方で、協力してくださる方がございましたら、必ず次のことを書きそえてお申込み下さいませ。宛名は暮しの手帖社内「暮しの手帖研究室協力グループ係」におねがいします。詮衡の上、直接お返事をさし上げます。

書きそえていただくことは

1　ご本人のお名前、ところ、年、学歴、職業のあるなし（あれば勤め先の名前と、お仕事の具体的な説明）

2　ご家族の構成（お名前、年、勤め先、学校、健康状態など）

3　一家の総月収（大体の内訳も）

4　おすまいの大体の間取り。（自宅か、アパート、間借りなどの区別も）

5　お家にあるいろんな家事関係の新しい器具（電気センタク機とかガスオーブンとかミキサーとか掃除器といったものを洩れなく書いて下さい。もちろん沢山ある方がいいという意味ではありません）

6　水と火について（煮たきは、マキ、炭、ガス、電気、石油その他のどれか、水は井戸、川水、水道の区別）

7　自分の特に好きな家事（料理、編物、センタクといったこと）

以上のことは、もちろん外部に洩らすことは絶対にいたしません。

この募集の結果は、次の28号「編集者の手帖*」につぎのように書かれている。

暮しの手帖研究室の協力グループについて

このまえの二十七号で、私たちの「暮しの手帖研究室」の仕事に協力してくださる方を募りましたところ、十二月二十日までに、一九五二名の方が、申しこんでくださいました。そのあとも、毎日申しこんで下さる方が、つぎつぎとございます。

みっともない話ですけれど、実を申しますとこんなに大ぜいのお申込みがあろうとは、考えておりませんでした。私たちとしては、大へんめんどうなことをおねがいするのだから、せいぜい二百名か、多くても三百名くらいと考えておりました。その何倍ものお申込みをいただいたので、めんくらうやら、うれしいやらで、ちょっとびっくりしているところでございます。

お申込みをいただいた方には、直接お返事を差し上げるお約束になっているのに、まだ何とも言ってこない、というので、気にしていらっしゃることと存じます。まことに申し訳ないことですが、いま申し上げたような事情で、整理に、おもったよりひまがかかってしまったためですが、もう大体終りましたから、近日中に、お返事を差

＊「編集者の手帖」＝この28号から「あとがき」の欄の名称が、「編集者の手帖」に変った。

し上げられることとおもます。お許しくださいませ。

そんなわけで、この協力グループのお申込みは、ひとまず〆切らせていただくことにいたします。どうも、ありがとうございました。

なんとまあ、2千人近い方が応募して下さったのである。それだけ多くの方が、『暮しの手帖』のために協力してくれる気持ちがある、ということで、これは驚くべきことだった。

今だったらとても教えて頂けないような個人情報を記した上でのことだから、よほど『暮しの手帖』に好意をもっていて下さらないと、応募などしてくれないのではと思うのだが、私は『暮しの手帖』の「なかのひとりはわれにして」の気持ちが、読者のみなさんにしっかり伝わっているのではないかと勝手に思って、うれしくなるのである。

読者の方でも、『暮しの手帖』のためなら協力してやりたい、同じ「なかのひとり」同士だもの、助けになるわよ、と思って下さったと思うのである。

なぜ協力グループをつくろうと考えたのか

でも花森さんは、なぜ協力グループを作ろうと思ったのだろうか。それは明解である。花森さんは、上から庶民を見下して、教えてやろうというようなことは決してしてしない。偉そうに根拠もないのに、これはこうすべきだ、などとご託宣《たくせん》のように発言する文化人やお役人が大嫌いだ。つねに自分も「なかのひとりはわれにして」なのである。自分はこう思うけど、みんなはどう思っているのかな、どんなことに興味があるのだろう、どんなことに困っているのだろう……ということが知りたい。

みんなのことを知って初めて、では、それはどう解決したらいいかが考えられる。論理的根拠がなければ、空理空論になり、説得力がない。ではみんなの考えや思いはどうして知ったらいいのか。新聞社や通信社は世論調査をして、主に政治的な国民の意識を知ることをやる。でも『暮しの手帖』の知りたいこと、知らせたいことは、政治的なことではない。もっと暮しに関することだ。そういう調査はどこもやってない。では自分でやるしかない、となる。その始まりが、14号（1951年）で「板の間とタタミとどちらがよいか・暮し方の研究1」の記事を掲載した時だ。市民はどう考えているのか、現状を知りたい、知るべきだと考えて、独自に世論調査を行ったのだ。

14号に、こう書いてある。

読者はどう考えているか　　世論調査

これからの、私たちのすまいとしては、これまでのようにタタミばかりでよいのかそれとも、いっそ板の間だけにすべきなのか、あるいは、両方を上手に併用してゆくのがよいか、この点について、本誌の読者はどう考えているかを調査してみました。この調査は、読者名簿によって、全国都道府県別に、一定の比率で、一〇一三名を抜き出し、この人たちに対し、文書によって、回答をおねがいしました。〆切までに集った回答は七九二通に上り、回収率は、七八％強になりました。

その結果、現在どんな家に住んでいるのか、
タタミばかりの家　４６１通　59％
タタミと板の間と併用している家　３１０通　39％
板の間だけの家　21通　２％

将来どんな家に住みたいか
タタミばかりの家　13通　２％
タタミと板の間を併用する家　６９９通　88％
板の間だけの家　75通　10％

まずおどろくのが、突然アンケートが来て、個人的なことまでうるさく質問されて、そ

れに答えてくださった方が78％にもなるということだ。たいへんな高率である。『暮しの手帖』の真摯な姿勢や手帖通信などの誠実な思いが伝わっていたのだと、思いたい。

その結果、タタミばかりの家が59％だったのが、大多数の88％もの人がタタミと板の間を併用する家にしたいということが分かった。分析はもっと細かく多岐にわたっているが、この記事以降の『暮しの手帖』の住宅の記事は、タタミと板の間併用を前提とした企画に舵を切った。まだ昭和26（1951）年、焼け跡があちこち残っている時代である。人々が、新しい家を建てることを夢見ていた時に、こういう調査をして、同時にお金の手当てや間取りのとり方、ベッドか布団かどちらが良いかということまで、取り上げてきたのであった。

それはさておき、この時に、花森さんは、今回の調査だけではなく、これからもいつでも市民の状況を知るにはどうしたらよいか、とずっと考えていた。

そして3年後の昭和29（1954）年12月発行の27号の誌上で、協力グループ募集のよびかけを行ったのだった。この協力グループはその後の『暮しの手帖』にとって、ずっと重要な役割を担ってくれることになるのである。こんなことまで頼んでくるのですか。ずいぶん人使いが荒いですね、と苦笑されたことがあるほど、いろいろなお願いをしていく。

28号の誌上で言っているように、当初は200名か300名のつもりだったのが、1、000名をはるかに超える応募があった時に、花森さんは、世論調査として発表するには

1、000という数字が説得力をもつ、これだと思ったにちがいない。協力グループメンバーの選抜の意味もかねて、応募者全員1、952名に最初のお願いをした。電気アイロンについてのアンケートである。その結果報告が29号（1955年）の「電気アイロンをテストする」に出ている。

「アイロンを使っている人の不平はなにか希望はなにか」

★1000名の主婦からよせられた意見

……以上のテストとは別に、実際に毎日のようにアイロンを使っている家庭のひとたちは、そのアイロンについて、どんなふうに考えているかを調べてみた。（調べたひとの数は九七五名、アイロン台数は一、二九六台、地域は北海道から鹿児島まで日本中全部にわたっている）ここで、ひとよりもアイロンの数が三百台以上多いのは、いうまでもなく、一軒で二台も三台も使っている家があるからである。……

そして、次のようなことを質問している。

・どんなアイロンを何台持っているか

・持っているアイロンは何ポンドが一番多いか
・そのアイロンはどの銘柄か
・故障はないか。どんなところが故障したか
・今使っているアイロンをどう思っているか
・今後どんなアイロンがほしいか

というような質問に対する回答を分析して、主婦たちの意見を掲載している。

そして、このアンケートにきちんと回答してくれた方に、正式に協力グループとして参画してもらった、と聞いている。この時にはまだ入社していないので正確な経緯は分からないが、この協力グループは、単なる調査対象としてだけではなく『暮しの手帖』にとって、とても重要な援軍になった。データ収集の手段であり武器であり、同時に他の雑誌も新聞も、どこも追随できない親身な仲間である。まさに「なかのひとり」のグループ化であり、『暮しの手帖』ファミリーの誕生であった。

発売部数がどんどん伸びてきた

『暮しの手帖』の創刊号の発行部数は、1万部だった。
2号は、1万2千部
3号は、1万5千部
4号は、1万8千部
5号は、東久邇成子さんの「やりくりの記」のおかげで2万5千部になる
6号は、その勢いで4万5千部
10号は、7万部

順調に伸びてきているのだが、それをもっと確かなものとしていかなければならない。
10号（1950年）の時には、7万部、20号（1953年）に12万部、30号（1955年）は21万部だった発行部数が、38号（1957年）には50万部を超えて52万部になるのである。このわずか7年の間に、一挙に7倍以上になるとは全く驚きである。花森さんが、実際にどこまで考えていたのか知る由もないが、この数字には、花森マジックがあるような気がしてならない。

もちろん『暮しの手帖』の内容の素晴らしさが、広く認知され評判になっていったのは事実だ。その一つのきっかけが、昭和31年の菊池寛賞受賞*である（『暮しの手帖』34号・1956年当時）。

この受賞で『暮しの手帖』は、社会的に一流の仕事だという認知を受けたと思う。花森さんも鎮子さんもすごく喜んだ。だが、これだけが起爆剤となって、一気に『暮しの手帖』の声価が高まり、爆発的に売れ出したとは思えないのである。前に書いたように、確かなことは、20号ごろから随筆雑誌から抜け出し、自前の企画がどんどん表に出せるようになったということである。この確実な企画編集が、読者にどんどん受け入れられて、その結果が菊池寛賞につながっていったのだと思う。

と同時に、私が考えるのは、協力グループの存在である。27号で募集し、28号で1、952名の応募を発表、29号で、第1回のアンケートに参加してもらい、約1、000名の方に正式に協力グループのメンバーになっていただいた。そして、35号「電気せんたく機上手なえらび方と使い方」に早速参加していただいている。35号というのは、昭和31年（1956年）の7月発行だ。記事の中でも「……まだ何といっても電気センタク機のいわば創世紀、てんやわんやの時代です。いったいどんなふうに使われているのでしょうか。

＊菊池寛賞＝「故菊池寛の日本文化の各方面に遺した功績を記念するための賞。文学、映画・演劇、新聞、放送、出版、その他文化活動一般において、9月1日～翌年8月末に至る1年間に、最も清新且つ創造的業績をあげた人、あるいは団体に贈られる賞」（文藝春秋ＨＰ）。この年、一緒に受賞したのは、「天声人語」の荒垣秀雄、『日本捕虜志』の長谷川伸、歌舞伎研究の河竹繁俊、女優の淡島千景、それに花森安治と『暮しの手帖』編集部である。

メーカーはハデなうたい文句で広告していますが、はたして効能書き通りの性能を持っているのでしょうか」と言って、協力グループに現状を聞いている。

主婦にとっても、せんたくの労苦から解放されたい、という願望が大きかったのだろう。というわけで、『暮しの手帖』も、まだ家電創世紀の中でも、普及率が高いせんたく機を取り上げたのだが、電気せんたく機をテストするのではなく、それはあくまで「電気せんたく機の上手なえらび方と使い方」であった。

26号（1954年）から始まった「日用品のテスト報告」は、第1回目のソックス以降、マッチ、鉛筆、電気アイロン、安全かみそり、しょう油、電球、天ぷら油などを次々とテストしてきたが、電気せんたく機をテストするとなると、どう考えてもまだ難しい。この日用品のテスト報告は、あくまで全て日々多く使われている日用品のテストであり、まだ出回り始めた創世紀の電気器具を取り上げる場ではない。しかし、庶民は電気せんたく機に興味津々で、本当にせんたくできるの、汚れはちゃんと落ちるの、生地は傷まないのかしら、など知りたがっている。

「よし、電気せんたく機を取り上げよう。しかし、テストではなく、どんなものか、しっかり調べて報告をしよう」となる。では、どうするか。そこは協力グループの出番だ。逆に言えば、花森さんは、協力グループという武器があるから、テストではなく「上手なえらび方と使い方」に的をしぼったのである。協力グループ約1、000家庭のうち、電気せんたく機を使っている家庭が２８４あった。この方たちに「電気センタク機を使ってみて」の感想を聞いている。１、０００軒のうちの２８４世帯というのは、普及率28％ということで、統計の20％より、少し多い。この人たちに、根掘り葉掘り、せんたく機ってどうですか、と聞けるのは、本当にすごい武器だ。しかも答えてくれる人は『暮しの手帖』が好きで、何とか協力したいと思っているのだから、少しぐらい無理な質問にもちゃんと答えてくれる。こんなありがたい集団は、他には絶対得られない。この35号の電気せんたく機の記事は、読者の知りたいニーズに見事に応えてくれている。

協力グループが暮しの手帖の発展の源泉

『暮しの手帖』のテストが確立し、そのテスト結果が、読者の買い物行動を左右し、メーカーの売り上げに大きく影響するようになるには、じつはまだもう少し時間がかかる。電気せんたく機のきちんとしたテストを行ったのは、これから5年後の60号（１９６１年）

＊電気洗濯機＝国の統計（主要耐久消費財の普及率）は、１９５７年9月から始まっているのだが、この時に電気洗濯機の普及率は20・２％で、電気冷蔵庫は２・８％、電気掃除機はまだ空欄だった。これから見るといわゆる家電三種の神器の中では、洗濯機の普及が最も早かったことがわかる。

の時である。その間を埋めてくれたのが、協力グループだったと思うのだ。主婦にとって、もし、せんたく機を買いたいと思っていたら、すでに使っている人の意見を聞いてみたいのは当然である。それを一人ではなく何百人に対して、質問して答えを出してくれた。『暮しの手帖』は役に立つ、という評判につながっていった。26号から時を置かず、39号（1957年）で、また協力グループが登場している。「1、139台のミシンについて」という特集記事だ。それは暮しの手帖研究室と協力グループの共同企画になっている。「このミシンのレポートに協力していただいた方々は、一、一三九名にのぼったのですが、何十項目というこまかいこちらの質問にいちいちお答えをいただいたこれらの方々に、最初に厚くお礼を申しあげておきたいと思います」と文中に記して謝辞を呈しているが、この一文だけで、『暮しの手帖』の価値を上げていると感心するのである。

もちろん花森さんの文章である。この文章は、協力グループの1、139名の方に宛てたのはもちろんであるが、ここに集計されたデータは、1、000名を超える主婦たちが労をいとわず細かい数字まで、きちんと答えた大変な数字なんだなと、読者には伝わっている。つまり信頼性の高い数字で、参考にすべきだなと感じられる数字なのだ。それを、あの短い謝辞で花森さんはつくり出している。

このすぐ後の40号でも、また協力グループの主婦たちが登場している。「主婦はどれだけ働いているか―サラリーマンの家庭1、169世帯の報告」である。この主婦たちはどんな家に住んでいるのか、何時に寝て何時に起きているのか？　朝・昼・夕の食事はいつするのか。一日中何をするのか、どんな風に過ごすのか、せんたくや買い物はどうするのか、とにかく細かに質問し、それに答えてもらっている。これをみれば、日本のサラリーマン家庭の主婦はどんなふうに暮しているのかが全部わかるように集計されている。つまり、日本の主婦の暮し方が一目で分かる記事なのだ。こんな調査も統計も、これまでの日本には全くなかった。おそらくこういう記事は世界中でもどこにもないだろう。ここで出た結果は学問的にも、貴重な評価を受けた。だが、何のためにこんなことをしたのだろうか、何の役にたつのか。

こういう生活時間調査はＮＨＫもやっているし、他にもある。だが、これほどまでに主婦に特化してデータを取っていない。この調査以降でも、『暮しの手帖』は、このあと何回もいろいろな調査を行っているが、『暮しの手帖』が「暮し」に関する記事をつくるには、暮しについてあらゆる関心を持たなければならないと信じているからだ。

暮しについて、どうでもいいやということはない。それぞれに意味がある。それが良いのか悪いのか、なぜ良いのか、なぜ悪いのか。それをどうしたらいいのか。何かすべきだったら、どういう方向なのか。どれもこれも、全部できるわけではない。われわれの小さな力で、役に立てることは何なのか。それを知るためには、どうしたらいいのだ。編集部のなんてほんのわずかな人間しかいない。その一人一人の見聞など、世間のごくごく一部のことでしかない。その些細な経験や見聞だけで、えらそうなことを言えるはずもないではないか。花森さんはいつもそう言って戒める。

協力グループの1、000名にのぼる人たちの暮し方や経験・意見は、『暮しの手帖』の狭い見聞や知識に、もっと広く深く見通せる、データと知恵を与えてくれるのだ。高い所から見下ろすような、ご高見ではない。ご託宣でもない。

「なかのひとりはわれにして」という、庶民の一人ずつの集合体としての知恵を与えてもらえるのだ。『暮しの手帖』が独りよがりにならないための、間違った方向へ向かわないための、羅針盤の役割さえも与えてくれたのだと思う。

小林一三の宝塚と花森安治の戦略

『暮しの手帖』にとって、表には出ないが、協力グループのもたらす最大の恩恵となっているものは、もう一つあると、私は思っている。それは中核というのか、コアというのか、『暮しの手帖』を支えてくれる何十万もの読者の中で、どんな時でも、『暮しの手帖』の味方でいてくれる人が1、000家庭も存在しているということだ。こんなありがたいことはない。何十万部のうちの1、000なんて大したことはない、などとは決して思わない。

創刊号は1万の部数だった。1、000はその10分の1である。中核の1、000は、1万にも10万にも影響を及ぼす。なぜそう思うのか。

77号（1964年）の「まいどおおきに」という大阪商人の商売のやり方の記事を、花森さんが書いているときのことだ。原稿の途中に出てきて、息抜きの話になった。原稿がうまくいっているようで、ニコニコしながら話し出す。話題は、小林一三《いちぞう》*と宝塚の話だ。

花森さんは、宝塚歌劇が大好きである。宝塚はどうして長いあいだ親子孫とみんなファンになるかという話題になった時に、花森さんがこう言った。

「それが小林一三のすごいところだ。ファンを大切にするからだよ」「宝塚は庶民のものなんだよ。ファンはみんな仲間だ。なかのひとりはわれわれにして、お客さま一人一人を大切にしているんだよ」

「まいどおおきに」で花森さんはこう書いている。

「宝塚がグランド・レヴュウで花々しく世間にクローズアップされ、大劇場を中心に、けんらんたる大娯楽センターにのし上ったというのも、小林があくまで、大阪の庶民、長屋のどぶ板をふんで出てくる連中を、客の中心に考えていたからである。当時としては、豪

*小林一三（1873〜1957年）＝略歴をみると、日本の実業家、政治家。阪急電鉄・宝塚歌劇団・阪急百貨店・東宝をはじめとする阪急東宝グループの創業者。と出てくるえらい人だが、人間の機微を理解して事業を行う達人。

華な大劇場の入場料が三〇銭だった。そして一階も三階も同じねだんで、しかも、全部座席指定である。ふつう興行といえば、二階は高く、それに安い席は座席指定がない入れこみ式である。ところが宝塚では、三〇銭払えば、金持も貧乏人もおなじである。指定席だから、席をとる心配も、とられる心配もない」

花森さんは、小林一三の生きざまを尊敬していた。商売の仕方についてこうも語っている。

「小林一三を奇手縦横の事業家、というふうにみる人もあるが、これはあたらない。小林のこの作戦一つをみても、奇手でもなんでもない、周到に計画され、近道など一つもない、まともも大まとも、みごとな正攻法である。小林一三の商売のやり方をみると、そこをつらぬいているのは、二二んが四という、理づめのきちんとした合理精神である。ひとりよがりのムードなど、はいりこむ余地はない」

ここで花森さんが記した商売の本道を、『暮しの手帖』は確実に踏襲している。正直、私は宝塚のファンづくりの仕組みについては、全く無知だが、『暮しの手帖』の協力グループは、全く性格が違うのに、根っこでは共通している気がしてならない。協力グループは、単なるデータ収集のアンケート要員ではなく、『暮しの手帖』ファンの中核造りなのである。

協力グループは、『暮しの手帖』のために、面倒くさいたくさんの質問に答えたり、調べたりしてくれて、ほんとうにありがたい存在だ。それに対し、わずかな謝礼をするが、そのお礼目当ての方は、一人もいないだろう。それよりも、『暮しの手帖』が好きで、『暮しの手帖』の役に立つことを喜んで協力して下さり、その協力の結果が『暮しの手帖』の誌上に結実して報告されている。この相互作用をとても喜んで下さっているグループなのだと、強く感じるのである。

花森さんは、小林一三の手法を前述のように「奇手でもなんでもない、周到に計画され、近道など一つもない、まともも大まとも、みごとな正攻法」というように、協力グループは花森さんの戦略の中では、まさに「まともも大まとも、正攻法」なのである。矢継ぎ早な協力グループとの交流が、『暮しの手帖』との強い絆をつくり、コアのファンを形成していったのだ。

14号（1951年）の「タタミと板の間のアンケート」以来、多くの読者参加の記事が作られ、そして協力グループの結成につながり、その絆の影響は、他の多くの『暮しの手帖』ファンを生み出し、20号（1953年）から50号（1959年）にかけて、驚異的とも言えるような発行部数の増加をもたらした原動力となったのである。

粗雑な『暮しの手帖』はつくらない

花森さんは、少しでも多くの人たちに、『暮しの手帖』を買っていただく、読んでいただきたい、そのための努力とていねいな戦略を積み重ねてきていた。だから部数も伸びてきた。しかし、その根底に「この国の人々の暮しに役立つと思うことを、誠心誠意つくり出す、本物をつくるんだ。いい加減なものは絶対につくらない」というゆるぎない信念と努力があることを、忘れてはならない。

本物をつくるためには、編集部に厳しいのはもちろんだが、それだけではない。『暮しの手帖』40号（1957年）の「編集者の手帖」で、花森さんは『雑』という言葉について」というタイトルで、つぎのように書いている。

……どうやら「雑誌は粗雑なもの」という考え方も、世間一般にしみ通っているようである。

いつ、どこで、そういうことになったのか知らないが、たとえば、印刷するとき一つを考えても、おなじ機械で、おなじ人が刷るのに、雑誌だと、それほど神経を使わないのである。「雑誌だから」というのである。注文する側だって、刷り具合より、一銭一厘でも安い方がいいと考える場合がすくなくない。「雑誌だから」というのであろう。
ぼくたちは、この『暮しの手帖』に全生涯を賭けている。それだけに、内容はもちろんのことだが、印刷や製本についても、たとえ世間の考え方はどうであろうと、「粗雑」なものは一冊でも作りたくないとおもう。もちろん、ちゃんとしたもの、というのは、なにも机の前で羽織ハカマでかしこまらねばならぬといったことではない。ぼくたちは、むしろそうしたものをケイベツする。なるたけ「気安く、らくに」読めるものを作りたいというのが、ぼくたちのいつもおもうことである。しかし、それと「粗雑」な、ということは、ハッキリちがうはずである。……

実際に印刷や製本に対しても、常に水準を上げるように注文を出している。用紙にもうるさく、特別に漉いてもらっている。注文にうるさいと言っても、えらそうに上から目線で文句を言うようなことは決してしない。印刷も製本も、それぞれのえらいさんには厳しくするが、それだけでなく自らの足で印刷現場へ行き、活字を組んでいる職人さんたちと直接に話をして、こうやりたいがどうか、これはむずかしいかと、仲間に話すように語り合う。だから現場の人たちは、花森さんのことが好きで尊敬している。

私たち編集部員は、花森さんにことあるごとに「同人誌をつくっているんじゃないんだ。お金を出して買ってもらっていることを忘れるな」と怒鳴られている。

お金を出して買っていただくためには、同人雑誌じゃないんだ、まず買っていただくに足る価値ある雑誌をつくることだ、そして、その存在を知ってもらわなければ、買ってもらえない。そのためには新聞や電車の中吊りなど、そのとき使える媒体はさまざまに駆使して伝えていく。このことは前に、新聞広告のキャッチフレーズや主な執筆者名の使い方など、宣伝や言葉の天才が、苦心した跡をたどった通りだ。そのために徐々に発売部数はのびてきていた。

四章　日用品のテストから本格的テストへ

日用品のテスト

昭和29（1954）年12月発行の26号「ソックス―日用品のテスト報告その1」の後、日用品のテスト報告は、毎号掲載されている。

27号　その2　マッチ
28号　その3　鉛筆
29号　その4　電気アイロン
30号　その5　安全かみそり
31号　その6　しょう油
32号　その7　電球
33号　その8　印刷してある通りの分量が入っていたか
34号　その9　天ぷら油
35号　その10　お米は正しく配給されているか

36号　その11　「ちぢまない」セーター
37号　その12　ナイロン靴下の真相
38号　その13　印刷してある通りの分量が入っていたか
39号　その14　コドモの運動靴
40号　その15　電池
41号　その16　歯ミガキ
42号　その17　体温計
43号　その18　有名商品の量目
44号　その19　電気釜
45号　その20　中性洗剤
46号　その21　新しい接着剤
47号　その22　電気トースター
48号　その23　印刷してある通りの分量が入っていたか
49号　その24　クレヨンとパス
50号　その25　自動アイロン
51号　その26　歯ブラシ
52号　その27　ガステーブル

日用品のテスト報告は、この1世紀52号27回目のガステーブルで終わっている。

つぎの53号は万年筆であり、54号は魚焼き器だから、日用品のテスト報告は28回、29回と続いてもいいのに、と思うが、花森さんはなぜ「日用品のテスト」というタイトルは取りやめたのだろうか。

『暮しの手帖』53号の「あとがき」で、「『買物案内』と『日用品テスト』という欄をやめたことについて」として、次のように記してある。

お気づき下さいましたでしょうか。この号には、「買物案内」という欄も、「日用品テスト」という欄も、姿を消しています。……

……この二つの欄を、この号からやめたというのも、つまりは、この二つの欄にまがりなりにも通してきたものを、もっとひろげてゆきたい、もっとつよくしてゆきたいとおもったからでした。……

……私たちが取り上げる商品は、どんなものでも、必ず実物をテストしています。「日用品テスト」の欄に取り上げたものだけをテストしているわけではありません。

たとえば前号の「買物案内」にのせた「毛布」は、実質的には、「日用品テスト」としても通用するものだとおもいます。

そういう意味で、この号から、そういう垣根を取りはらってしまうことにきめました。……

……「買物案内」も「日用品テスト」も、なくしたのは、そういう欄の名まえだけで、実際に日用品をテストして、その結果を報告すること、買物のお役に立つ案内をつとめることは、やめるどころか、これからもっとしっかりとやってゆくつもりでございます。……

この「あとがき」も、当然、花森さんの原稿だが、なんとなく歯切れがわるい。正直、これではなぜ垣根を取り払ったのか、よくわからない。この変更については、花森さんは考えに考えた末の重要な決定だったと思う。

私なりの、勝手な類推を、以下に述べさせていただきたい。

53号の発刊は、１９６０（昭和35）年2月。高度経済成長*の真ん中だった。１９５５～57年は神武景気*、58年からは岩戸景気*といわれ、さらに60年には池田内閣が国民所得倍増計画*をぶち上げていた。経済成長率は、年平均10％前後の高い水準で成長を続けていて、給料もそれなりに上がり、庶民の関心は、住宅や家庭電化製品に向けられて

＊高度経済成長期――　神武景気　岩戸景気　オリンピック景気　いざなぎ景気＝１９５５年から73年の実質ＧＮＰの伸び率が年平均10％にも達した時期をいう。55年から57年は神武景気、58年から61年は岩戸景気、62年から64年はオリンピック景気、65年から70年はいざなぎ景気と言われた。

いた。とくに家電「三種の神器」と言われた「電気せんたく機」、「電気冷蔵庫」、「電気掃除機」の人気は高く、どれを買ったらいいのか、みんな知りたがっていた。安い買い物ではない。せんたく機は月給の1ヵ月分はするし、冷蔵庫はもっと高く何か月分にもなる。それだけに、どうせ買うなら、少しでもいいものを選びたいと思うのは当然だ。

この時期、三種の神器がどのくらいの家庭に入っていたのか。内閣府の統計をみると、昭和34（1959）年の普及率は、電気せんたく機は33％で3軒に1台の割合で、かなり普及が進んでいたが、電気冷蔵庫は5・7％、電気掃除機のデータは昭和34（1959）年分はまだなく、昭和35（1960）年に7・7％だから、どちらも20軒に1台程度の低い普及率である。

どれも、人々は興味津々、買いたくてうずうずしている人もいるが、なにしろ安い買い物ではない。多くの人は、本当に買った方がいいのか、買うとしたらどの銘柄がいいのか、失敗はしたくない。『暮しの手帖』が早くテストして、結果を発表してくれないかと待ち望んでいたのである。

自分ごとだが、昭和35（1960）年のわが家には三種の神器は一つもなく、家電で家にあるのは、昭和34（1959）年4月の皇太子ご成婚のために買った白黒テレビだけだった。

かねてより、電気せんたく機はもちろん、電気冷蔵庫や掃除機もテストしなければならない、と花森さんも思っていた。しかし、ソックスや鉛筆などのテストとはちがう。電化製品も、電気アイロンや電気釜やトースターを日用品として取り上げてきたが、電気冷蔵庫や掃除機を、それらと同じように、われわれの手で本当にテストできるのだろうか。

本格的テストにはお金がかかる

花森さんと鎮子さん、そして横山さんが悩んだのには、大きく言えばふたつの理由がある。一つは、お金の問題だ。

ご存じのように、『暮しの手帖』には広告がない。だから、収入は、雑誌や単行本の売り上げしかない。おかげさまで、売り上げはなんとか好調だが、儲かるというところまではとてもいかない。なにしろ、花森さんは、いい加減な仕事は許さないから、仕事には時間も金もかかる。

入社して間もなくに、木製の組み立てトラックの小さな記事を担当した。その記事にト

＊池田内閣の国民所得倍増計画＝１９６０年に池田内閣の下で策定された長期経済計画。10年で実質国民所得を倍増させ、これによって雇用を拡大することで生活水準を引上げることを目的とした。この計画は劇的な成果を上げた。国民１人当りの実質国民所得は７年目（１９６７年）で倍増を達成した。

ラックの写真をつけるのだが、5センチ四方の小さな白黒の写真だから、見本を見ながら黒と白に塗り分けて、カメラマンに写真を撮ってもらっていた。そこへ花森さんが通りかかり、ちらっと見て、塗りなおせ、と怒鳴られた。ええっ、どこが悪いの、とカメラマンと顔を見合わせていると、いきなりトラックをひっくり返し、「裏がきちんと塗れていない、こんないい加減なことをして、仕事をなめるな」と突きかえされた。

写る部分だけ整えても、必ず雰囲気は整っていない。やっつけ仕事の、つくりものの世界になる。君は読者を馬鹿にしてるのか、読者の目は節穴じゃないぞ、もっと真剣に仕事をしろ、と叱られた。

よく言われるように、1枚の写真を撮るのに、白黒写真だからグレーと白と黒でいいだろう、などというのはとんでもない。カラーで撮るのと同じように色合いも考えて、セットを組まなければならない。いや、それどころでなく、カメラのフレームの外の絶対に写真には写らない場所の小道具でも、きちんと整えなければならない。お金と時間が無駄じゃないか、などという姑息な猿知恵はやめろ、と何度も怒鳴られた。

花森さんは、本誌の紙を少しでもいいものにしたい、カラーの頁を増やしたい、といつも思っている。だが、なかなかおもうようにはいかない。これでもおれは我慢してるんだ、それがわからんのか、と怒る。しかも、紙は雑誌そのものだから、ケチるわけにいかない。『暮しの手帖』の編集部は、われわれ新入り五人も増やして、人件費にもやりくりしなければならない。一方で雑誌の値上げなどとてもできない。しかし、いい紙を使いたい、だがその金はない。だからギリギリのところでおれは我慢しているんだ、ということになる。お金はいつも足らない。そこへテストのお金が必要になってきた。

まず、テストする商品は、メーカーから提供してもらうわけにはいかないから、全部自前で購入する。安売り店で値引き商品を購入してテストして、もし欠陥だったとしても、批判できないから、ちゃんとした販売店から、全部、正価で購入する。

ソックスやマッチや鉛筆などの日用品なら、単価が安いからまだ何とかなるが、家電製品になると、ケタが違ってくる。

29号でテストした電気アイロンは、12種を取り上げているが、高いのは3千円台だがほとんどは千円前後から2千円の商品である。製品には、ばらつきがあるかも知れないので、複数台テストしたいのだが、この時は各1台ずつの購入だった。金額は全部で1万8千360円。参考に取り上げたアメリカ製のGE製のアイロンは8千円と高価で、これを加えると2万6千360円の支出だ。

44号の電気釜は、6種テストしている。一番安い日立は2千980円だが、そのほかはみな4千円台で、6台合計2万4千930円。これも何とか支出可能だ。

47号の日用品のテスト報告その22の電気トースターのテストも同じだ。ターンオーバー式で、サンヨー、東芝、ナショナル、日立、富士の5銘柄で1台1千100円から1千3

80円の製品。それを各銘柄7台ずつ、合わせて35台を計4万2千490円で購入し、次の四つのテストをしている。

その1　パンが具合よく焼けるかどうか。

その2　こわれやすいかどうか。

その3　取りあつかいがらくかどうか。

その4　本体や付属品の材料にちゃんとしたものを使ってあるかどうか。

その1のテストは、パンがどこも一様に焼けるかどうかしらべるために、真ん中と上下左右4か所、計5か所の温度を測定（東京都電気研究所に依頼して調べた）。そのうえで、実際のパンを焼き、焼けむらを確認。

その2　こわれやすいかどうか。これは、実際にパンを焼いてみるより仕方がない。一家族四人として、毎日8枚食べるとすると、1年365日分で2千920枚。7銘柄各3台ずつ2千920枚焼くと6万1千320枚焼くことになる。パンは17枚で40円。計算すると10万3千円にもなる。「わたしたちの研究室としては、10万円のパン代はちょっと痛いところです」、JISの規格にあるようにパンの代わりに石綿板をつかうことにした。前もって1枚のパンの焼き上がり時間をはかっておき、その時間だけ石綿板を熱する。耐久力テストはこれでわかるが、実際の焼き具合を見るために最初と3カ月目、6カ月目、

9カ月目、12カ月目には、実際のパンを焼いて具合をみた……。

全て実際のパンを焼いて耐久力をみようとすると、10万3千円ものお金がかかるのがわかった。うーむ、やりたいが、むりだなあ。あの花森さんが、恥を忍んで「わたしたちの研究室としては、10万円のパン代はちょっと痛いところです」と書かざるをえなかったように、お金の問題は避けて通れないのだ。結局、JISの規格にあるように、パンの代わりに石綿板をつかうことにしたのだった。

47号は、昭和33（1958）年12月の発行。この年の国家公務員の大卒初任給は9千200円、34（1959）年は1万200円だ。10万3千円は、国家公務員初任給の約10人分の月給に相当する。それが、テストのパンに使いたくても使えなかったのだから、花森さんは切なかっただろう。ちなみに、3年半ほど後の65号で、また自動トースターをテストしたが、この時は実際のパンを焼いた。8銘柄のトースターで、1台1千95枚ずつ合計8千760枚焼いている。これは1銘柄につき、1日3枚ずつ焼くとして1年分である。

47号から約10年後の99号でもトースターのテストをしている。この時は10種のトースターを3台ずつ、合計30台で各2千枚のパンを焼いて、耐久性やパンの焼け具合をテストしている。焼いたパンの総数は、なんと4万3千88枚になった。パン1枚5円とすると、20万円から22万円だろうか。この昭和44（1969）年当時には、『暮しの手帖』も本物のパンでテストできるくらいにはなっていた、というわけである。

ベビーカーのテストで１００キロを押した

日用品のテスト報告は52号27回目のガステーブルで終わり、つぎの53号は万年筆、54号は魚焼き器、55号は配線器具とつづき、どれもテストとは銘打たない号が続いていた。

そして、56号は4号ぶりにテスト報告と銘打った記事を発表した。テストしたのは、ベビーカー*である。赤ちゃんを乗せて移動するのは、以前は乳母車*だった。

「このベビーカーがどんどん売れ出したのは、ここ数年のことで、ある百貨店できいた話では最近はベビーカー7、乳母車3の割合で売れているそうです。」と記事に書かれている。今ではもう、乳母車はまったく見られなくなったが、ちょうどこの昭和35（１９６０）年ぐらいが端境期だったようだ。

テストしたのは7種で、検査したのは、音はうるさくないか、振動はどうか、赤ちゃんに影響がないか、倒れやすいか、押し具合はどうかなどだが、このテストが世間で最も注目されたのは、ふつうの道をじっさいに１００キロも押して歩いて、耐久力を調べたことである。その結果、あちこちが外れたり、こわれたり、ゆがんだりした。つぶれて使い物にならなくなったものもあった。

「百キロの道を押してみて、どれくらいいたむかをみようというわけです。テストする道としては、平らな道、上り坂道、下り坂道、そしてコンクリート舗装、平板舗装、簡易舗装、砂利道といったものを組合せてコースをきめました。それを7人の人が、順々に押す車をかえながら、つまりどの車も大体おなじような力で押したことになるようにしながら、何日もかかって、合計百キロを押しつづけたわけです。」と報告している。

私もこのテストの担当だった。ベビーカーを押すのは女性とは限らない。実生活でもベビーカーは男も女も押す。私もテスターの一人としてたくさんの距離を押した。なにしろ真夏だったので、暑い最中、来る日も来る日も押すのはたいへんだった。何回も通行人が寄ってきて、何をしているのですか？　といぶかしげに訊ねられたものである。

この『暮しの手帖』のテストは、100キロも本当に押して歩いたんだ、と話題になった。56号のベビーカーのテストの頁を開くと、麦わら帽子をかぶった七人の女性が、土道をベビーカーを押している写真が出てくる。最初が芳子さん、つぎが臼井さん、三番目が平川さん、4番目が鎮子さん、その次が林さん、杉山さん、最後が隠岐さんだったと思う。

この写真が話題になった。テストは、ベビーカーを実際にいろんな道を100キロも押して耐久力を調べたのだが、この七人の女性の写真が美しいしゃれた光景だったからか、じっさいにこんな風に100キロもベビーカーを押したのか、ということが、印象に残っ

＊ベビーカーと乳母車＝56号のテストで、つぎのように説明。「乳母車というのは、昔からある例の箱型で、早くいえば、ゆりかごに車をつけたようなものですが、一方ベビーカーというのは、（じつは日本製の英語らしいのですが）……赤ちゃんを腰かけさせて押す式の車のこと」

たらしい。この写真には「このテストでは、百キロのいろんな道を、赤ちゃんに似た重さをのせて、実際に押してみました。写真は、そのときのスナップです」という説明がついている。

それを見て、やらせだとか、つくりものだとかいう人がいる。花森さんがそれを聞いたら、高笑いをするだろう。もちろん、本当の本物だ。写真は間違いなく、そのテスト中のスナップである。こんなきれいなお揃いの帽子をかぶって押す時もあれば、てんでばらばらの作業着みたいな時もある。女性だけでなく男性も混ざっているときもある。市街地の舗装道路のところも、砂利道のところも、土の道もある。テストで重要なことは、どの機種も公平に押せるようにきちんとしたルールを作り、それにしたがって確実に押すことで、帽子や服装が押すのではない。

テスト風景を切り取るショットに、わざわざ汚らしい格好の写真をえらぶと思っているのだろうか。だとしたら、それは、なんというか、幸せな人ですね。

しかし、こういうテストこそ、『暮しの手帖』の真骨頂なのである。メーカーは、こういう走行テスト、耐久力テストはどこもやっていない。電動ベルトの上を何キロも走らせることはやっていても、ふつうのデコボコした坂道や砂利道を、実際に人間が１００キロも押して走行するなどというのは、まったく考えの外である。

ところが、『暮しの手帖』はそれをやる。愚直にやる。そして、現実にゆがんだり壊れたりする事実を、しっかり確認する。それを見せられれば、メーカーは、わかりました、と引き下がるしかないのである。

家電三種の神器のテストはできるのか

『暮しの手帖』のテストは、技術的なデータよりも、この実用性の検証であり、そのために、ふだん使うように徹底的に日常を再現することである。それを根気よく、徹底的に再現して、使いやすいか、壊れにくいか、不都合が起こらないかを調べるのが、『暮しの手帖』のテストのやり方である。

こういうやり方は、当時のメーカーはほとんどやっていなかった。電気的な検査や機械による反復テストや破壊テストのようなことは、検査の規格を作って、どこも同じテストはしているが、実際に使用する主婦たちが、くりかえし使ってみて使いやすさを見たり、耐久性をみたりする検査はおろそかにされていた。

26号「ソックス—日用品のテスト報告その1」の時にも記したように、「……洗濯も同じ回数だけ、木綿の靴下は木綿を洗濯する方法で、ウーリイ・ナイロンの靴下はナイロンを洗濯する方法で、試験することにしてみた」。これを3カ月愚直にくりかえし、ソックスの傷みかた、汚れの落ち方を調べたのである。

ＪＩＳに決められているような機械的、電気的検査は当然行うが、それとは別に、じっさいに使ってみて、いいかわるいか判断する。あくまで、道具として、日常の役に立つかどうかが最終的な評価だ。

とは言いながら、もし電気掃除機をテストするとしたら、いったいどうやったらいいのだ。ＪＩＳに書いてあるような、吸い込み仕事率みたいな機械的測定だけを行っても、じっさいに掃除したときに、本当にゴミを吸ってくれるのか、掃除をする主婦が使いやすいかどうかが問題である。とはいうものの、タタミや板の間の床のゴミをたくさん吸うか、吸い込み方が安定しているかを、どのように測定するのだ。企業と関連のある検査機関では受けてくれないだろうが、仮に受けてくれても、そのデータは本当に信用できるのか、読者が信頼してくれるだろうか。

社内のほとんどの人間が、まだ冷蔵庫も掃除機も触ったことすらないのだ。

ありていに言えば、通常私たちが使っていて、その良い悪いが自分たちで判定できるか、価格がある程度安くて、テストする機能が明確で、単純で、それを検証することが可能であるかどうかで、テスト出来るか出来ないかが決まる。それが、われわれの能力（人的、技術的、設備的、金銭的）で可能だと判断すれば、やろうということになるが、やっぱり無理だなと判断したら、やらない。この決断は、もちろん花森さんである。

電気冷蔵庫や電気せんたく機、電気掃除機や石油ストーブなどが普及しだし、『暮しの手帖』のテストを求める声が高まってきている。しかし、電気冷蔵庫やせんたく機のテストが、自分たちで出来るだろうか。

電気冷蔵庫のドアの開閉を1万回しても、たぶん壊れないし、壊れませんでしたと報告しても、ああそうか、そうだろうな、でおしまいだろう。ベビーカーは、赤ちゃんを乗せてやさしく移動できるかどうかが本来の役割である。だから、一生懸命に押した。

冷蔵庫の本来の役割は、ドアを開閉することではない。ちゃんと冷えるか、希望の温度を保ってくれるか、野菜や肉の温度は管理できるか、電気代はどうかという性能のテストが主になるだろう。その答えがきちんと出せるのか。テストするからには、冷蔵庫を空のまま運転しても、それは現実ではない。実際の食品を入れてどうなるかを調べなければ、『暮しの手帖』のテストではない。では、何をどれだけ入れるのか。生鮮食料品は何を入れる、肉か魚か、卵はどうか、野菜はどうする。温度はどう測定すればいいのか。表面なのか、内部も測るのか。生ものだから同じものをそろえられるのか。均一性は担保できるのか。ベビーカーを100キロ走らせて、メーカーを恐れ入りましたと言わせることは出来ても、家電メーカーのテストに負けないだけの独自テストが、本当にできるのか。

やはり本格的研究室をつくらなければ

研究室を作ろう。名前だけの研究室ではなく、自前でテストができる研究室を作らなければ、自分たちの考えるテストが出来ない、と花森さんは考えた。

前に書いたように、「暮しの手帖研究室」が最初に登場するのは、昭和28（1953）年6月の20号の「石けん—日本品と外国品をくらべる」という記事である。少なくとも、この時には、アメリカの商品テストを行っている『コンシューマー・レポート』や『グッド・ハウスキーピング』誌のことは、花森さんの頭にはあった。それより2年前の14号の時の「暮し方の研究」の時から、研究室設立の希望はあったろうが、自前の商品テストの研究所設立までは、なかなか踏み切れなかった。しかし、時代がそれを要請してきたことを、花森さんは痛切に感じだしていた。

昭和33（1958）年の春に、鎮子さんがアメリカ国務省の招待でアメリカに出かけたときに、花森さんがアメリカ側に強く求めたのが、家庭雑誌のグッド・ハウスキーピング社の見学と、『コンシュマー・レポート』を発行しているテスト機関のコンシューマーズ・ユニオンへの訪問だった。

『グッド・ハウスキーピング』誌は、1885年にマサチューセッツ州で創刊されたアメリカでもっとも有力な家庭雑誌のひとつである。暮しの手帖社もずっと定期購読しているが、ここには権威ある商品調査研究所があり、日常的にたくさんの商品のテストを行っている。ここの研究所のテストに合格した商品は、グッド・ハウスキーピング品質保証のシールを貼ることができ、消費者にアピールすることができる。

コンシューマーズ・ユニオンは1936年から活動している非営利の消費者組織で、独自の巨大なテスト施設を持ち、いろいろな商品やサービスについての検査を行って、その検査結果を『コンシューマー・レポート』で発表している。広告は一切取らない。その発行部数は400万部にもなるという。特に自動車のテスト結果が発表になる号は、さらに大部数になり、自動車の売れ行きを左右するとさえ言われているほど影響力が大きい。

鎮子さんは、この両機関の研究施設を見学してきて、その巨大さや権威の大きさに驚嘆して帰ってきた。そして花森さんに、そのすごさを伝えた。

東麻布のスタジオに隣接する不動産を、以前から買い増していたが、さらに買い増して増築し、ささやかながら名実ともに「暮しの手帖研究室」の看板を掲げたのは、鎮子さんがアメリカから帰ってきて4年後の昭和37（1962）年である。

石油ストーブのテスト

「日用品のテスト」を卒業し、本格的な自前のテストの開始である。ベビーカーにつづいて、57号に石油ストーブ、58号には三種の神器の一つ電気掃除機を取り上げている。私は、この三商品のテストに三つとも参加をしている。

昭和35（1960）年の54号編集時に、それまで十人の編集部に一挙に五人ものわれわれ新人を入社させたのは、編集者とかジャーナリストとかいう以前に、日用品のテストから本格的なテストへ移行するための要員確保のためであった。などと、ひがみっぽく書くと、「キミはアホか、立派にテストが出来なくて『暮しの手帖』の編集者と言えるか、なにもわかっておらんな」と、高いところから花森さんの怒鳴る声が聞こえてくるようだ。なつかしい。

57号の編集会議で、つぎのテストは石油ストーブと決まった。担当は、大畑、河津、小榑である。

「石油ストーブをテストする」の報告記事は、昭和35（1960）年12月の1世紀57号のトップに掲載された。内閣府の昭和35（1960）年2月の石油ストーブの普及率を見ると、まだ空欄で数字がない。翌36（1961）年2月には、7・7％となっている。35年36年あたりが、石油ストーブの創世紀だったといえる。世間の人は、まだほとんど知らない製品である。『暮しの手帖』は、それを早速取り上げてテストした。なぜそんなに早く取り上げたのか。記事の中で、こう言っている。

〈紐つき〉でないよさ
電気にはコード、ガスには管、という〈紐〉がついています。そのために取りつけも手間どったり、好きなところへ動かせなかったり、〈紐〉がわるいために事故がおこったり、まずいことが多いのです。石油には、その心配がありません
もっとも、〈紐〉のない点では、石炭、マキ、炭もおなじですが、これは手間がたいへんだったり、部屋が汚れたり、体にわるかったりします
ねだんの安いのも、石油のいいところです。電気にくらべておよそ⅕、ガスにくらべても½です
もちろん欠点もあります。空気が乾きすぎることと、器具のねだんが高いこと、いまのところ火事になりやすい器具があることなどです

暖房と言えば、主流はまだこたつの時代である。ガスストーブや電気ストーブもあるが、燃費が高く、記事のように、紐付きでなく移動自由ということと燃料費が安いというので、庶民は石油ストーブとはどんなものなのか、早く知りたい、という声が寄せられていた。

前にも書いたが、新しい商品のテストをする時に、この商品はわれわれの暮しに必要なものなのか、テストすべき商品か。テストするとしたら、われわれの力でテスト出来るのかどうかを考える。たとえば自動車をテストしてくれと希望されても、われわれには出来ない。そんなお金がないし、テストできる能力もない。

石油ストーブはテストできるか。出来ると考えて、花森さんはプランを採用した。日本中のほとんどの人が、まだ触ったことがない商品だ。デパートに陳列されているのは見た、という程度だ。鎮子さんも編集部も誰も、使ったことも触ったこともない。

しかし、花森さんは知っていた。普及率がまだ空欄の前の前から、いろいろ自宅で使っていたのだ。花森さんはあたらしもの好きである。カメラもテープレコーダーも8ミリも、最新のものに興味がある。しかし、そういう趣味的なものとは別に、欧米で流行りだした実用品や家電製品なども、いち早く購入して自宅で使用している。だから、こちらが最新知識を仕入れて得意げに編集プランを提出すると、キミはそれを使ってみたのか、とくる。

いや、まだ市場に出たばかりなので、新製品紹介の記事として出したのですが、というと、その商品にはこういう欠点がある、うちで取り上げるにはまだふさわしくないと、ぴしっと却下されることがある。どうして知っているのだろうといつも驚くほど、情報の収集には人知れぬ努力をしていることが分かる。

じつは、4号前の53号の花森さんのコラム「風の吹く町で」の中で、「この冬、石油ストーブを使ってみておどろいた。石油はにおいがするとか、煤が出るとか危いとか手間がかかるとか、いろんなことをいわれているが、あれは残念ながらわが国産のことらしい。／イギリス製、スイス製、アメリカ製など四、五種るい試めしてみたが、操作のらくな点、燃え方の気持のいい点、火力のつよい点など、どれもよくできている」と書いている。テストしたのは、円筒型のカモメ、パイン、反射型のカミシマ、コロナ、トヨ、リンナイ。それに参考として英国製のブルーフレーム。これは、花森さんが使った中では抜群によかったという商品である。

さて、『暮しの手帖』として、石油ストーブは初めて取り上げる商品である。花森さんと綿密な打ち合わせをして、何をどのようにテストするか、何を調べるか考える。使い勝手はどうか、臭いはどうか、能率（燃費と温度）はちがいがあるのか、安全性、石油だから火事が心配。テストすべきは、この4点。これはテストできる。

問題は、能率測定。寒い時に使うものだから、寒いところで燃やして温度と灯油の消費量を調べなくてはならない。しかも寒さ（外気）は、常に一定のところでなければ性能の比較テストにならない。常に5度の温度が保たれる大きな冷蔵庫の中に部屋をつくり、その温度を測ればいい。そんな大きな冷蔵庫なんてどこにある。

大畑さんは、我々のようにポッと出の学生上がりではなく、社会経験のある年配者だ。本来は営業だが、テストが本格化し、交渉事も多くなったので、もっぱらテストにかかりきることになっている。大畑さんが、走り回って探してきたのが、日本冷蔵（現ニチレイ）の大きな冷蔵庫だ。テスト報告の10頁にその写真が載っている。記事では、「このテストは、室温を5度に保てる部屋の中に、もう一つ小さな部屋を作り、この小部屋でストーブをたいて、20度になるまでの時間や石油の量などをはかりました」と記載してある。

この測定のために、毎日、築地の日冷に通った。日冷の方は、いったい何に使うのかと、時々覗きに来たが、まさか石油ストーブのテストに、この冷蔵施設が使われるとは思っても見なかったと興味津々だった。テストは、順調に進んで、最後に安全性をみようという段階になった。

石油ストーブを倒してみたら

何しろ石油は、燃えやすい。ガソリンは一瞬に燃えるが、灯油も同類ではないか。もし倒れたら、火が燃え上がって火事になるかもしれない。しかし、メーカーはそのへんの対策はきちんとしている筈で、油も漏れないようにしているのではないか。いやいや、万一漏れても火がつかないような設計がされている筈だ……事前の打ち合わせでは、こんなやりとりがあった。当然花森さんも同席していて、どちらかというとたいしたことはないのではないかと、楽観視していた。というのは、はじめは2階の板張りのスタジオに新聞紙を敷いて、そこで倒してみようと計画していたのだ。

万一のことがある。いざ火が出た時に、どうやって消火するのだという話になった。やっぱり油に水はまずいだろう。もちろん消火器も用意するが、砂をかけるか。砂を用意しよう。誰も全く無知だった。だから恐れも危機感もなく、転倒テストをしようとしたが、万一油がこぼれたら、後で拭くのは大変だぞ、木の床だと臭いがしみこんで抜けないと、写真撮影に影響するのもまずい、という意見も出て、万が一、火が出ることもあるかもしれないから、1階のガレージでやろうと変更した。砂の入った重い箱を下ろすのに往生したが、ガレージのタタキの上なら、油がこぼれても洗い流すのに楽でいい、などと話していた。

石油ストーブ6種の転倒テストの結果は、12頁に出ている。アイウエオ順に倒そうというので、まず倒したのは、カミシマだった。転倒して、ちょっとの間は静かだったが、油がこぼれて流れ出したと思ったとたん、わっと火が付き、一気に炎が高くなって天井まで届くほど燃え上がった。文字通り油断していた。度肝を抜かれた。火事になると思った。まさに恐怖。えらいことを仕出かしてしまった。でも油火事に水は禁物だ。消火器だ、砂だ、それは必死だった。ふだん、一人では絶対に持ち上がらない砂の箱も持ち上げていた。やっと消せた。みんな煤だらけになって、放心状態だった。担当の三人の他にカメラの松本さん、斎藤さん、それにドライバーの深井君がいたように思うのだが、みんなぐったりして、やっと生き延びたという思いだった。消せてよかった。大事に至らなくてよかった。

大畑さんが、銀座にいた花森さんに電話したが、花森さんも驚いて、すぐに飛んできた。黒焦げたストーブの前で、みんなの顔が煤だらけなのを見て、花森さんも、えらいこっちゃと認識したようだった。みんな大変だったな、これで何かみんなで食べろと小遣いをくれた。いくらだったか忘れたが、かなりの大金だったので、花森さんがいなくなったあと、みんなが歓声を上げたのを覚えている。そのくらい花森さんも驚いたのだ。

天下の『暮しの手帖』のテスト の舞台裏が、こんなすったもんだで恥ずかしいかぎりだ。表向きはいつも端然として、間違いなどしませんというような顔をしているが、実情はドタバタの連続である。

特に新しい商品を取り扱う時には、事前に使用者などにヒアリングして、いろいろ準備をするのだが、この石油ストーブについては、事前の準備が全く甘かった。

この時のブルーフレームは、転倒テストにもびくともせず、能率も取り扱いやすさも、抜群だった。あくまで参考として取り上げたのだが、その評価は、たちまち日本中に知れわたり、すぐ売り切れになった。注文しても何か月待ちというほど、評判になった。

また、火事になる危険性の認識と同時に、その良さも、便利さや燃費の安さも伝わり、この記事をきっかけに石油ストーブは一挙に普及していった。

石油ストーブはブームになった

石油ストーブは、2年後の冬、67号昭和37（1962）年に、またテストをしている。実は、この時には、石油ストーブはブームになっていた。以前は、コンロやストーブのメーカーだけだったが、この2年の間に、家電メーカーがどっと参入していた。67号のテスト報告の始めに、次のように記している。

今年の石油ストーブは、日本ガス石油器具工業会の推定では、国産のメーカーが大小とりまぜて38社、機種が120種、総台数では2百万をこえていますブームといわれるだけあって、とにかくこれはたいへんな数です。もしこれが全部売れたとしたら、日本中おしなべて大体9軒に1軒は、今年石油ストーブを買ったことになります。

すごいですね。雑誌がブームの引き金になったのだが、それにしても、今度テストしたのは「……メーカーは21社、機種は30種、これが国産品で、ほかに外国品として、イギリス、アメリカ、西独の4社5種」というので、全部で35種という大テストだ。「……今年のもうひとつの特長は、電気器具メーカーの製品が、どっと出てきたことです」というのもすごいことで、サンヨー、シャープ、ゼネラル、日立、富士、東芝、ナショナル、日立という家電メーカーが登場している。記事にも「……売れるものならなんでも売ってやろうという気がまえが読みとれます」と書かれているように、石油ストーブのブームに乗り遅れまいと、いろいろな分野のメーカーが、垣根関係なく入ってきた。

こうなると単純な商品テストという枠を越えて、社会現象としても対応することになり、『暮しの手帖』としても、35種も一度にテストすることになった。このテストにも担当になったのだが、前回経験しているので、やるべきことは、わかっており、順々にテストを行った。とは言え、前回は7種、今回はその5倍の35種である。何をやるにも5倍かかり、しかも季節商品なので、延期は出来ず、それは死ぬ思いだった。しかし、今改めて、その67号（1962年）をみてみると、前回のような準備不足とちがって、堂々と編集されていて、立派なテスト報告になっている。世間から注目されての報告だが、まさに胸を張って、どうだ、といえる発表だった。

この号のあとがきの「編集者の手帖」で、石油ストーブのテストを取り上げて、無署名だが花森さんは、次のようにこう記している。

この仕事をつづけていると、いろんなことがあります。たいていは、つらいこと、いやなことばかりですが、ありがたいことに、ああ苦労した甲斐があったなぁ、と心からしみじみとおもえるような、そんなうれしいことも、やはり、いくつかあります。仕事冥利だとおもいます。

こんどの石油ストーブのテストがそうでした。

近頃こんなにうれしかったことはありません。……

テストの結果は、ごらんの通りです。

まだ外国品と完全に肩を並べるわけにはいきませんが、とにかく二年前とくらべると、格段によくなっているといえるでしょう。

もし、二年前に、私たちがあのテストをしていなかったら、こんなによくはなっていなかったかもしれないし、第一こんなに沢山の新しいメーカーもできていなかったかもしれない……

思い上った言い方、といわれることを承知の上で、私たちは、このことを書いておきたいのです。

私たちのやっているこの仕事、苦労の多い、しかしちいさな仕事が、決してムダではなかった、そうおもわずにはいられないからです。うれしい、というのは、このことなのです。

この石油ストーブのテストは、担当の一人としても、思い出深いテストの一つである。

石油ストーブ水かけ論争勝利の記念日

87号（1966年）で「〈火事〉をテストする」という記事を発表した。

実際の一戸建ての家を実験場にして、いろいろな火災を起こして、どんなふうに燃えてゆくのか、どう消したらいいのかの実験を行ったのである。

たとえば、火の入ったフライパンを床に落としたら、火はどのように燃え広がってゆくのか、それを消火するにはどうしたらいいのか、というテストだ。他にもいろんなケースを行ったが、その中の一つに、石油ストーブが倒れた時に、板の間の場合、タタミの場合、じゅうたんの場合などの燃え方を調べた。石油ストーブが火になるというのは、つまり灯油が燃えるのである。その結果、板の間の場合、油が燃え広がって一番危なく、タタミやじゅうたんの床は、油を吸い込むので、燃え広がらないことが分かった。つまり板の間に石油ストーブを置くのなら、下にじゅうたんを敷きなさいという結論が出た。

同時に、石油ストーブから火が出た場合は、油に水は禁物という常識とは違って、水をザーッとかければ確実に消えることが分かった、と発表した。私もこの火事のテストの担当であり、毎日、東京の三鷹にある自治省消防研究所に通って実験を行った。

折から世の中では、石油ストーブがブームになって、毎年10％近く普及率が上がり、この年には46・8％もの家庭で、暖房用に石油ストーブが使われるようになっていた。

それにつれて、石油ストーブによる火災も増大していた。87号の「石油ストーブの火には水が有効」という情報を、より広く伝えるために、1968年2月発行の93号で、再び「もし石油ストーブから火がでたとき、どうしたらよいか」に限って、再び60回もテストを繰り返し行った。その結論は、万一石油ストーブが倒れたら「とにかく引きおこすこと、どうしても引きおこせないと見たら、すぐバケツ一杯の水をかけること」と発表した。60回の実験で、100％水で消火できた結果の発表だった。

これに対し、東京消防庁は「まず毛布をかぶせて炎をおさえる。そのあと水をかける」と指導していたので、『暮しの手帖』の結論に「シロオトが何を言うか、ケシカラン」と怒り出した。

これが新聞に取り上げられ、「燃えさかる〝水かけ論争〟石油ストーブから火が出たらまずバケツか毛布か、実験派暮しの手帖対経験派東京消防庁」という大きな記事になった（朝日新聞　昭和43・2・7）。他のマスコミもいっせいに「水かけ論争」として取り上げたので、自治省消防庁が公開実験を行うことになった。

公開実験は2月21日と22日に行われ、2月29日に結果が発表された。新聞は、大きな見出し「効果あるバケツ／石油ストーブ〝水かけ論争〟軍配は『暮しの手帖』優勢」と報道した。その日のＮＨＫニュースは、つぎのように伝えた。

「ＮＨＫニュース　昭和43（１９６８）年２月29日」

水をかける方が効果があることが、消防庁の実験で分かりました。これは石油ストーブが倒れて火が出た場合、バケツに一、二杯の水をかければ消すことが出来るという雑誌暮しの手帖社と水より毛布をかぶせる方が先という消防関係者の間で意見が分かれたため、消防庁が今月の21日と22日の２日間、東京三鷹の消防研究所で公開実験をして、今日その結果を公表したものです。

実験は、火のついた石油ストーブを29回倒して水と毛布とどちらが消火に効果を上げるかをしらべ、これとともにモデルハウスの床を畳ばりにした場合とリノリウムばりにした場合とでは、消火にどのくらいの違いがあるかについてもしらべました。

その結果、まず水による場合は、炎が１ｍ30㎝の高さになるまでにバケツ一杯の水を石油ストーブの芯をめがけて一挙にかければ充分に消える。しかし毛布の場合には、炎の高さが１ｍを越え、広がりは直径60㎝以上になると、火の勢いを抑えることが出来ても、完全に消し止めることは難しく、石油ストーブが倒れて火が出た時には、まず水をかけることが消火の上で効き目があることがわかりました。

また床の材質をみますと、タタミではストーブから漏れた油がタタミに染み込み、なかなか広がらず、石油ストーブの置き場所はリノリウムよりタタミの部屋のほうが安全であることが確かめられました。

消防庁では、この実験の結果によって、石油ストーブのそばには必ず、水を満たしたバケツを置く、石油ストーブはできるだけタタミの上に置く、リノリウムや板張りの部屋で使う場合必ずじゅうたんを敷くようにすることなどを一般に呼びかけることになりました。

「この実験の結果によって石油ストーブのそばには必ず、水を満たしたバケツを置く」ということの消防庁の結論のニュースを、花森さんをはじめ編集部みんなで聞いた。この時の状況を録音したテープが残っている。

このとき、花森さんは、つぎのように語った。

はじめに、自分たちの最も主力である表芸というか、一番の本質的なことについて、それが認められたから、ぼくはあとのことは全部帳消しにする。個人的なことも片々《へんぺん》たることはたくさんあるけれど、このことで、人生というものに非常に何か頼りになる感じが出来た。世の中というものに、考え方が変わったよ。世の中というのは、捨てたものではないということだ。しかしぼく自身としてはね、昨日、ぼく自身が死んでいたら、世間が何と言おうが、ぼく自身は人生というものはかくもうまくいかないものか、という思いで死んどったと思うよ。それが今日まで生きておれば、考えはすっかり変わって、人生というものは捨てたもんじゃない、ちゃんとやっていれば、いつかそれは報いられる。

これはね、このつぎ、ぼくが何かやって、このつぎ、何かこういう逆の目が出ても、ぼくは信じて、いずれこのことはハッキリするということを、信じて死ぬことが出来る。

こんな幸福なことはない。そういう意味で、ぼくとしても今日は非常に記念すべきで、4年に1回しか来ないのが幸いだよ。ぼくは4年ごとに、この日はどんなに忙しくても、この日は盛大に祝うと同時に、そしてやはりちゃんとしたことをしようと、反省する日にしたいな。

というのは、これから新しくいろんな人が入ってくるわな。その人たちがやっぱりそれを知るべきだよ。それでありがたいことに、これまでやってきたことが認められた感じになるだろうと思うんだ。今度火事のことで認められたということは、これまで『暮しの手帖』がいろんなことをやってきたことを、それにケチをつける人があって、それに惑わされてそう思っている人が、今度はいやそうではないと、やはり『暮しの手帖』のほうが正しかったんだと思ってくれる人がいる、ということがわかる。

その意味でもこの意義は大きいんだよ。今度のことだけではなくて。ただ気をつけなければならないのは、これからお互い世間を歩くときに、『暮しの手帖』だ、とえらそうにするのはこれはやめないかんよ。われわれはそれをやってなかったからともいえるんだよ。(中略)

そして今言うとおかしいけど、われわれは常に謙虚であったし、ある程度礼儀も正しかったと思うんだな。それがやっぱり、あの連中のやっていることははったりではない、という気持ちはあの消防研究所のみんなには、人間である以上通じていたと思う。メーカーがどうであるという以前に、それが非常にプラスしたと思う。あれがわれわれが非常に粗暴であり、消防研究所なんてなんだとドカドカやって、大きな声をたてたり、勝手に各部屋を荒らし回ったりすることでは、そりゃ必ず逆に動いていた。そういう意味で、正しいことをするだけでは足らんのだよ。やっぱりわれわれは謙虚でそして礼儀正しくて、専門家の意見は尊重するという、今までの態度は絶対に崩せないと思うよ。

花森さんは、どれほど重いものをひとりで背負っていたか。ひとりで苦悩し、どれほど恐れ、どれほどつらかったか。そして結論が出た今日、どれほどその心が解き放されたか、生きててよかったというほどのその心情を、ここまで吐露したのを聞いたのは、はじめてであった。たぶん、花森さんとしても、初めてのことだったのではないかと思う。

昭和43（1968）年2月29日、うるう日のこの日、『暮しの手帖』にとって忘れられない記念日になった。

即席ラーメンのテスト

『暮しの手帖』というと、とにかく大規模な家電などの商品テストと思われているようだが、前にも書いたように長い間、日用品のテストが本流だった。きちんと検査や性能比較もする買物案内というテストの頁がずっと続いている。昭和35（1960）年の冬に担当したのが、即席ラーメンだった。

2年前の昭和33（1958）年に日清食品の安藤百福《ももふく》さん＊が開発した「チキンラーメン」が大ヒットし、その流行に乗って、他のメーカーがわっと参入してきていた。その数、40社ともいわれ、即席ラーメンは、1日40万食も売られている、と言われていた。まさにブームである。デパートや食料品店を歩きまわり、主だった7銘柄をテストすることになった。

ラーメンをデパートで買うなんてと思われるかもしれないが、当時は今のスーパーと同じような感覚で、少し高いがデパートで食料品も購入していた。まだスーパーは、誕生したばかりの黎明期《れいめいき》で、調査対象にはならない時代だった。

編集部でも、即席麵を食べた人はまだ少なかったが、銀座の台所でお湯をわかしてラーメンをつくり、食べ較べのテストを行った。食品のブラインド・テストは、テスターには銘柄がわからないように、同じ七つの容器に、出来上がり時間をそろえて、提供するのが重要だ。評価はあらかじめ「つゆの味はどうか」「麵の具合はどうかコシはどうか」「油っぽくないか」「見た目はどうか」などの質問項目を記入した用紙を用意し、試食して記入してもらう。同時に、ラーメンは好きか、ふだん食べる頻度は、この即席ラーメンを自分のお金を出して買うかなども書いてもらう。

採点は編集部だけでなく、中華料理の専門家にもお願いし、食べ比べてもらった。もちろん花森さんも鎭子さんもテスターである。その結果を57号（1960年）の即席ラーメンの買物案内の記事に報告している。

即席ラーメンといっても、作り方に2通りあり、麵に味がついていて、お湯を注いで少し待てば出来上がり、という即席型が五種、もう一つは麵に味はついておらず、鍋で煮て

＊安藤百福（1910〜2007年）＝「チキンラーメン」と「カップヌードル」を開発した日清食品の創業者。世界的に普及したインスタントラーメン産業の創始者となった。

から別添の粉末調味料を混ぜる準即席が二種。それまでいわゆる即席食品には失望するこ
とが多かったので、この即席麺もあまり期待していなかったのだが、食べ比べたテスター
の評価が予想より良かった。

テストの結果、まあよかったのが、即席では日清のチキンラーメンとエースコック、準
即席型では、マイラーメンと栄養麺だった。日清のチキンラーメンの評価は「つゆの味が
この種のものの中では出色です。ダシがきいていて、塩加減もいくらからすめです。香り
もわるくありません。……5種の中では、いちばん麺の感じがのこっています」と評価が
高かった。

この時の『暮しの手帖』の高い評価が、また即席ラーメンの普及に拍車をかけたと、即
席麺業界の人がわざわざ報告に来た。それまで、ブームが起きているといわれても、一部
の人たち、主に学生や目新しさで食べられていた脇役の食品だったが、『暮しの手帖』が
認めてくれたので、一人前の食品として取り扱われるようになりました。ふつうの家庭に
も売れるようになったのです、と頭を下げられた。

じつは花森さんはもともと麺類が好きだから、この時、何回も試食して、なかなかいけ
るじゃないかと評価していた。これ以来、インスタントラーメンは何回もテストすること
になるが、いつもおおむね評価は良かった。

2世紀の42号（1976年）でこう書いている。

「この即席ラーメンを発明したのは、日清食品の社長の安藤百福さんです。めんを油で揚げると、めんにたくさんの穴があくから、ふつうのめんをゆでるのにくらべて、ずっとお湯をよく吸いこむ。だから早くできるし、めんにはもう味がしませてあるから、そのまま食べられる。しかも保存もきく、というわけです。これを考えついた日清食品の安藤さんの功績は、もっと高く評価されていいことです。『もうとっくに何とか褒章ぐらいは当然もらっていていいし、なんとか文化賞にも立派に値する仕事だとおもいます。もし暮しの手帖賞とでもいうのがあって、暮しに貢献した人にあげるとしたら、その第一号は、この安藤さん以外には考えられないのです』」

この文章は無署名の買物案内の記事で、担当は私で、記事を書いたのも私だが、二重カギの部分は花森さんが赤ペンで書きいれた文章である。花森さんは、このくらい即席ラーメンや安藤百福さんを評価していた。

この後、2世紀76号で、明星食品の高級ラーメン中華三昧を単品でほめた時、安藤百福さんが直接、暮しの手帖研究室にやって来て、日清の高級ラーメンを食べてほしいと自分で台所に立ち、麺を茹でて作って提供してくれた。そして、これは中華三昧に決して負けないラーメンだから、ぜひ評価してほしい。自分としては、『暮しの手帖』に評価してもらわないと悔しくてたまらないと訴えられた。

「はいそうですか。わかりました。誉めましょう」というわけにはいかなかったが、安藤さんの心意気は十分に響いてきた。

即席ラーメン業界とも安藤百福さんとも、『暮しの手帖』は、まったく利害関係はないのだが、暮しの手帖賞を設立して、安藤百福さんには、差し上げたかったと、いまでも思っている。

電気掃除機のテスト　本物のゴミをもとめて

本格的テストがはじまったその最初の石油ストーブも掃除機も、その後取り上げる度に担当になった。当然のことながら、だんだんとその製品に精通していくのだから、担当を続けることになる。石油ストーブも、掃除機も、河津一哉さんと一緒に苦労したが、ここでは掃除機のテストを振り返りたい。

掃除機は小型も含めて、私は58号、85号、2世紀3号、28号、44号、49号と6回も担当になりテストを行った。

テストをする時には、一番素朴な疑問から考える。掃除機というのは何のための道具か。掃除をするためだ。ホーキとどうちがうのか。はたきや雑巾の役割はするのか。掃除機を使うと掃除は簡単になるのか。時間も早く済むのか。どの疑問も、いまでは笑い話のようだが、昭和35（1960）年の電気掃除機の普及率はわずかに7・7％。13軒に1台の割合で、ふつうの家庭ではほとんど使われていなかった。もちろんわが家にもなかったが、東麻布のスタジオには大きなアメリカ製の胴長（シリンダー型）の掃除機があった。

1960年代は、高度経済成長の真っただ中で、経済の成長につれて、ふつうの家庭でも、暮し方がどんどん変わりつつあった。コンクリートの団地が増え、新築住宅もどんどん増えた。当然、家具や電化製品も、すごい勢いで家庭の中に入っていった。電気冷蔵庫の普及も、昭和35年には10・1％だったのが、3年後の38年には39・1％になり、掃除機も7・7％だったのが33・1％というように激増していった。

『暮しの手帖』が、家電製品のテストを本格的に始めたその時代が、まさにこの購買激増期に当たっていたのだ。世の中は『暮しの手帖』のテスト結果を待って、どの銘柄を買うのか決めたとまで言われた。まさにテストの価値が最大化されていたのである。

電気掃除機は、ホーキとどう違うのか、という素朴な疑問に真正直に答え、買うとしたらここの銘柄の製品がいいですよと教えてくれるのだから、『暮しの手帖』は大歓迎され、毎号部数を伸ばしていった。さてその掃除機のテストだが、『暮しの手帖』には、強い味方がいる。前にも述べている「協力グループ」だ。

どんな道具なのか、本当に買う価値があるのか、面倒なことはないのか、ある程度普及している商品なら、編集部も、テストの仕方も勘所もわかるが、実態が良く分からないときには、分かる人に聞くのが一番である。3千世帯の協力グループに掃除機についてアンケートしたところ、現在使っているという家庭が約450世帯あった。普及率15%。世の中よりだいぶ高いが、それでも約7軒に1台である。その450世帯の意見を58号のテスト報告の冒頭でつぎのように記している。

「これまでのホーキやぞうきんにくらべて便利だという家が6割、まあまあだという家が4割です。時間の点では、これまでよりかからないというのはわずか1割6分で、これまでとおなじくらいか、それ以上にかかるというのが8割4分でした」

このときには、私たちも掃除機については全くのシロオトだから、JISという規格に決められているやり方に則《のっと》ったテストを行い、同時に、『暮しの手帖』独自の、実際に使ってみて使い勝手がどうか、ゴミ捨てはらくか、うるさくないかなどについて調べた。

メーカーは、はじめのうちはシロオトが何を言うかという姿勢だった。しかしテスト結果が誌上に発表されると、読者からも販売店からも問合せや苦情が寄せられる。それより何より自分の会社の上層部から、うちはどうしてこんな成績なのだと下問される。次第に売れ行きにも関係してくることが分かると、『暮しの手帖』に行って聞いてこいとなり、メーカーの担当者がつぎつぎやって来ることになった。

自分たち業界のテストの方法と違うが、テストのやり方を詳しく聞きたいとか、耐久力テストの壊れた製品を見せてくれとか、真剣勝負だった。

電気掃除機は、もともとは真空掃除機といっていたように、モーターで掃除機内の空気を外へ押し出し、空気を薄く（真空に近く）すると、そこへ空気が吸い込まれる。その吸い込む力を利用してゴミを吸い込む。それが吸引力で、規則では吸込仕事率といい、数値の出し方が決まっている。

テストでは、その方法で当然検査するが、じっさいに床用の吸込口からゴミを吸わせてみると、吸込仕事率の高い、つまり吸引力が強い掃除機が、ゴミもよく吸ってくれるわけではないのだ。何回もテストを重ねているうちに、これが掃除機本体の吸込能力ではなく、吸込口の形状に左右されることがわかってきた。これは、業界の決まりだけの検査をしているだけではわからない。

『暮しの手帖』は、吸込仕事率は当然測定するが、その上で、実際のゴミを掃除する結果の方を優先する。では実際のゴミとは何か。砂やおがくずを均等にまいて掃除をしてみる。もちろんこれでも一応の結果は出る。でもふだんの掃除の時に、こんなゴミがあるか。タタミやじゅうたんの中に沈み込んでしまっているゴミはどうなのだ。しかし、その実際のゴミはどんなゴミなのだ。疑問は次々に起こって来る。

メーカーの方でも、「『暮しの手帖』のテストでは、こういうことを測定し、判定するから、それに対応できる性能にしようと努力しています」と担当者が話していた。私たちも一生懸命だった。砂とかおがくずで代替できると思ったが、やはり不自然だ。じっさいのゴミでテストしたい。でもじっさいのゴミってどういうのだ。結局、本物のゴミを集めようと決めた。2世紀の3号（1969年）の時である。この記事では、「いろんな家庭から、たくさんのゴミを集めてきて、その成分を分析し、それと似たような割合でゴミをつくった」と、さらっと書いてある。

このわずか4行が、どれほど大変なことだったか。この号が発行され、例によって、メーカーの人たちが、どういうゴミでテストしたのか聞きに来た。そこで私たちが答えたことに驚嘆して、私たちにはとても出来ません、と帰っていった。その後、掃除機は2世紀の28号でも、44号でもテストをしたが、この44号の時に「テストはゴミ集めから始まる」という項目を最初に設けて、大きく写真を載せてつぎのように記した。

●どんなテストでも、テストする材料には苦労します。センタク機のテストには、センタクものがたくさんいるように、冷蔵庫のテストには、中に入れるものがたくさんいるように、掃除機のよしあしを決めるには、ゴミがたくさんいります。

●そのゴミは、研究室で人工的に作ったものより、私たちの毎日の暮しの中から出る、じっさいのゴミを使いたいのです。そのゴミは、とても私たちの家だけでは足りません。そこでいろんな団地へいっては、一軒一軒におねがいして、現在使っている掃除機の中のゴミをいただいてくる、これが、じつは表には出ないけれども大仕事なのです。
●そのゴミを、紙クズやヘアピンやビニール紐といったものをのぞいて（これが意外に多いのです）、綿ボコリのようなゴミと、砂とか泥のゴミの二つに分けます。その割合は、重さで砂ゴミ7、綿ゴミ3、このゴミをいろいろな形で使って、テストするわけです。

見ず知らずのお宅に突然訪ねて行き、「すみません、ゴミを下さい」というのだから、誰でもびっくりする。「えっ、何ですか」「『暮しの手帖』ですが、掃除機のテストをするのに本当のゴミが必要なのです。掃除機の中のゴミをいただけませんか」

2世紀44号（1976年）は、もう40年も前のことだが、世間は、今よりはもっとおおらかだったのだと思う。今だったらうさんくさい訪問には、誰もドアを開けてくれないだろう。それに『暮しの手帖』が全盛の時だった。日本中、『暮しの手帖』の名前は通り、しかも信頼できる雑誌という評価をいただいていた。だから、ほとんどの家で、掃除機を貸してくれた。

このゴミ集めには、掃除機担当だけでなく、暮しの手帖編集部の若手も総動員されたから、十人から十五、六人も参加した。住民からよく見えるように、団地の一隅に陣取り、あちこちから集めた掃除機からゴミを出して、きれいに掃除して、お返しする。わざわざ見に来て、大変ねという住民もいる。きれいにしてお返しすると、喜んでくれる人がほとんどだ。しかし、ほこりだらけで汚れる仕事だ。マスクをしていても、鼻の中は真っ黒になる。身体中がかゆくむずむずすることもある。みんな本当によくやってくれたと思う。100軒以上から集めた掃除機のゴミは、貴重品だ。しかし研究室に持って帰って来てからの方が、もっと大変なのである。

記事にも書いたように、当然のことながら、全部手作業で分類し、テスト用のゴミを作るのである。メーカーの担当者がゴミの作り方を聞きに来て「うちではとても出来ません」と言って帰っていったが、私たちにしてみたら、本当のゴミでテストをしたいという思いを追求した結果なので、どんなに汚くても必要な仕事だった。

念のために言うが、このことは花森さんの指示ではない。私たち担当者、とくに二井康雄、堀口剛一、山口壽美子、吉越栄夫などのみんなが中心になって、「やっぱり本物のゴミでやらなければ、本物の結果にならない」と、考えたことである。花森さんは、『暮しの手帖』のテストは、こうあるべきだな、とは褒めてくれなかったが、44号で「これは大きく取り上げなければ」と頁を割いてくれた。言葉には出さないが、なかなかやるなと思ってくれていたのだと思う。

ベビーカーの商品テスト風景。

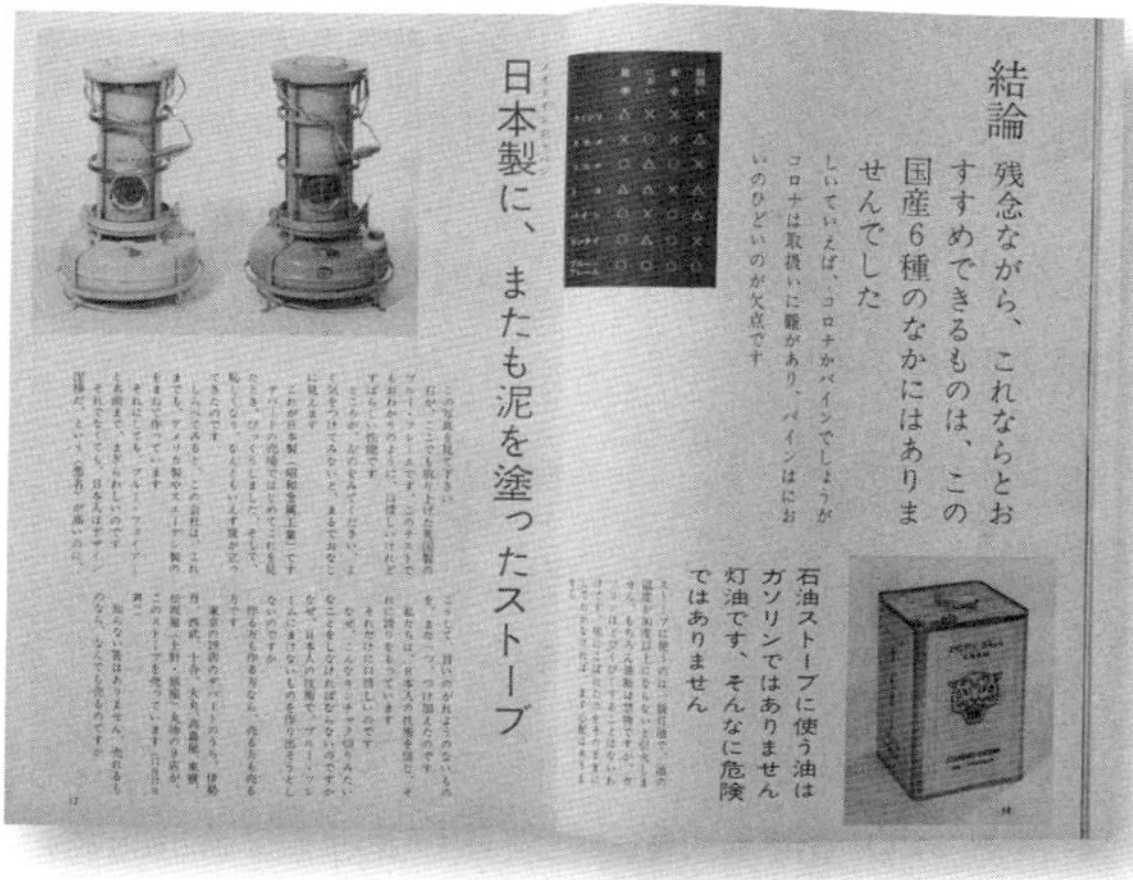

57号「石油ストーブをテストする」の結論のページ。

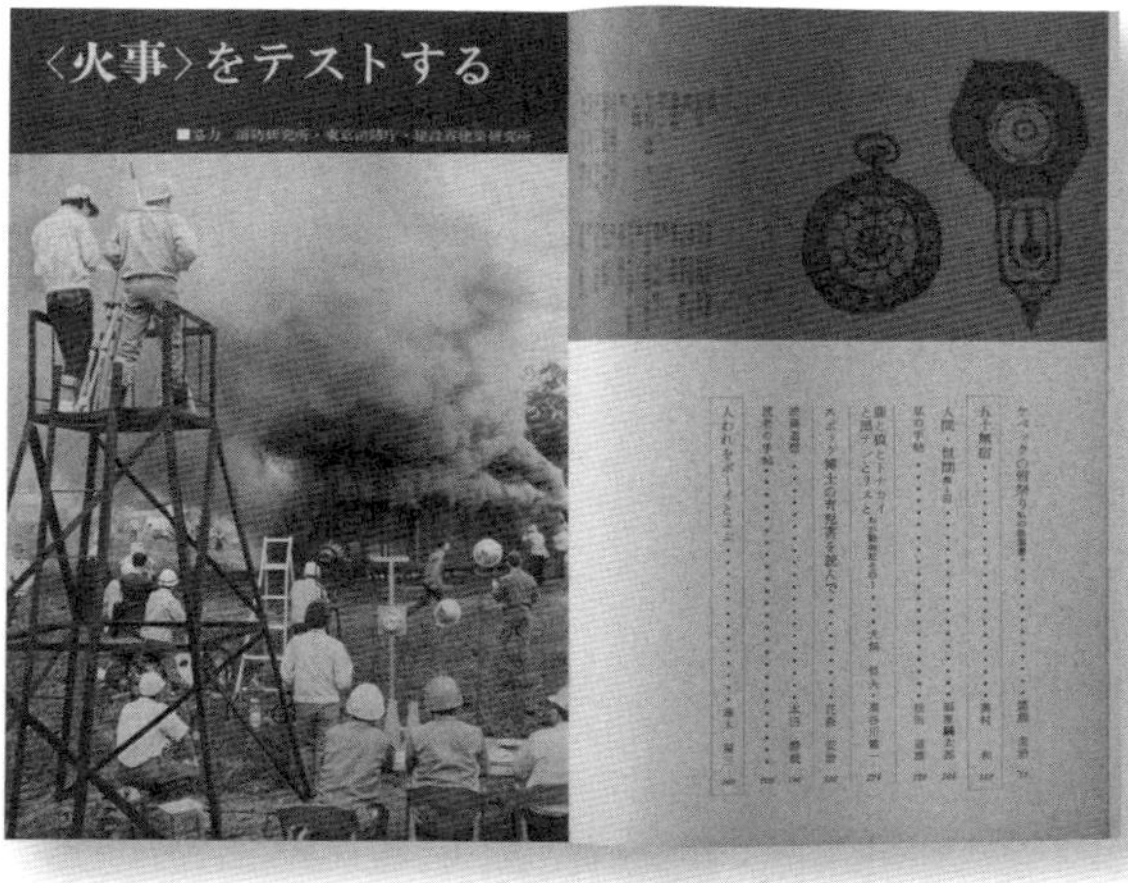

87号「〈火事〉をテストする」。じっさいに、民家一軒を燃やしてテストした。

五章　暮しの手帖研究室の暮し

編集部は東麻布の研究室へ引っ越し

東麻布の分室が昭和36（1961）年の春から増築をはじめ、スタジオから名実ともに「暮しの手帖研究室」になったのは、昭和37（1962）年の春で、63号のときである。それまでも、銀座ではテストも買物案内も実質的には出来ないので、分室のスタジオやガレージで、商品の検査や調査をやってきていたので、われわれ編集部員としては、研究室が出来たから、さあ引っ越しという感じではなかった。

銀座の本社には、相変わらず花森さんや鎮子さんも常在しているし、われわれの机も資料もそのままなので、基本的には銀座へ出勤し、そこから仕事によっては、東麻布に出かけるのが普通だった。

東麻布の分室はスタジオとガレージはそのままに、その西側に新しい玄関をつくり、1階をいれるとABCDの四つのテスト室が設けられた。手前から、A室は、B・C室より少し大きく、がっしりした工作台が置かれ木工器具がセットされて、「工作室」と呼ばれる部屋になった。トイレをはさんでB室があり、ここには色素や洗剤や細菌などの分析器具がセットされ、「化学室」と呼ばれた。

C室は、多目的で、主に繊維類のテストが行われ、D室は20帖ほどの広さだが、全面タイル貼りである。大きな流しや水栓が数多く設置されていて、水仕事やせんたく機などのテストを想定して作られた部屋で、「せんたく室」と呼ばれるようになった。ここにはもう一部屋、小さいシャワー室もあり、掃除機のテストでゴミまみれになったりしたら、ここへ駆け込む。

こちら側は、はじめのうちは新館と呼ばれていたが、土足で上がらずに、すべて靴を脱ぎ、スリッパに履き替えて上がる。これは分室の時からのきまりだった。以前スリッパは共用だったが、新館の研究室が出来てからは、出勤する機会が増え、個人個人のスリッパを持つようになる。

玄関を上がって、突き当りの裏にもう一部屋あり、本来ならE室とでもいうところなのだが、そうは呼ばれることはなく、新聞の縮刷版や百科事典やバックナンバーが置かれていた。しかし、その秋から、トランジスター時計のテストが始まり、この窓のない部屋の壁一面にセットされ、1年ほど時計のテスト場になったので、時計の部屋などと呼ばれた。そのうち花森さんや鎭子さんを送迎する大和《だいわ》自動車のハイヤーの運転手さんの居場所になり、大和さんの部屋とも言われていた。

玄関から入って突き当りの左側が階段になり、2階に上がると、左側が旧館で、木の床の写真スタジオのまま。ちょうど1階のA・B・C室の上が、「編集室」で、せんたく室の上の部分が大きなキッチンになっている。

キッチンは、20帖ほどの広さで、コの字型になっていて、正面が火口が三つのレンジとシンクが二つの流し、左側は小ぶりのシンクと二つの火口のレンジで、こちらは普通の家庭のキッチンを想定している。右側はずらっと戸棚が並んでいて、食器が入っている。キッチンと編集室は、アコーディオンドアで仕切られていて、普段は開かれている。出来た当初はガランとしていて、本当に広いなという感じだった。

編集室の南側は、暗室が三つ並んでおり、写真部の松本さんと斎藤さんが常駐していた。それまで写真の現像や焼付は、スタジオに上がる階段の下にあったが、狭くて使いづらく、やっと本格的な暗室ができた、と写真部は大喜びだった。

研究室は出来たが、それは主にテストや商品の検査と撮影が主で、基本の編集業務は、銀座の本社で続けられていたから、編集室という風には誰も想定していなかった。だから当初は、編集室などとは誰も呼ばずに、新スタジオ、略して「新スタ」あるいは2スタで、古いスタジオは旧スタとか1スタと呼んでいた。

新スタはまだ何も置いていなくて、ガランとしていて、暗室側に花森さんの大きなスピーカーが二つ置かれた。花森さんは、たくさん趣味があり、鉄道模型や、8ミリや音楽などいろいろ興味があり、ひまをみては、いじりたいのだが、仕事に追い立てられて、残念がっていた。サウンドもスピーカーの良し悪しが命だとされていて、大きなスピーカーもいくつかあったが、旧スタに置かれていた大きなステレオ用のスピーカーが場所を得たという感じで、ここぞと置かれた。

このスピーカーが定期的に鳴らされたのが、ダンスの日だった。鎭子さんは、社交ダンスが好きで、旧スタ時代から、記憶が不確かだが毎週水曜日、夕方6時ころから、ダンスの先生が来て、みんなで踊った。今では想像できないだろうが、昭和30（1955）年代、いわゆる社交ダンスが盛んになり、新橋や銀座などの盛り場には、ダンスホールが出来てサラリーマンも女性も踊りに行く。大学生たちの間でも、学生主催のダンスパーティが、大学の食堂などで行われていた。

だから鎭子さんのダンス好きというのも、普通の趣味で、花森さんもやってきて、一緒に踊ることもあり、音楽もこれをかけようとか協力していた。ダンスの先生というのは、お年寄りのご夫婦で、旦那さんの方が小柄で、奥さんの方が堂々としていた。ともにスリッパではなく足袋を履いていて、なよやかに踊っていたのを覚えている。ダンスをする時は、鎭子さんのお友達の女性達が何人かやって来た。

問題は編集部の連中で、ダンスの日となると、急に用事が出来て、お先に失礼します、と逃げ出す人間が多かったが、それでも独り者は男も女も逃走できずに、付き合わされたものだ。

旧スタの道路側には部屋が二つ付け加えられていた。入ってすぐが赤い絨毯が敷かれた部屋なので赤い部屋と呼ばれた。鎮子さんの部屋とされ、その部屋の右側が花森さんの部屋だった。広さはせいぜい6畳ほどの狭い部屋で、一番奥の一畳半くらいが、HOゲージの鉄道模型のジオラマが設置されていた。鉄道ももちろん好きだが、とにかくレイアウトや風景を考えたり、細かい調度をセットしたりするのがたまらないようだったが、実際はその時間は、ほとんどなくゼロに近かった。この模型は、1世紀の100号まであったが、花森さんが京都で倒れて戻ってくるまで（詳細は後述する）に取り払われて、ベッドになった。

研究室　新新館が出来て完成

この新館が出来る前から、同時並行的に、旧スタの南側に隣接して3階建ての研究室が建てられつつあった。新館が出来てから、どのくらいたってからか、たぶん半年後か1年後に、新新館が完成する。

われわれが3スタと呼ぶ建物で、1階は広い一部屋で、ここでクーラーや掃除機など多くのテストが行われていくことになる。2階部分は、旧スタ（1スタ）、新スタ（2スタ）に続いての第3のスタジオなので、「3スタ」と呼ばれたが、ここは旧スタと連結されていて、ここから新新館の3階にも1階にも行き来ができる。3階には、部屋が三つあり、そのうちの一つは防音装置が施され、レコードの批評などの試聴室として作られたので、「音楽室」と呼ばれた。

せんたく室も化学室も、工作室も音楽室も、別に花森さんが命名したわけではなく、みんなが勝手に便宜的に呼び出した名称がそのまま使われるようになった。花森さんも鎮子さんも、ごく普通に音楽室、工作室と呼ぶようになった。

ただ、新館のB室、つまり化学分析の部屋は、われわれ素人に化学的知識も分析技術もあるわけでなく、それなりの専門家が必要である。昭和39（1964）年の春に一人の女性がやって来た。功刀民子。功刀は「くぬぎ」と読むそうだが、みんなはすぐに名前を分解して「エカカ」という呼び名になった。

エカカは東大の薬学の修士で、『暮しの手帖』としては初めての専門家だった。だからB室は「エカカの部屋」と呼ばれたが、のちに結婚をして、「杉村さんの部屋」になった。しかしこの杉村さんも化学室にこもっているだけではなく、否応なしに、買物案内やテストにもかりだされ、料理にも参加していくことになる。

この新新館ができて、暮しの手帖研究室は完成になった。この研究室の建物の広さは、全部で８２０平方メートル（約２５０坪）、部屋の数は大小あるが全部で22で、大きい部屋は20坪、小さい部屋は2坪である。

このように、ささやかながら研究室の陣容が整うと、テストのメンバーだけでなく、ほとんどの編集部員が銀座へは行かず、東麻布に出勤することが多くなる。ふつうは、殆どの部員は、三つか四つの仕事を掛け持つのだが、テストの合間に、ほかの仕事もするとなると、ほかのメンバーも研究室にいた方が連絡がよくなるので、みんな東麻布に出勤するようになってくる。花森さんも鎮子さんも、銀座に用があるとき以外は研究室に常駐するようになってきた。当然編集室が引っ越した形になると各自の座る机も必要になる。結局、新スタに折り畳みの机と椅子が設置され、なし崩し的に固定化されて、自分の席が定まることになる。

初めは、花森さんの席はなかったのだが、自分の部屋にこもるのはイヤで、みんなと一緒にいたいのに俺の席がない、と言って机を置いた。鎮子さんも、自分もと言って、花森さんと並んで椅子・机を設けた。

結局自然発生的に、編集室化した新スタには、机が七つ置かれた。花森さんと鎮子さんは一人一机で、その他の五つの机は4人掛けで20人ほどが座っていた。当初はそれで十分だった。私は、一番暗室寄りの机に座っていたが、花森さんの机がすぐわきに置かれることになり、いわば花森さんのすぐ前に座ることになった。

しかし、その席に花森さんは常時座っているわけではない。自分の部屋で仕事をすることもあれば、キッチンの自分の席（真ん中の席）に座ったり、端っこに座ったり、気ままに動いていた。そのうち、3スタが完成すると、花森さんの作業場は3スタに移り、主にレイアウトなどの割付の仕事は、ここでするようになった。

B室の杉村さんたちの活躍と貢献

暮しの手帖研究室には、22も部屋があったが、だれだれの部屋と言われるのは、花森さんと鎮子さんの部屋だけである。しかし、例外的に、B室は「杉村さんの部屋」とよばれていた。

B室というのは、化学室ともいわれたが、フラスコとかビーカーが並んでいて、化学的な分析をする専門の部屋だ。その中心は杉村民子さんで、途中、小倉道子さんや堀口剛一君も参加したが、このB室の食品の成分分析や、細菌検査の功績はとても大きい。貴重な仕事をいくつも行って、『暮しの手帖』の声価を高めている。杉村さんは、ふつうの会社なら、きっとB室部長として、大きな机にどんと座っているだろうが、『暮しの手帖』では、分析などの仕事がないときには、集計の手伝いや買物案内のテストも行ない、原稿も執筆する。当然、当番業務もやり、晩御飯の支度もする。

B室チームの仕事の成果を並べると、まず1世紀の89号（1967年）のポッカレモンのビタミンCの分析だ。当時ポッカレモンという清涼飲料水は「ビタミンCは生レモンの3倍も強化されているポッカレモンを毎日続けてどんどん飲みましょう」と、テレビで大変な宣伝をして売り出していた。そして、とても売れていたのである。

このポッカレモンには容量のちがう五種類のビンがあり、そのうち四種のビンには、表示通りビタミンCが入っていた。しかし一番大きいビンにだけは肝心のビタミンCがゼロ、なんにも入っていなかったのである。普通は、小ビン一種か中くらいのビンを選んで分析するのだろうが、このときは五種類全部を分析した。その結果、一番大きいビンだけにはビタミンCが入っていないことを見つけた。おかしいと思い、もっといろいろなところから買い集めて分析しなおしても、結果は同じだった。

このテストを発表した結果は、大反響になった。何しろテレビで連日派手な宣伝をしている。たくさん飲めば健康・美容にも良いというのだから、大きいビンがよく売れている。その大きいビンにだけ肝心のビタミンCが入ってないのだから、信じて買ってきた人は唖然、裏切られ、はしごを外された感じだ。この結果、ポッカレモンは、信用を失うという企業として最大の損失をおかした。

B室の杉村さんたちの貢献は、もっとたくさんある。1世紀の91号では、「この大きな公害」というトップの特集で、私たちが日ごろ食べる食品が、いろいろな汚染物質にさらされていることを明らかにした。「かまぼこ・はんぺん・なるとの大半に相当量の過酸化水素が入っている」と警鐘を鳴らし、業界の品質改善のきっかけになった。さらに95号では、東京の百貨店の生ジュースの細菌を調べ、のませていた23店の全部が汚染されていることを明らかにした。

2世紀に入っても、1号で台所のスポンジはばい菌だらけだと注意を喚起し、2号でビスケットの色が色素で色付けされていることを発表した。14号ではメラミン食器にはホルマリンが検出されると発表し、15号では口紅の色素が食用色素でないことを指摘している。花森さんの下、『暮しの手帖』が食の安全に対して次々と新しい事実を浮き彫りにし、警鐘を鳴らし続けたのは、B室杉村さんたちの大きな功績であった。

女子大卒の新人が続々入社

私たち昭和35（1960）年入社の五人組の後、続いて広田和子、大川原栄子、尾崎弘枝、松谷篤子と、続々と女子大出の女性たちが入社してきた。

広田さんは、英語のスペシャリストとして入社した。『暮しの手帖』で英語の翻訳などをしていた松本千恵子さんが、急にアメリカへ移り住んだので、英語の出来る女性をさがすのが急務だった。その役割は当然鎭子さんである。津田塾女子大の知り合いの先生に、誰かいないか、何とかしてくれないか頼みこんだ。その先生が白羽の矢を立てたのが広田さんだった。

広田さんは、(のち鎌谷姓) 英語が出来るので、もっぱら外国雑誌の翻訳などに従事していたが、それだけに安住させてくれるほど『暮しの手帖』は甘くなく、買物案内にもテストにも引っ張り出された。昼はテストで、本職の翻訳が出来ず、毎晩かかえて帰ってやるので、たまらないとヒーヒー言っていたので「ヒーコ」になったというのだが、実際は、みんなで騒ぎながらやっていたボウリングで、「ヒーヒー言いながらやるからヒーコだな」と笑いながら言った花森さんの一言からはじまったのだと本人は言う。

あとでも触れるが、当時はボウリングブームで、花森さんも編集部の連中と一緒にボウリング場へ出かけて、わいわい楽しんでいたのである。

大川原さんも結婚して、晴気姓となるが、呼ばれ方はずっと「エイコちゃん」だ。ダメなものはダメというさっぱりした女性だ。

尾崎さんは、同僚だった林精孝君と結婚して林姓になる。優しくて、頼まれたら断れない性質なので、鎭子さんには、いろいろと頼まれて使いをしていた。しかし、芯は強いし、仕事はきちんとこなすので、誰からも頼りにされていた。

松谷さんは、この二人より1年遅れて入社してきたが、たしか大阪の出身で、花森さんもウマが合う感じだった。花森さんと階段ですれ違った時、先手を打って「やってます」と言われ、やられたわい、と笑っていた。

森村桂*さんが入って来たのは、1962年の夏ごろで、まだ銀座編集部の時代だった。もちろん、まだ無名で、みんなからは「桂、カツラ」と呼ばれていた。あの天然ぶりでみんなを辟易させていたが、そこは何でも平等の『暮しの手帖』では「いやだからやらない」は通用せず、テストもアンケートの集計も夜遅くまでやっていた（やらされていたというべきか）。それでも桂は、不平不満が多く、なかなかみんなと調和することが出来ず、1年ちょっとで辞めていった。その方が、花森さんもみんなもイライラせず、桂も幸せだったというわけだ。

男性では、東大出の横佩道彦君が入社してきて「ヨコハギ」ではなく「ヨコハキ」と濁らないです、と挨拶し、それ以降「ハキ」「ハキ」と呼ばれることになる。頭のいいユニークな発想をする好漢である。

鎮子さん・芳子さん・中野さんの創業メンバーと林澄子さん河津さん、宮岸さんの三先

＊森村桂（1940〜2004年）＝作家。1年間ほど暮しの手帖社で働く。退社後、著作活動に入る。代表作は『天国にいちばん近い島』。

輩と同期の五人組に加えて上記女子大出の四人が、銀座編集部から東麻布の研究室へ拠点を移し、長く働くようになっていく。

30才以上の女性編集部員を募集します

ところが、である。花森さんは、憮然としていた。花森さんは、入社してすぐの私に、キミは何も知らんな。なんにも知らん。よくそれで生きて来たな、とため息をついた。それがどうも花森さんから見ると、私だけでなく大学卒の連中は、若くてイキがいいが、暮しのことはなあんも知らん。戦前と戦後ではえらいちがいや。こりゃえらいこっちゃ。出汁のとり方も、掃除の仕方も、針の使い方も知らん。話が通じない。『暮しの手帖』は暮しを相手に仕事をしているのに、これではいかんのだが、今から一から暮しを教えるのはたまらん、そんな余裕もない。

どうするか。その結果、69号（1963年）の172頁見開き2頁に、大きな活字で、「暮しの手帖社の社員を募集します。30才以上の女性に限ります。もちろん、いわゆるパートタイマー的なものではありません。学校を出て職場に入るのと全くおなじの、正式メンバーです。これを一生の仕事にしようという方をのぞみます。私たちの仕事は、時間の点からいっても、体力の点からいっても、相当はげしいのです。それにたえぬいてゆける条件と情熱のある方はいらっしゃらないでしょうか」

大学卒の公募で採用した連中たちの成長を待ってはおられん、というわけで誌面を使って直接読者に呼びかけた。

もちろん花森さんと鎮子さんと2人で決めたのだろうが、私は、活字の校正になって初めて目にするまで、まったく知らなかった。そりゃそうだろ。君たちが無知で、不甲斐ないから少し年輩の女性を採用します、などということを事前に言うはずがない。

この募集に書かれた要件をもう少し詳しく見てみると、

■時間　午前9時から午後6時まで、ただし仕事の都合によっては、もっとおそくなることがあります

■仕事の種類　暮しの手帖社には、いわゆる編集とか営業といった区別はありませんから、なんでもやっていただくことになります。編集といっても、決して花やかなことは一つもありません。一ヵ月のあいだ、センタク機で朝から晩までセンタクばかりしている、といったことが私たちのやっている仕事です

この募集広告を見ながら、時間は、仕事の都合ではなく、殆ど毎日遅くなります、と書

くべきだとか、せんたくはまだいいが、掃除機のゴミの方が大変だとか、勝手なことをわれわれはささやいていた。でも、誰がみてもなかなか厳しい職場であることはわかる。こんな広告で、実際に応募する人がいるのだろうか。〆切は昭和38（1963）年5月31日だ。

ところがいっぱいいたのである。何百通という応募があった、というがわれわれは蚊帳の外なので、正確にはわからない。応募要項に、作文「私の暮し」4百字詰原稿用紙5枚程度というのがあり、応募がたくさんで読んで選ぶのが大変だと聞こえて来た。

結局選考に手間取り、30才すぎの大人の女性たちの平野頼子さん、山口壽美子さん、少し遅れて大沼俔子さんが入社してくるのは、半年後の昭和39年の始めであった。

じつは、本当に危機感を持ったのは、花森さんより、鎮子さんである。われわれが入社した時に活躍していた大田美枝さんは結婚して西村さんになり、赤ちゃんが生まれて産休を取っていた。林澄子さんも、出産して少し休んで出社してきたが、仕事と育児の両立は難しい。女性社員は、次々に結婚し、子供を産む。仕事は休むことになる。育児は女性の当然の役割。今のように保育所などほとんどない。だいたい、女性は子供が出来たらやめるのが当たり前、だから世の中に育児休暇という制度もなかった。しかし、暮しの手帖は育児中は休んでも、また出社してほしいと言っていたので、その意味では最先端だったが、現実には保育所などほとんどない時代だから、親にでも預けない限り再出社は不可能である。結局、働き手になればなるほど、休んでほしくない人なのに、休まれてしまう。鎭子さんは、私も芳子も結婚しないで仕事をしている。いっそのこと結婚なんてしなければいいのに、と冗談交じりに、思わず本音をもらす。

そこで考えたのが、もう結婚も子育ても一段落した女性に働いてもらったらどうかという案だ。鎭子さんは必死だった。とにかく会社のために、どうしたら働く女の人を確保できるか、その一心で考えたのが30才すぎの女性募集だった。だから、採用の選考も、一生懸命だった。そしてそれは大成功だった。本当に即戦力になっていく。

予約購読者への発送業務

60号（1961年）の発行部数は、多分75万部から80万部くらいだったと思うが、仮に80万部だとすると、そのうちの大部分は発売日までに全国の書店に届けられる。残りの一部は在庫と直販だ。予約購読の分は、暮しの手帖社から直接読者のもとへ郵送で届ける。その予約の数がどのくらいだったのかはよく分からない。しかし、手帖通信は、当時は20万から25万通ぐらい出していたと思うので、そのうちの1割を予約購読者に郵送していたとすると、約2万冊、その半分だとしても1万冊だ。

発送の仕事は、編集も営業もなく、全員参加で行う。もちろん花森さんも鎮子さんも横山さんも、先頭に立って作業を行う。前日から戦闘モードに入り、机の上の荷物は全部片付ける。当日は全員作業着で集結。日吉ビルにはエレベーターがないから、すべて人海戦術だ。

印刷会社から1階にトラックが着くと、全員がリレーで3階まで運ぶ。『暮しの手帖』は60号の場合、1冊約400グラム。それが25冊一包になっているから、一包約10キロだ。これを手渡しで3階までつぎつぎに運び上げる。仮に1万冊だと400包、とても大変だ。トラックは4トン積ではなく多分2トン積みだったので、2回か3回に分けて上げたと思う。これより多かったように思うが、腕も腰も痛くなって、運び上げるだけでへたばる。

しかし、じっさいの仕事は、上げてからが始まりだ。まず荷ほどきをし、雑誌を積み上げる。そして検品だ。本屋の店頭なら、何冊もある中から自分で選んで買えるが、購読者は郵送してくる1冊だけしか手に取れない。その1冊に落丁があったり、ち切れていたら、どうしようもない。だからきちんと検品をしてから送る。これは花森さんからも鎮子さんからも厳しく言い渡されていることだ。実際に検品中に欠陥品があった例は、私が知る限りなかったが、商品テストが大々的になり人様の商品を云々すればするほど、自分たちの商品の『暮しの手帖』の出来が問われる。だからみんな、検品はおろそかに出来なかった。

検品が終わった分を、保護の厚紙のバインダー状のもので挟み、すでに宛名が書かれている封筒につめていく。それを糊付けして封をし、こんどは20冊ずつにまとめて紙ひもでくくり積み上げる。作業手順を一連で書いたが、実際は全て分業である。検品の人、バインダーの人、封筒詰めの人、封をする人、束ねる人という作業は全部分業である。

まさに戦場だ。

終わったら、下に降ろすのだが、上げるにしても降ろすにしても、1階2階は別会社だから、階段は専用ではない。もっと大変なのは、日吉ビルの前は歩道なので、車は直付け出来ない。ひっきりなしに通る通行人をよけながら、歩道を横切って荷積みするのは大ごとだった。大変だが、当時は、年5回刊の『暮しの手帖』にとって、定期購読の読者はとっても大切なありがたい読者なので、この発送業務は、しんどいなどと言ってはバチがあたると思っていた。

年5回刊、つまり73日目頃（数日は動く）の発行で、一番困ったのは読者である。次号はいつ発行するのか、書店に聞いても分からないのだから面倒だ。当然、次の発行はいつになるのか、暮しの手帖社に問合せがたくさんくる。そこで本腰を入れたのが「手帖通信」である。

前にも書いたように、愛読者カードと手帖通信の重要性については、十分にわかっていたが、季刊から年5回刊というあいまいな発行になった27号からは、その重要性が一段と増した。つぎの『暮しの手帖』の内容はこういうものですよ、とお知らせするのが手帖通信の役割であったが、それと同時に、ただいま『暮しの手帖』○号が発行されました、と直接お知らせするのが、より大切な役割になったのである。

毎号、『暮しの手帖』の広告を全国の新聞に出すが、それを見ない読者もたくさんいるのだから、この手帖通信は、大きな販売の手がかりになった。なにしろ27号から92号まで、13年間も年5回刊を続けたのだから、その間の手帖通信の役割は重要だった。

しかし手帖通信の数が30万通にもなると、年間の経費もバカにならない。愛読者との交流のかけ橋としての重要性もあるが、本当にいいのは隔月刊の年6回刊にして、名実ともに定期刊行物にすることだった。そのために、じつは数年前から締め切りを数日ずつはやめ、73日の間隔を少しずつ縮めてきたのだ。それが昭和43（1968）年の93号で、やっと年6回の刊行を実現したのだった。

『暮しの手帖』としては、長年の念願がやっと実現した記念すべき出来事である。

バンザイをし、祝賀会を開催すべきことだが、93号で一挙に実現できたわけではない。だから、実現した93号の時を思い出しているのだが、歓声をあげたりバンザイした覚えは全くない。もちろん、お祝い会も全くやらなかった。93号のあとがき「編集者の手帖」も年6回刊には、全くふれていない。

わずかに分かるのは奥付（表紙裏）に小さく、一番小さな活字で「年六回発行」と、当たり前のように記載されていることだけである。

私たちにとっては、73日刊で1冊発行していたのが60日刊で1冊発行になり、よけい忙しくなったのだが、会社の収入は確実にふえた。

それにつれて、われわれの給料もふえたのだろうか。よく憶えていない。

研究室のスタジオに編集部員全員が集まって、花森さんの話を聞く（左から２列目先頭が小榑）。

東麻布の「暮しの手帖研究室」。

六章　いろいろな記事の作り方

「ぬかみその漬け方」を担当して

暮しというのは、すなわち衣食住のことと言ってもいいから、『暮しの手帖』の記事の中心も衣食住である。特に料理は重要で、毎号何種類も記事になる。その担当は、やはり女性部員が多い。しかし私も担当になることもある。そのひとつに「ぬかみその漬け方」がある。

編集会議で「近ごろの若い主婦は自前のぬかみそを漬けない。ぬかみそはやっぱり自分で漬けるのが一番うまい。作り方を知らないのではないか」というプランが出て、希望もしなかったのに、私が担当になった。新人鍛錬の場だ。

花森さんが「キミのやることは、まずベテランの主婦に、自分でぬかみそを漬けているかどうか聞いてくること。そして少なくとも五人の主婦から、自前のぬか床でのぬかみその作り方から手入れの仕方、野菜の漬け方を取材して来なさい」と指示された。

知り合いの主婦や協力グループのメンバーなどを取材して回った。若い男の記者が「ぬかみその漬け方を教えて下さい」と言うと、大体いぶかしそうに私を眺めて、わかるのかしらね、という感じで、でもていねいに教えてくれた。みなさん、ベテランの主婦だから、五人に聞いてもみな大体同じような答えだろうと思っていたが、それが全然違った。

まず用意するぬかの量が多い方が美味しいという人と、ぬか床は小さい方が楽、という意見。ぬかと塩の割合もいろいろだし、ぬかを煎る人も、煎らないでそのままという人もいる。ダシに昆布を入れろと言う人も、しいたけとか魚を入れるという人もいる。

聞いて回る新米記者は、収拾がつかなくなって、花森さんに報告に行った。私の作成した作り方一覧、材料一覧を見て、しばらく考えて、こりゃいかんな、となったらしく、「中江百合*さんに指導してもらうことにしよう、鎮子さんに聞いて、中江さんに頼みに行きなさい」ということになった。

東麻布の分室で、中江百合さんの指導のもと、ぬかを買ってきてホーローの容器にぬか床を作った。じつは、その時には、中江さんがどんな人か全く知らず、品のいいおばあさんだな、程度のことしか思わなかった。だから、八百屋のおばさん相手みたいに話していたら、たまたまそばにいた林の姉御に、ちょっと来い、と引っ張っていかれて、「ダメね、

*中江百合（1892〜1969年）＝家庭料理の第一人者。『暮しの手帖』の創刊時から数多くの料理記事を寄稿。6号の家庭料理のコツや楽しみを記した「お料理いろはかるた」は大評判になった。陶芸家の富本憲吉、華道家の勅使河原蒼風の後援者。

中江さんがどういう人か知ってるの。口のきき方に気をつけなさい」と叱られた。

あとで教えてくれたところによると、中江さんは、貴族院議員のお嬢さんで、大変な素《そ》封家《ほうか》で天下の美食家。家庭料理の第一人者。舞台女優の東山千栄子さんの妹。すごい名士なのよ。『暮しの手帖』は創刊号のころからいろいろお世話になっているんだから、ちゃんとしなさいよ。

へへぇー、と急に態度を変えるのも変だから、さりげなく丁寧に受け答えするようにした。そして、中江さんに言われたとおり、毎日、八百屋さんに行って、安い水気の多い菜っ葉をもらったり買ったりして、捨て漬けを繰り返した。この捨て漬けをしないと、塩からくてとても食べられない。捨て漬けを繰り返していくうちに、糠床もなれてくる。やがて塩辛かった野菜から塩辛さがやわらいできて、食べられるようになってくる。そうすると、ぬか床が、なんとなく可愛くなって、よけい熱心に床をかき回し、捨て漬けをしたものである。

ひと月ぐらいたってから、キュウリやナス、キャベツなどを漬けて、ふた月過ぎごろに中江さんのOKがでて、花森さんや鎮子さんだけでなく、分室へ来るみんなに食べてもらった。なにしろ手抜きをすると、すぐ傷んでまずくなるので、その後もぬかみその世話だけのためによく通ったものである。

59号（1961年）に掲載された「ぬかみその漬け方」はその汗と涙の成果である。

『暮しの手帖』の料理記事のつくりかた

料理記事について、えらそうに語れるほど実績も経験も才能もない。じつは37号の「編集者の手帖」で、鎮子さんが「料理の頁について」と題した文章を記している。それをごらんいただくのが一番いいと思うので、再掲する。

きょうは、すこしむだばなし、たとえば、料理の頁をどんなふうに作っているか、といったおしゃべりをさせてください。

料理の頁を編集するとき、むろん、一番はじめに、どんな料理にするかそれをきめます。ところが、実は、これがたいへんなのです。あまりお金のかからない、そしてあまり手間のいらない、いわばふだん着みたいなもの、というのは、きまっていますが、さてそれをきめるだんになって、まっさきにぶつかるのは、その材料が手に入るかどうか、ということです。

肉るいは、もちろん一年中あるから心配ありませんが、野菜や魚です。かりに雑誌が十一月に出るとしたら、その写真をとるのは、おそくても九月なのです。十一月、十二月に出まわっているものでなければ困るわけですが、しかも、それを実際に九月にそろえなければならない、それが手に入るかどうかをたしかめてからでないと、料理をきめられないのです。

そこへもってきて、なんの因果か、みんなそろって食いしんぼうです。あれがおいしいのまずいのからはじまって、いつのまにやらお好みやきの秘伝に脱線したり、帰りにすしをつまみに行こうか、ということになったり、てんやわんやがしょっちゅうです。

料理がきまると、それをやっていただく、たとえば千葉千代吉さんと打ち合せです。これがどうかすると、また大論争なのです。千葉さんは、どうしても、これはレモンが必要だといいます。冗談じゃありませんよ、いまレモン一個いくらするとおもうんです、とやりかえします。酢ではダメですか、というのがこちらです。無理だね、というのが千葉さんです。とどのつまり、じゃためしに作ってみようということになって、そのレモンなしの料理と本式のとをたべくらべてみます。なるほどダメね、ということが多いので、仕方なしに、また料理をえらびなおすわけですが、ごくたまには、両方かわらないときもあります。こんなときには、ワアーイと大よろこびで、千葉さんは、にがわらいというわけです。

材料を買いあつめる、道具るいを整備する、そして、まず第一回の料理、これは、どの部分と、どの部分を写真にとるかをきめるためで、すっかり本式にやってもらいます。そして、その部分ごとに角度なり小道具なり手の形なりを打合せてから、いよいよ撮影、「手優」さんの登場というわけです。

料理の写真には、大てい、やっている手をうつしますが、その手は、誰の手でもいいというわけにはゆきません。ガサガサでも困りますが、さりとて深窓のろうたけた、という感じでも困ります。そこで、いつとなく、料理向きの手、というのが、私たちのなかで、三人ばかりきまってしまって、ラジオの声優というように、「手優さん」というアダ名がついてしまったのです。

これがらくじゃないのです。写真でごらんになると、ごくなんでもないようですが、実際は、頭がうつらないように体を曲芸のようにねじまげたまま、じっと動かないでいたり、下にしゃがみこんで、手だけ台の上に出したり、何度もとり直すうちに、熱くてヤケドしそうになったり、という有様です。

写真がうつせたら、こんどは、私たちだけで、いまの通りに作ってみます。すると、必ず加減のわからないところ、うまく行かないところが出てくるものですが、そこのところを、料理をつくっていただいた方、千葉さんなら千葉さんに、もう一どくわしく説明してもらう、そしてまた作ってみる、それで出来たら、こんどは原稿の下書きを作ります。

みんなのなげきは、この間に、やたらに試食させられることです。生煮えやら、こげついたのやら、舌のまがるほどからいのやらをたべさせられるのですから、よほど丈夫な胃でないと、まいってしまいます。

原稿の下書ができたら、全く関係のない奥さんに、これをみせて、その通りに作ってみてもらいます。その結果、書き方の足りないところやまずいところを直して、やっとはじめて印刷所へまわるというわけです。……

千葉千代吉さん

千葉千代吉さんは、もと東京の霞町にあったドイツ料理「ラインランド」の料理長だった。私も何回かラインランドに行き、千葉さんの料理を食べさせてもらった。まだ若いから、西洋料理をきちんと食べたことがないだろうからと、注文もしない高価な料理を出してもらって、高級料理を味わわせてもらった。

『暮しの手帖』との関係は深く、なんと創刊間もない昭和24（1949）年の第3号の時に「西洋料理入門」の寄稿を始めて以来、ずっと料理記事の大切な柱の一人である。

千葉千代吉さんは、カレーライスもビーフシチューもハンバーグも、鶏の丸焼きもコロッケも、とにかく西洋料理のあらゆる料理の作り方を、毎号のように『暮しの手帖』に掲載していた。創刊すぐの3号から始まった「西洋料理入門」という記事は、「西洋料理と普通いっているものは、実はフランス料理なのです」と説き初めている。たぶん花森さんが千葉さんから聞き取って書いたものだと思うが、なんせ昭和24年、まだ食糧難の焼跡バラックの時代に、あえて西洋料理を取り上げようという花森さんは、何を考えていたのだろうか。

戦時中は、横文字は敵性語として禁止され、日本人は、カレーライスは「辛味入り汁掛け飯」と言い換えさせられてきた。人々は、横文字にも西洋料理にも飢えていたのである。だから、千葉さんの語る西洋料理の記事は、きっとたくさんの読者に歓迎されたに違いない。

小島信平さんのおばんざい

日本料理も、創刊号以来いろいろな料理人の方が登場していたが、もうひとつ芯になっていい『暮しの手帖』の料理の看板になってくれる人がいなかった。

花森さんは神戸で生まれ育った関西人である。料理には一家言《いっかげん》あった。味付けにもこだわったが、なによりも素材の豊富さや確かさは、関東は関西にはとてもかなわないと思っていた。

だから、日本料理の記事を作るに際しても、関西の料理の達人を探していた。そこへ登場したのが小島信平さんである。昭和31（1956）年の33号から、「おそうざい十二ヵ月」の連載「その一」が始まり、なんと昭和44（1969）年の99号「その六十二」まで、13年間にわたってつづいたのである。まさに『暮しの手帖』の日本料理の看板になっていた。

この信平さんの撮影は、大阪の生野《いくの》という料理店で行われたため、鎮子さんは毎号、写真部の松本政利さん（松《まっ》ちゃん先生）と一緒に大阪に特急電車*で出かけていった。この「こだま」で、鎮子さんと一緒に信平さんの撮影に同行した加川厚子さんは、当時の様子をこう言っている。

加川厚子さん

大阪に着いてホテルに荷物をおいたら、すぐに四ツ橋にある信平さんの料亭「生野」に行って打ち合わせをし、翌日は朝から撮影。撮影の現場は地下にある調理場。食器を置いてある小さな倉庫に撮影台をおき、そこがスタジオになる。東京でも写真の撮り直しや撮り足しができるように、東麻布にあるのと同じまな板やナベを使う。

まず、料理の材料を撮影し、それを片付け、台にまな板をおいて、材料を切る。そこをまた片付け、一口コンロを置く。というふうに、狭いところで、流れ作業のように仕事を進める。時間がかかる煮込みは調理場にまかせて、臨時スタジオではつぎの料理にかかる。調理場にはベテランの板前のかっちゃんが待機して、料理の続きをしている。

1日で四、五種類の料理の撮影をする。鎮子さんは手の俳優をしながら「このボウルは、もう少し中にいれて」とか「写真はナスを切っているところにしましょう」と、指示を出す。手優でありディレクターだ。スタッフの私は、松本さんの指示でライトの角度を変えたり材料を運んだり、最も重要な役目は、材料の目方、切り方、手順、調味料の分量、調味料をいれるタイミングなどを書きとめることだ。四、五種類の料理のメモを取るのは決して楽ではない。原稿を書くときになって、自分が書いた字が読めなくなって困った。その後、カセットテープが出来てからは、声に出して録音しておけるので、だいぶ楽になった。

撮影現場の天井は低く、出入り口に太い梁《はり》がある。鍋をもって出るとき、この梁に

＊特急電車＝われわれが入社した１９６０年ごろは、まだ新幹線がなく、大阪まで夜行の列車で行くか、「こだま」という東京大阪間を６時間50分で走るという特急電車で出かけた。東海道新幹線の開業は１９６４年10月１日からである。

イヤッというほど頭をぶつけてしまった。脳震盪《のうしんとう》を起こすのではないかというほどの痛さだったが、鍋の中は無事だった。松ちゃん先生は、またやったね、という顔をした。これまでも、何人も同じ洗礼をくりかえしていたようだ。

出来上がりの写真を撮ったあと、座敷に移って、作った料理を試食しながら、料理の特長、作るときのコツなどを聞いた。

林弘枝さんも、この信平さんの料理には何回も出かけた一人だが、振り返ってこう話している。

林弘枝さん

料理の撮影は、いつも朝から晩までかかった。なにしろ狭くて動けないし夏は暑いし、松本さんはライトの注文は厳しいし、時間がかかると料理の水気がなくなるし、ほんとうに大変だった。信平さんは、なかなか気難しい人だったが、材料はすべて事前に用意して待ってくれている。しかも写真撮影にとって格好の姿の野菜や魚をえらんで仕入れてきてくれていた。仕事はとてもきちんとしていて、とてもたすかった。しかもつくる一つ一つの料理が、どこの家庭でも作れるおいしい料理だったので、ほんとうの料理の達人だなあと感心した。

この信平さんについては、70号の「編集者の手帖」で、「小島信平さんの仕事について」と題して詳しく記している。

「おそうざい十二ヵ月」をやって下さっている小島信平さんは、大阪の有名な「生野」という料理屋さんのご主人です。

「生野」は、風格のある懐石料理を出す家です。小島さんは、その道ですぐれた感覚と技術をもっているいわば達人です。

こういうと、意外におもわれる方があるかもしれません。暮しの手帖にのっている「おそうざい」と、なにかちがいすぎるからです。

正直にいって、九年まえ、はじめてこの仕事をやってもらいたいと切り出したとき、小島さんは、

「おばんざいでっか」

と、こちらの顔をみたものです。大阪では、おそうざいのことをおばんざいといいます。お客料理がいい料理、おそうざい料理は下等な料理、とおもっている人は、いまでもいっぱいいます。小島さんが、びっくりしたのも、むりはありません。

小島さんは、こちらのいうことをだまってきいていました。さすがにカンのいい人

です。最後に、すぱっと、こう答えてくれたのです。

「やらしてもらいまっさ。お客料理はたまのこっちゃ、おばんざいは毎晩たべてはる。それを、ちっとでもおいしゅうたべてもらうようにしてもらう、大事な仕事でんな」

＊

小島さんたちが、材料を仕入れる市場は、いわゆるクロオト専門で、私たちが毎日買い物にゆく市場とは全然ちがいます。

小島さんは、私たちのゆく市場をしりませんでした。この仕事をひきうけて、まずはじめたことは、そういう市場へ出かけていって、売っているものや、それを買う人の顔をみて歩くことでした。

大阪と東京とでは、またちがうので、東京のそういう市場も、いくつもみて歩きました。めったに東京にこない人が、たまにきて、芝居をみるでなし、どこへ行くでなし、朝から晩まで、市場がよいでした。

「大阪の市場をはじめてみたときえらいもん食べてはる、とびっくりしたけど、東京はも一つ上や。ほんまに、えらいもんたべてはるなあ」

小島さんの目からみたら、ひどいものでも、私たちは、それを毎日たべているのです。

「あれをおいしくたべるにはどうしたらええか、むつかしい仕事やけど、やらんなりまへんな。庖丁をもつもんとして、どんなことしてもやらんならん仕事です」

常原久彌さんの「一皿のご馳走」

『暮しの手帖』の西洋料理の看板の一つが、常原久彌《きゅうや》さんの「一皿のご馳走」である。のちに単行本になったが、1世紀62号から78号まで連載された。

これは、一つの料理の作り方を分解して写真で説明する、いわゆる料理記事の頁とちがって、活字の頁で、一皿のご馳走を中心に、家庭でのご馳走料理の作り方を、常原さんが徹底的に語り明かす料理の頁である。

たとえば、1回目の62号（1961年）で、こう語り始めている。

「だいたい、西洋料理の宴会というと、まずオードヴル（前菜）が出て、それからスープ、そのつぎに魚、それから肉の料理、そしてデザート、というふうになっていますがね、これは、なんとなしにそういうことになっているだけのことなんです。……アメリカあたりでは、その点、だいぶ変ってきているようですね。ちょっとしたときには、もうゴテゴテ皿数をならべるより、一皿でゆく、というふうです。家庭で、お客さまをする、なんてときは、これでいいんじゃないですか」

西洋料理はコース料理だというのが常識だった時代である。それに対し、天下の西洋料理の名人が、「一皿のご馳走」でいいんですよ、というのだから、これは耳をそばだてる料理記事である。

第1回目の「一皿のご馳走」に、常原さんは「トリのシュニッツル」をとりあげた。その作り方を言葉でていねいに説明し、そのご馳走の一皿の前後に「カニのコクテル」、「ブロコリーのマヨネーズかけ」、「パンケーキのアップルソースかけ」をあしらう、という、語りの料理記事である。

初回のこの号で常原久彌さんのことを、こう説明している。

「常原さんは、帝国ホテルでずっと修業、本場のパリでも2年ほど勉強し、以後新大阪ホテル、帝国ホテルの料理長をへて、現在は大阪グランドホテルの料理長です。その道40年、西洋料理では、まず名人という名にふさわしい人でしょう。料理場でのきびしさでも有名で、これまで新聞雑誌などに話すことは好まなかった人です。ご期待ください」

いかにも花森さんの好きな人物である。無理を言ってどうにか口説き落としたのだが、「花森さんになら話してもいい」という条件なので、毎号、花森さんは大阪グランドホテルに通って、インタビューをした。2回目の63号の時に、このインタビューに同席した加川さんが、その様子を次のようにメモしている。

加川厚子さん

常原久彌さんと花森さんが向かい合う。しばらく沈黙。常原さんはふだんから無口な方である。でも、この沈黙は長い。常原さん、どうしちゃったのかしら？　花森さんも黙っていらっしゃる。

やがて、常原さんが目を開いた。「こんどは、あったかいものということで、『なべスープ』などいかがでしょうか」。それからあとは、滔々《とうとう》とお話しになるわけではないけれど、まるで一人語りのように、話を続けた。その日に作る料理の概要とそれにまつわる話、材料について、料理の作り方などである。メモはまったく見ない。花森さんはときどき「はあ」、「ほう」、「それで？」というだけで、ほとんど質問をはさまなかった。常原さんは、事前に、何をどう話そうか、きちんと考えていらしたのだろう、と思う。

そのあと、料理の作り方を一からおそわった。ていねいな作り方である。「マルミット」とか「ブーケガルニ」など、初めて聞く言葉も多い。誌面では、だれにでも分かるように説明しなければならない。このとき、休日を返上して手伝ってくださったのは、その後に大阪のリーガロイヤルホテルの総料理長になった米津春日《はるび》さんである。

常原さんはたまに東京に来て、お話をすることもあった。その時のことを、卜部ミユキさんがこうメモしている。

卜部ミユキさん

西洋料理の常原久彌さんは、とても気難しく、コワイ人だという噂を聞いていました。入社後間もなく大和さんのハイヤーで、帝国ホテルへ常原さんをお迎えに行く役目になり、ドキドキでした。でも、ホテル受付でお呼びして、降りてこられた常原さんに、『おはようございます』とご挨拶したら、常原さんがにっこりされて『ご苦労さん』と言って下さって、とても小柄な優しい笑顔のおじいちゃんだと、大好きになりました

『暮しの手帖』はオモチャ箱

『暮しの手帖』に入って4~5年目、同じ出版界に就職した仲間が集まって飲み会をすると、必ずといっていいほど、こんな質問をされた。

「お前、『暮しの手帖』に入ってよかったな。毎号のように部数が伸びてもう80万部だそうじゃないか。えらい勢いだな。おれのところなんて半分にもならない。それどころか下

降気味だ。どうして『暮しの手帖』は伸びてるんだ。秘密があったら教えてくれよ」「そうだ、そうだ。不思議だよ。ボーナスもがっぽりだろ。どうやったらあんなに部数が増えるんだ」「やっぱりテストかな。あれはうちじゃマネできねえな」「でも、『暮しの手帖』は役に立つ実用記事ばかりで、面白くもなんともない気がするが」「理屈ばっかりで学校の先生みたいな雑誌だとおもっていたが、なんで部数がふえるのかな」

友人たちからやっかみでも、持ち上げられるのは悪い気がしない。だが、なぜ部数がどんどん伸びるのか、そのころは、まだ無我夢中のころで、正直、何もわかっていなかった。だから、「秘密だよ。そんな簡単に同業者に教えられるか」と笑っているしかなかった。

しかし、いまならどう答えるだろうか。

根本的には、「なかのひとりはわれにして」の編集姿勢がある。これまで見てきたように、創業以来の、まったくぶれないこの思いやりの姿勢、これこそが、キミらの絶対にマネ出来ないことなんだよ、と言ってやりたいが、きっと彼らにはちんぷんかんぷんで、到底理解できることではないだろう。彼らは、「商品テスト」や「買物案内」という目先の形で判断して、おれたちは広告とってるから出来ないや、と手前勝手に納得し、気持ちを収めたのだろう。

たしかに商品テストや買物案内の役割は大きい。他の雑誌が逆立ちしても出来ないのだから。でもそんな単純なことで、『暮しの手帖』の有り様を納得してもらっては困るのだ。

料理や住宅の記事は、おれたちもやっている。『暮しの手帖』よりいいぞ、なんて思っているのだろう。『暮しの手帖』のファッションは野暮ったくて見ておられん、などという連中がいるが、ほんとうにそうか。しかし、内容が違うんだと反論してみても、水掛け論になるだけだろう。

では、誰にでもわかるような『暮しの手帖』の特技をお知らせしよう。それは、オモチャ箱だ。『暮しの手帖』は、はちゃめちゃな「オモチャ箱」なのだ。

たとえば、1世紀の76号（1964年）をひらいてみよう。「いろんな国のいろんな朝ごはん」という記事がある。世界のいろんな国は、朝ごはんに何を食べているのか、というのを日本にある42か国の大使館、領事館を訪ねて聞いて回った10頁の特集記事である。

たとえばインド

・チャパティ　・漬物（おもにマンゴーのつけもの）　・砂糖（精製してないもの）

チャパティというのは、小麦粉をねって、鉄ナベの上で焼いた、大きなお焼きのようなもので、これにカレーをつけて、ムシャムシャたべるわけです。砂糖は、おかずというよりデザートといったもので、ただなめます。

そのほかに、ガンジーという、砕米で作るおかゆだけをたべている人たちも、かなりたくさんいます。

「おはよう」は「ナマステ」（現地語で筆記してもらう）。

たとえばエチオピア

・インジェラ（パンの一種）・キンチェ（小麦粉に、バタ、塩、香辛料を加えて煮たもの。マッシュポテトのようになっている）・玉子・コーヒー
パンは、エジプト同様にたいてい自家製。このパンに、ソースをかけて、コーヒーをたっぷりのむ、というのがこの国の人のおおかたの朝食というわけです。

「おはよう」は、「インデミン　アデル」


というような形で、世界42か国の朝食メニューとその解説を掲載している。

昭和39（1964）年のこの76号当時は、まだほとんどの人は海外旅行の経験もなく、世界は広く遠い時代だった。もちろんグローバリゼーションなんて影も形もなかった。

大使館や領事館に変な雑誌記者が訪ねて来て、「ごめん下さい。お国の言葉で、おはようというのはなんていうのですか？　朝ごはんは何を食べていますか。教えて下さい」と

いうのだから、たいていキョトンとして、そんなことを尋ねられたのは初めてです、と言われた。

どこの外交官も初めはいぶかしげだ。だが、すぐにニコニコして、うれしそうに丁寧に答えてくれる。食べ物の話は、いつも人々を楽しくなごやかにさせるのだ。

ところで、こんな企画は、「役に立つ理路整然たる実用記事」でもないし、世の規範になる記事でもない。いったいなんのためにやるのと聞かれると答えに窮す。どこかほかの雑誌はやるだろうか。

この記事のすぐ前の頁は、「ああいえばこう・こういえばああ」という連載で、この号では「汽車かバスか」というテーマだ。

△バスは、道さえあれば、どこだってゆけるが、汽車は、そうはいかないな。

○道があるからといって、ついつい調子にのってさ、バスが通れさえすればいいんだと、せまい道まで入ってくる。おかげで通行人は店の中へとびこんだり、運のわるい人は、バスと電柱の間で、おしつぶされたりしてるじゃないか。

△汽車みたいに、喧しくないのもいいよ。

○あのガッターンゴットーン、わるいものじゃないな、リズミカルでさ。

△わりと減ったけど、蒸気の機関車はススがひどくてね。夏なんか、白いものは着て

られやしないよ。

○バスのホコリだって、ご同様さまだ。それにだよ、汽車には洗面所がついているから、手も顔も洗えるじゃないか。そうそう、バスには、トイレがついてないけど、あれは困ると思うがね。

こんな記事を「理路整然」と、おつにすました雑誌が掲載するなんて変だなあ。「だれかに一言」という頁もある。

職場の男性よ、わたしはあなたの奥さんではない

「アレどこにある?」

「コレやって」

「ソレとって……」

自分の手のとどくことにまで女性の手をわずらわす横着さ。石けんもコップも使いっ放し、出しっ放しのだらしなさ。ごみはためるだけ、灰皿はひとりできれいになるもの、目の前になければ、灰も吸いがらもどこへでもポイする無神経さ。お茶、食

事どきの世話も……「これ位のサービスは……」と無言の要求を押しつけてくるずうずうしさ。……

「私も一人前の職業人、あなたと同じしごとをしているのよ」といえば、「なまいきだ」「男まさりだ」。嫁入り前の娘心をちっとも理解しようとせず、その笑顔も、このサービスも、みんな自分の魅力ゆえと鼻の下を長くしている。

「この貧乏野郎。これでもよくまあ、トウチャン面して子供のしつけができるもの……」

と悪態の一つもつきたくなる。まったくワカッテナイ。

「アーアー、わたしのトウチャンでなくてよかった」と安堵するこの日々。

職場のトウチャンたちよ、もう少し心せよ。(静岡県 田代君子 地方公務員 24才)

こういう読者が寄せた「一言」が、次々と20人も、わめいたり、つぶやいたりしてうっぷんをはらす頁なんて、『暮しの手帖』以外あるかな。

「商品テスト」は、スライド映写機*。どの家もやっと白黒テレビを買った時代である。カメラもまあ多くの家にあるだろう。写真を撮るのは家族や風景の白黒写真で、写真屋さんに紙に焼いてもらうものだとみんな思っていた時代である。編集会議で、スライド用の映写機のテストというプランが出てきて、これは不採用だなと思った。奮発して、時にカラー写真を撮ることもあるが、紙に焼かないスライド用のカラーフィルムを普通の人は、ほとんど興味がないんじゃないかな、編集会議の時はそう思った。でも花森さんは、やろうと採用した。

このテストの冒頭で、花森さんは、スライド映写機を次のように記している。

〈幻燈〉というものがあります。画のかいてある小さなガラス板を、器械にさしこむと、向うのスクリーンに、その画が大きく拡大されてうつし出される仕掛けになっていました

部屋をまっくらにする、わくわくして待っていると、パッと極彩色の人物や風景がうつる、こどもはもとより、大人でも、おもわず息をのんだものです

いつのまにか〈幻燈〉という言葉も、すたれてしまったようですが、スライド映写機というのはつまりは、〈幻燈器械〉とおなじものなのです

ただ、画をかいたガラス板のかわりに、カラーフィルムをさしこむだけのちがいですカラー写真は、そのまま光りをあてて見るのでは、小さすぎるし、紙に焼きつけるの

＊スライド映写機＝写真のポジフィルムに光を透過させて映像（静止画）を映し出す装置で、その多くはスクリーンに拡大投影することを目的とした。編集部員の撮影能力の向上のために、しばしば写真コンテストが行われたが、この際はカラーのポジフィルムで撮影したスライドを映写機で映して、みんなで鑑賞、評価をした。

は、ねだんのわりにまだ色がおもわしくないし、やはり、このスライド映写機にかけて、大きくうつしてみるのが一番です。

〈幻燈〉のような、童話めいた美しさの代りに、ここには〈天然色写真〉の迫力と魅力があります、それをうつした人といっしょにみんながみるのは、ほんとにたのしいものです

それは、まさしく花森ワールドなのだ。『暮しの手帖』は、朴念仁《ぼくねんじん》ではなくて、子どもみたいなオモシロソーなものにも、モーレツな興味を持ってしまう。オモチャ箱みたいな雑誌でもあるのだ。私は、理屈では割り切れない無秩序の秩序とでも言うべき、オモチャ箱的記事が、『暮しの手帖』ファンを形成し、虜にしていったのではないか、と勝手に思っている。これはほかの雑誌ではとてもマネできない。同業の雑誌社の仲間たちに「君たちには無理な世界だよ」と言ってやりたかった。

日曜大工の面白さ楽しさ

『暮しの手帖』の読者はやはり女性が多いが、男性のファンも少なくない。その方たちが

よく参考にしているというのが、日曜大工と答えて下さるのを聞いて、一番喜んでいたのが花森さんである。

日曜大工は、創刊号以来、『暮しの手帖』の柱の一つである。焼け野原に家を建てたり、疎開先からやっと戻ってきたりして、まず戸棚や本棚、椅子やテーブルが必要になる。どれも、今のように、買いに行けばすぐに手に入るというわけにはいかず、まず自分で作るのが一番の時代だったから、日曜大工ではなく、必要工作であった。その流れで、『暮しの手帖』は、高度成長期になっても工作の記事は多く、既成の家具が豊富になってからも、その頁は続いている。なにしろ暮しの手帖研究室が東麻布に完成した時に、わざわざ立派な工作台のある工作室を設けたのだから、本気だ。

その意欲の元は、やはり花森さんである。花森さんは、工作が好きなのだ。自分の家の家具や戸棚や飾り棚を、自分で設計図をひき、自分で板を切り、塗料を塗って仕上げる。自宅の火事で、マンションに引っ越して、新しく家具が必要になったこともあるが、気に入らない戸棚を、高いゼニを払って買うなんて、そんなんたまらんわ、というわけだ。

そして、それが『暮しの手帖』のプランになり、誌面を飾ることになることも多い。日曜大工は、料理や衣服と同じように、生活にはなくてはならないスキルだと考えている。椅子・鏡台・棚いろいろ・簞笥《たんす》・机・テーブル・箱・ベッド、とにかくあらゆる家具の工作がつぎつぎに登場する。

しかし、実用面ばかりの工作ではない。2世紀になってからの工作の頁をみても、多種多様だ。

まず1号の「カヌーを作ろう」という頁をごらんあれ。

「思ってもみたまえ／じぶんの作り上げたカヌーで／力いっぱい川を下る／夏の日　こんなに爽快な遊びはない／材料代は8千円でおつりがくる／日数は　腕次第で3日から1週間くらい／さあ　カヌーを作ろう」

なんと10頁にわたって、カヌーの部材の切りそろえから骨組みの作り方、パイプを張り、キャンバスをとりつけて完成させる工作を堂々と発表している。

私は、友人から「君のところは実用の記事ばかりだと思っていたら、カヌーとは驚いた。それもカヌーに乗りましょう、という頁かと思ったら、カヌーを作ろう、というのだからたまげたよ」と言われた。

このカヌーは、たしか横佩君が出したプランだった。それにも驚いたが、それを採用し、工作をやろうと決めた花森さんもすごい。私たちは、数人で出来上がったカヌーをかついで多摩川に行って、実際に楽しんだものである。

2号には「古風な寝台を作ろう」という工作で、立派なベッドを作る頁を発表し、7号では「フーテン車快走す」という8頁の工作を記事にしている。フーテン車、漢字で書けば「風転車」、自分の力で走るのが自転車なら、風の力で走るのが風転車というわけである。大学4年生のヨットマンが、自分でフーテン車を作って、乗り回す一部始終を紹介する工作の頁である。

まさに痛快な日曜大工の工作だ。この、枠にとらわれないハチャメチャな工作の頁が、『暮しの手帖』の魅力だという話を聞いて、ベビーカーを100キロ押す律義さと、本物のゴミにこだわる執念と、食パンを何万枚も焼いてみる努力と、このフーテン車やカヌーが同居する『暮しの手帖』は、やっぱり面白いなあ、と思った。

立川幸子さんのメモ

よく工作の担当になりました。工作の仕事は楽しかったです。ベニヤ板をボンドで貼りあわせながら、どう組むか、工法を考えるのですが、これが楽しいのです。ペンキ、ニス、シンナーのにおいもいいもので、一階玄関わきの工作室は出入り自由、緊張感のある二階の編集室の雰囲気とは全く違っていました。

工作好きの花森さんも、工作室にはよく顔を出していました。オシャレに興味のあった入社時とは違い、通勤もTシャツにジーパン、電動丸鋸の目立てに、麻布十番商店街の川口商店に行ったりして、職人気取りでした。

昼休みを利用して、自宅のちゃぶ台を造ったり、子どもの机を作ったりもしました。

電動ドリルのテストでは、来る日も来る日も、鉄板に孔をあける作業でした。家に帰って食事を作るとき、庖丁を持つ手がブルブル震えました。それでも数カ月後、機械的なテスト結果と、自分たちの手でやった結果がピタリと合って発表できた時は、ほんとうにうれしかったです。これが暮しの手帖ならではの、編集部の仕事なのだと。

北村正之君のメモ

花森さんは日曜大工の達人でした。花森さんは、自宅のマンションの屋上で日曜大工をやっていたそうです。電動工具を使って、オーディオキャビネットや机など、自宅用に本格的な家具を作っていました。

当時、「日曜大工」という言葉が流行っていましたが、せいぜい、ポストとか犬小屋といった程度のものが多かったのですが、『暮しの手帖』の工作記事は、本格的な工作記事を紹介していったのです。私が入社してまもなくの頃、花森さんから聞かれました。「君は、工作が好きか」。私は「子どもの頃から工作が好きで、よく竹ヒゴで飛行機を作ったり、板で船や電車を作ったりしてました」と答えました。

『暮しの手帖』には、毎号のように工作記事がありました。ちょうど入社したとき、2世紀第1号の「カヌーを作ろう」という工作記事を編集中でした。そこで、編集された原稿と写真で、じっさいにカヌーをつくれるかどうかの試作をする係になりました。

ある日、工作室に「どうだ、できたかぁ〜」と花森さんが入ってきたのです。ほぼ出来上がっていたカヌーを漕ぐパドルを見るなり、「いい加減なものを作るな!!」というのです。びっくりしていると、パドルを角材に斜めにさしかけ、足で踏みつけ、折ったのです。ただ呆然としていたのですが、あとでよく見ると、仕上げ方が粗かったのだと気がつきました。花森さんに対する怖さというより、仕事に対する怖さを知った思いがしました。ご自分で、じっさいに工作をするだけに、いい加減な仕事には、我慢ならなかったのだと思います。

田辺貴美子さんのメモ

私は工作室が大好きでした。木の香りがよかったし、物を作ることが好きでしたから、木の切れ端、釘やねじが出番を待っている空間は居心地がよかった。何より、年配の方々はあまり立ち入らないので、若い社員の雑談の場所になっていたのもヨカッタ。

私は背もたれがリクライニングする木の椅子の試作を手伝いました。立川さんにテーブルに付いている丸のこの使い方を教えて頂きました。歯の厚み分だけ寸法をプラスしてカットする線を引く事など、細かいことを教わり、ワクワクするような楽しさでした。ボンドは水で薄めて使う。水平を確かめながら貼り合わせた木材を万力で固定する、やすりかけ、トノコの処理、など色々なことを教わりました。デッキチェアに使う帆布を東急ハンズまで買いに行き、椅子のサイズに合わせて縫ったこともありました。

『暮しの手帖』のファッション　直線裁ちから外国の女性へ

いわゆる婦人誌というのは、アメリカにもヨーロッパにも、世界中にあるが、その中の主要なページはファッションである。女性にとって、装うということは重要な生活の一部だから、婦人誌が、それに多くの頁を割くのは当然のことだ。

『暮しの手帖』は、10号までは衣裳研究所として発行していたのだから、装うことこそが主眼であった。焼跡の貧しい時代だからこそ、もんぺ*を脱ぎ捨てて、新しい装いが必要だと主張した。創刊号では、鎮子さんがモデルになって、直線裁ちのしゃれた服を紹介しているし、花森さんの「シンメトリイでないデザイン」というイラストのファッションを展開している。

戦時中、オシャレは禁じられ、戦時服一色の衣裳を強いられていた女性たちにとって、このしゃれた雰囲気は、乾いた砂地に水がしみ込むように、受け入れられていった。

別冊で出版した花森安治著『服飾の読本』の広告に、「この本で、女のひとの何割かが目に見えて美しくなったといわれている……美しさとは何か　なにを、どのように着ればよいかを具体的に素直にあたたかく語りながら、高い知性と感覚にみちている恐らく最高の本です」と、記しているように、服飾とは何か、美しさとは何かが、『暮しの手帖』の最大のテーマであった。当たり前のことだが、この時代、既製服などなかった。注文して縫ってもらうことも出来たが、飛びぬけて高価だった。庶民は自分で縫ってつくるしかなかったのだ。

だから、花森さんは、ミシンもなく、布地も限られたなかで、自分たちの手で如何に簡単にオシャレな服が作れるかに主眼をおいて、誌面を作った。

9号の「秋の直線裁ち」という頁で、「はやりすたり、という意味でなく、日本の風土と、日本の女のからだと、そして日本人の、暮しについての感覚、そういった点から、私たちは、直線裁ちをもっと掘りさげてゆきたいと思う」と書いている。この場合、直線裁

＊もんぺ＝戦前、女性の多くは和服の着物を着ていたが、労働時には、着物の上からもんぺと称する裾を絞った袴状のものを着用した。女性向けの労働用ズボン。戦争中、作業や避難時に迅速に動けるよう、このもんぺ着用が義務付けられた。もんぺは強制された戦時生活の代名詞として用いられることもある。

ちをファッションと言い換えてもいいと思うが、女性誌やいわゆるファッション業界の展開する、日本人や日本人の生活とは遊離したファッションとは、初めから、まったく異なる発想で衣裳をとらえていたのである。だから、『暮しの手帖』にはファッションがないと言われた。

どういわれようと、『暮しの手帖』はファッション業界や女性誌とはちがった、自分でも作れるという実用的な直線裁ちの服をすすめてきた。しかし、既製服が安く出回ってくる時代になると、自分で作れる、という利点が次第に重視されなくなって、1世紀の中頃からは、服飾の記事は、時々とりあげられる程度になっていた。

2世紀になって雑誌も大判*になり、カラーの頁を増やして、新しいファッションの頁をつくろうと始めたのが、「外国の人が着たファッション」の頁である。1号で「働くひとのおしゃれ」と題して、アメリカの会社で働いている人に、その人自身の服を着てもらって撮影、8頁にわたって掲載したのだった。「私の服は、みんな既製服です。……」という書き出しの文章で、この方の服装についての意見も載せている。美しい人だが若くはない。いわゆる中年の働く女性である。この後も、毎号のように、外国の女性のファッションを掲載していった。

すると何通かお便りをいただいた。『暮しの手帖』は、なぜ外国人のファッションばかりやるのか。日本人の体型とはちがう服を見せられても役に立たないではないか、という手紙であった。こういうお便りには、個別にお返事を差し上げていたが、とうとう22号の「編集者の手帖」で、つぎのように、その答えを掲載した。

暮しの手帖に外国の女のひとの服飾デザインをのせることについて

衣裳は、ファッション・ショウのステージの上や、服飾雑誌の頁の中にあるのではなくて、まいにちの暮しのなかに生きているものでしょう。

ということは、ほんとうに暮しのなかに根をおろし、とけこんでしまわないうちは、やはりダメだということです。じぶんのお金で作ったものでありながら、やはり〈借り着〉みたいなものだとおもいます。

私たちが、暮しのなかで洋服を着はじめてから、まだ二十年そこそこではないでしょうか。

このごろの若い人は、ずいぶん背も伸び脚もすらっとして、洋服向きの体つきになってきた、と感心してしまいますが、なにぶん、二十年くらいの歴史しかないから、

＊雑誌も大判になり＝『暮しの手帖』の大きさは、1世紀はB5判（182×257㎜）だったが、2世紀から少し大きくなって、A4判（210×297㎜）の変形（タテが少し短く278㎜）になった。

まだまだ、暮しにとけこんでしまったとは、いいにくいようです。外国の女のひとが、日本の着ものを着たすがたを、なにかで、ごらんになったことはありませんか。

生地もいい、柄もいい、いずれその道の専門家に着せてもらった筈なのに、見ていて、なんとなくおかしいのです。

一口にいうと、あたりまえのことながら、〈着こなし〉が、まるでできていないからです。

〈着こなし〉は、それこそ、ながい月日をかけて、まいにちの暮しのなかにとけこんでこそ、でき上ってゆくもののようです。

日本の男が燕尾服を着ると、例外なく手品師に見え、タキシードを着ると、みな給仕に見える、といわれるのも、そのためでしょう。

＊

日本の女のひとの洋服は、どんな程度なのかは知りませんが、〈着こなし上手〉といわれるまでには、まだすこし、年月がかかるのではありませんか。

一日でも早く、そこへゆくには、これはなんといっても、外国のおばあさんの、そのまたおばあさんの、ずっと昔から、洋服を着てきた人たちの洋服姿を見なれるのがいちばんだとおもいます。

暮しの手帖が、しばらくまえから日本に住んでいる外国の奥さんやお嬢さんたちの、ありのままの洋服姿を連載しているのも、じつは、そのためなのです。……この外国の方をどうして探すのかについては、鎮子さんが、ご自身の本『「暮しの手帖」とわたし』でも書いているので、その部分を抜き書きします。

……そのモデルさん探しが私の仕事でした。大使館とか知人の紹介もありましたが、多くは道ばたとかホテルのロビーなどで直接話しかけるのです。といっても私は英語ができませんから、編集部の一人に、英文でこんな内容のメモを作ってもらい、ハンドバッグに入れて、いつも持ち歩いていたんです。

私は英語が話せませんが、貴女の着ていらっしゃる服はとても素敵です。私の雑誌に貴女の写真を載せさせていただきたいと思います。

「この人はきれいな外国人、お年も三十歳ぐらいで、おしゃれの方のようだ」と思ったら、名刺を出しながら、このメモを見せるのです。するとたいていの方は、「ワンダフル」と、喜んで承知してくださいました。

さっそくメモの裏に、住所と電話番号を書いていただき、私たちが伺う日と時間を約束します。その日が来ると、英語のできる女性編集部員とカメラマンを連れて出かけます。

原則として、私たちは、ふだんの手持ちの洋服を撮ることにしていましたから、洋服ダンスの中から服を出して、ハンガーにかけて見せていただきます。そのなかから十数枚えらびます。そして家のなかでソファーに腰かけたり、エプロンをつけて台所でフライパンを使っている写真、銀座通りを買物袋を提げて歩いていただいたり、日比谷公園の花壇に立っていただいたり、帝国ホテルのロビーに座っていただいたりして、写真を撮らせていただきました。写真ができたら、お持ちして、ご自分の気に入ったポーズを選んでいただきました。

まさに、鎮子さんならではの突貫精神である。

外国の人のファッションは、多くは町中で撮影したが、担当は山口壽美子さんが務めていた。モデルになってくれる女性たちはほとんどシロオトの奥さんだから、町中で、本格的に撮影されるなどということには慣れていない。やはり、つねに気遣いが必要である。山口さんは、細やかにモデルさんに声をかけ、安心させ、化粧にも衣服の様子にも気を配って、無事に撮影を進行させていた。

加川厚子さんのメモ

ファッションのモデルさんのことです。途中からはモデル事務所に登録している人から選ぶようになりましたが、私たちが入ったばかりのころ（昭和35、6年頃）は、シロオトさんに頼んでいました。62号のシンプリシティの型紙のテストの結果発表の時、背が高い人、低い人、肥っている人、やせた人に着せるため、四人のモデルが必要になりました。そのとき、鎮子さんは中野さんと銀座を歩いていて、銀ブラをしていた三人姉妹に目をつけ、声をかけて、その中の二人にモデルをお願いしました。誌面をよくするためには、他人に平気で声をかけるんだと思いました。

57号の「紅いタイツと青いズボンと」では、子どものモデルが必要になり、当時、母が勤めていた小学校に頼んで、そのなかからモデルを選ばせてもらいました。

卜部ミユキさんのメモ

外国人のファッションの撮影のとき、鎮子さんと相談して、この服にすると決まったあと、麻布の街角にモデルさんが立って、ポーズを決めて撮影が始まります。そのそばにはいつも山口さんがついて面倒を見ていました。カメラはいつも花森さんでした。三脚を低く構え、花森さんはファインダーを覗き込む姿勢で、シャッターを押します。たしか12枚撮りのフィルムだったと思います。

ポーズを決め、夢中でシャッターを押す花森さんに、フィルムチェンジを知らせるのが私の役目。すぐ側に立って、カシャッ、カシャッと、比較的大きく響くシャッター音を数えて「あと2枚です」「あと1枚です」「はい、フィルムチェンジです」と。

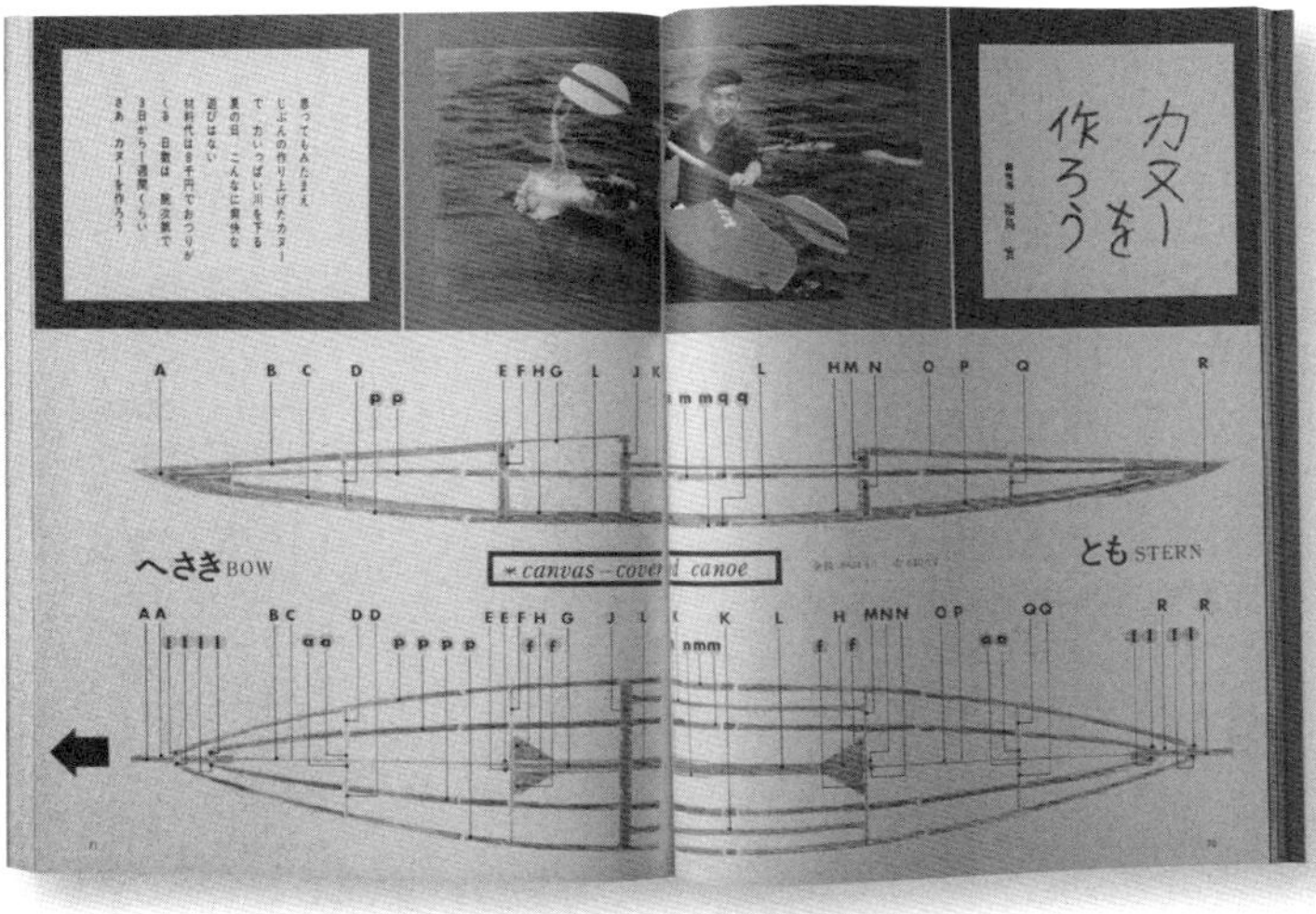

2世紀1号「カヌーを作ろう」。

「おそうざい十二ヵ月」は書籍化され、ロングセラーとなっている。

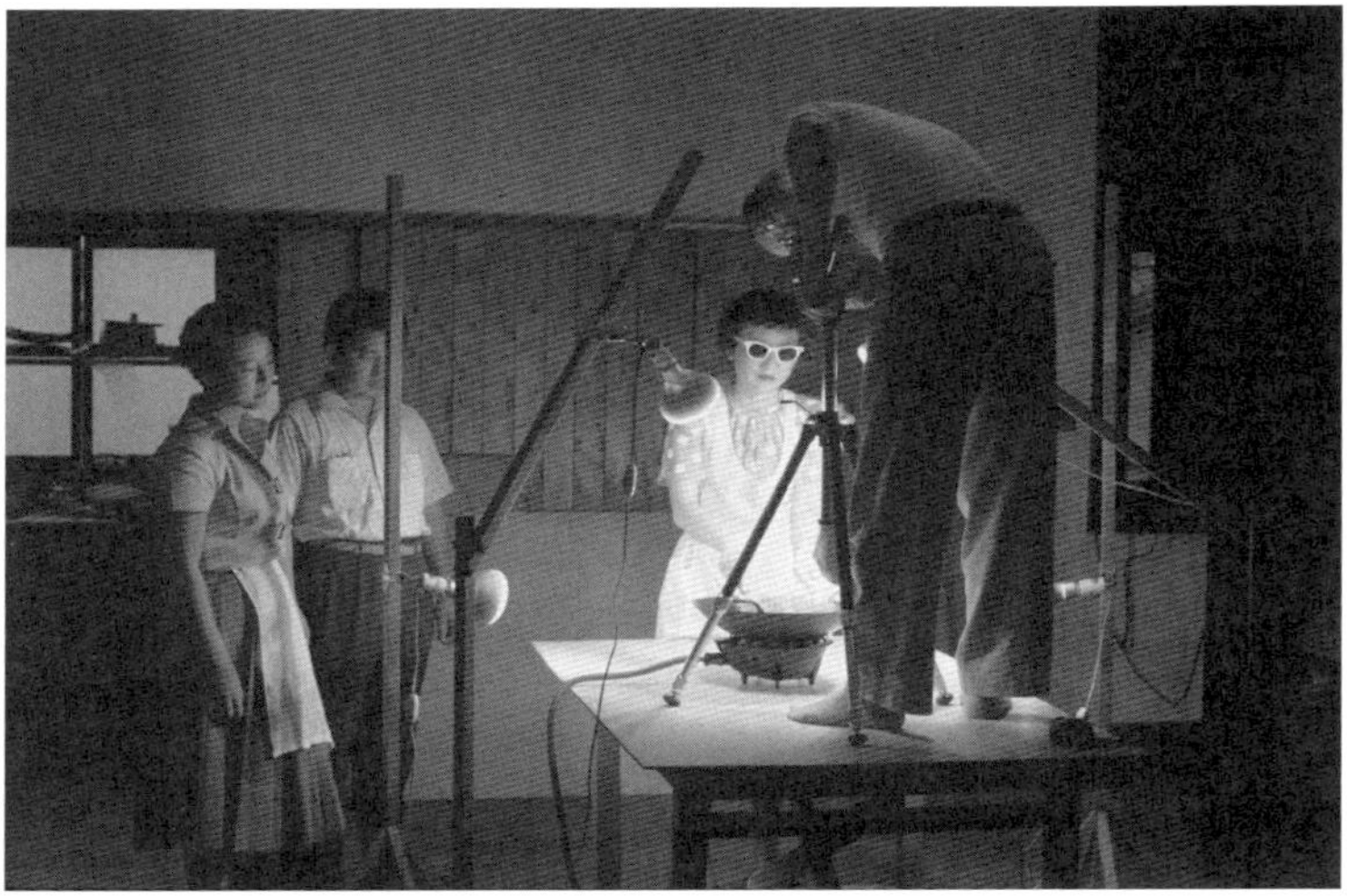

鎮子さんが「手優さん」をしている様子。

七章　編集部の泣き笑いの日々

母の入院と鎮子さんの尽力、花森さんのお見舞い

東麻布に研究室が出来て、テストもしっかりできるようになった1963年の春、私の母が倒れた。近所の医者に診てもらうとひどい貧血だという。めったにない早退をした私に、鎮子さんが寄って来て、どうしたの、と聞く。母が貧血で倒れたと言うと「それは大変よ。すぐにちゃんとしたお医者さんに診てもらいましょ」というなり、どこかへ電話をかけた。そして「明日、大学病院に行きましょう。私がお連れするから。お母さんは動けるの？　おうちまで迎えに行きますからね」

翌日、恐縮する母親をハイヤーに乗せて、鎮子さんも付き添って、板橋の大学病院へ行き、大学教授の診察や検査を受けさせた。その最初から終わりまで、ずっと付き添って母に「大丈夫ですからね」と語りかけていた。

私事ながら、父が戦死したために、私たち姉弟4人は、母親一人に育てられ、大学まで出してもらった。貧しかった。母は、自分はほとんどろくなものも食べず、食べ盛りの子

どもたちに食べさせた。着るものも本当に粗末なものばかり。ただひたすら働いてきた。ハイヤーに乗るのも、生まれて初めてだったと思う。大学病院にかかるのも初めて。鎭子さんが社長だと知って、ひたすら息子が不始末をしないか、どうぞ叱って下さいと、頭を下げてばかりだが、鎭子さんは本当に優しく励まし続けてくれた。

検査の結果は、子宮がんだった。長い間出血していたのを、誰にも話さず、とうとう貧血で倒れるまで働いていたのだ。母にはその結果は知らさなかったが、鎭子さんは、貧血の専門家としての先生を紹介し、連れてきてくれたが、がんなら違う病院が良い、と今度は関東逓信《ていしん》病院の石山俊次先生*のところへ連れて行ってくれた。全部、鎭子さんが自分で電話をかけ手配し、ハイヤーに乗せて、先生の診察に付き添い、入院させてくれた。

私はただ、そばでオロオロしているだけだった。がんはすでに末期で、手術は出来なかった。入院して、一時小康を得、石山先生の配慮で一時帰宅させてもらったが、すぐ再入院し、10月に亡くなった。47歳だった。鎭子さんは、自分の肉親のように、本当に親身に世話をしてくれた。

入社まだ3年目の、ろくな働きもない若造社員のために、これほどの尽力をしてくれる

*石山俊次先生＝関東逓信病院（現NTT東日本関東病院）の外科部長で、その後日大医学部教授、日本消化器外科学会会長などを歴任。暮しの手帖は長い間、「からだの読本」など医学関係の記事でお世話になったが、花森さんの健康をいつも気づかってくださり、具合が悪い時には、駆けつけてくださって、ありがたかった。

とは、どうやって返したらいいのだろうと思った。

母の入院中、鎭子さんは何度も母を見舞ってくれた。

鎭子さんだけではなかった。私が研究室で仕事をしている最中に、私には何も言わずに、花森さんが母親を見舞ってくれていた。二度も。

花森さんは、自分の母親を19歳の時に亡くされていた。母を思う心は痛切だった。小榑君のお母さんの面倒をよくみてあげてくれと、何度も鎭子さんに言ったということをあとで知った。私は何も知らず、お礼も言わずに過ごしてきた。

これも、ずっと後のことだが、花森さんのお嬢さんの土井藍生《あおい》さんから、つぎのような手紙をいただいた。


お母様は随分ご苦労なされたのですね。ご自分の御身をいとわれることもなく、まだ若くていらしたのに亡くなられて、さぞご無念だったと拝察しております。お亡くなりになる少し前に、父がお見舞いに伺ったとき、ご自分亡き後、子供たちのことをよろしく……と仰いました由。承知したと申したら、安心されたご様子だったと私に話したことがございました。私は、亡くなることを肯定するなんて残酷じゃないの、お元気になられますよと励ましてあげればよかったのにと抗議しましたら、父は、お前はまだまだ考えが足らん、そういう時は気がかりを取り除いてあげるのが一番なんだよと申しました。未だになぜか忘れられない会話です。

鎮子さんに「暮しの手帖は仕事最優先です。親の死に目にも会えないと覚悟して下さい」と入社時に言われたが、その鎮子さんに、会社には来なくていいから、しっかり看病して来なさいとキック言われて、東麻布から追い出され、私はしっかりと手を握りながら母を見送ることが出来た。

親不孝者は、ろくに勉強もせず、母親の希望する「しっかりした普通の会社」へ就職もせず、「つぶれないかねと不安がった出版社」に入社してしまったが、その不安な出版社に母親は最後まで厚いお世話を頂いた。

花森さんも鎮子さんも、そして暮しの手帖も、あたたかい同じ仲間、おなじ家族だった。ありがとうございました。

母の死に沈んでいた私を、ことのほか気にかけて、慰めてくれる人が、研究室にもう一人いた。千葉千代吉さんである。

この時55歳、当時サラリーマンの定年が55歳で会社を辞める年だったが、千葉さんの場合は、店主のドイツ人オーナーが帰国するので、「ラインランド」の店じまいをしたあと、花森さんと鎮子さんが、うちにいらっしゃいよと誘ったのだった。

その千葉さんが、この年1963年の始め頃から、研究室のキッチンに出勤してくるようになった。千葉さんの仕事は、当然、西洋料理の記事への参加だが、西洋料理にかかわらず、肉や魚や野菜にも詳しく編集部員の相談にのっていた。また買物案内で食品を取り上げる時には、千葉さんも参加して意見を言う役割で結構忙しかった。

昼時のちょっと前だった。その千葉さんが、私のそばに来て「これを食べろ」と手製のピラフを渡された。「元気出せ」とだけボソッと言って後は知らん顔。

私は思わずまわりを見回した。これは特別扱いでひいきである。みんなの前で、自分だけ千葉さんの料理を食べるのはまずいよ。千葉さんを見ると、全く我関せず、そっぽを向いている。ありがとう。早く食べなければ、と大慌てで食べたが、せっかくのピラフも味が分からなかった。

松ちゃん先生と写真部

松本政利さんは、創刊号の最初の頁の「可愛いい小もの入れ」の写真から、ずっと『暮しの手帖』の写真を撮り続けている大カメラマンである。98号（1968年）の「編集者の手帖」で「松本政利について」と題して、松ちゃん先生のことが書かれている。

「暮しの手帖という一冊の雑誌を支えている一つの力は、この松本政利の写真だ」と記し、

「世の中にカメラマンは、掃いて捨てるほどいますが、彼ほど《ゲイジュツ家》ぶらないカメラマンは、おそらくないだろう」と記している。写真の名人なのに、そんなことは素振りにも出さない。そのへんのおっさんという気安さで、私たちにも接してくれた。

花森さんは「松ちゃん」と呼ぶが、われわれ編集部は恐れ多くて「松ちゃん」とは言えない。さりとて松本さんというのも他人行儀なので「松ちゃん先生」と呼ぶようになっている。「松ちゃんの写真ですぐれているのは陰翳だ」と花森さんは教えてくれた。陰影ではなく、難しいほうのインエイ（陰翳）だというのだ。白黒写真の光と影とよく言うが、白の光と黒の影の二つではなく翳だ。「松ちゃんの写真を見て、その翳《かげ》を感じろ。それが分からないと白黒写真の良し悪しがわからないぞ」ふ〜ん、そういうものかな、と思って松本さんの写真をいろいろみたが、よく分からないまま過ぎてしまった。花森さんと松本さんという名人同士だから、通じる境地があるのだろう。

その松ちゃん先生が98号のあとがき「編集者の手帖」で取り上げられたとき、「松ちゃん先生すごいですね」と言うと、照れて照れて、でも子どものように喜んでいた。本当に気さくな名人である。

もう一人、斎藤進さんは、40号（１９５７年）から入社の先輩で、ふだんはとても優しく、レディーファーストを旨としていた。だが、何事にも自分流のこだわりがあり、写真の撮り方も自分の手順や納得点があり、その自分流をがんこにゆずらない。われわれ編集部員は適当に譲るが、鎭子さんとはそうはいかず、よくぶつかっていた。でもそのこだわりが分かると、とても親切で頼りになるカメラマンだった。

研究室が増設された時に、暗室も整備されて、カラー現像も出来るようになった。

2階の2スタの道路側に、写真部の暗室が3部屋できた。それまでは旧スタの階段の下にあって、銀座の編集室とははなれていたが、2スタが編集室になったので、写真部も編集部と一体になった。

暗室が整備された後、95号（1968年）から入って来た飯泉勇君は、若手なので、みんなも一番頼みやすいので、雑用も全部引き受けさせられて、忙しい思いをしていた。この飯泉君が、写真部と暗室について次のようなメモを記している。

飯泉勇君

暗室の仕事は、外からなかなか見え難かったと思いました。半日も掛けて焼いた印画紙が「全部焼き直し」などと花森さんから突っ返されることもあったりしました。松本さんなどは、「これでいいのにな」と思った時などは、さっきの印画紙をそのまま持って行くと「今度は良く出来た」と受け取った等と話していました。そんな時、よく、食事当番にあたったりするので、気が気でありませんでした。遅くなって暗室から出て行くと、当番長の女性から三角の眼をして迎えられました。

よく撮り直しがありました。それも大物の写真で、決まったように、撮影が夕食後にスタートするのです。花森さんのかけ声とともに、残業している人達がほとんどスタジオに集まり、一斉に準備に取りかかりました。

ポールキャットを立て、大バックを引きだし、大きな商品を何台か運んできたり、モデルになる人はそれなりの服に着替えたり、撮影助手の私はライトをセットしたり、てんてこ舞いでした。一枚の写真を撮るのに準備を入れると2時間くらい掛かったこともしばしばありました。片付け終わって、会社をでるのが、午後10時、ときには11時過ぎになることもありました。それでも、次の日の出社は全員午前9時に決まっていました。

大橋芳子さん

大橋三姉妹の中で、『暮しの手帖』では鎭子さんが際立っているが、じつはそれに負けないほど芳子さんの貢献度は大きい。鎭子さんは大正9（1920）年3月10日生まれ。たしか真中の晴子さんは3月5日生まれで、芳子さんは、5歳下の大正14（1925）年3月10日生まれ。

三姉妹そろって3月生まれ、特に鎮子さんと芳子さんは同じ10日生まれなので、暮しの手帖の誕生会では、いつも二人一緒で、みんなからお祝いされた。こういうときもメインは鎮子さんで、芳子さんは脇で静かに控えている感じだった。鎮子さんは華やかで目立ちたがり屋で、積極的だったが、芳子さんは地味で控えめでおとなしい人だ。

「デスク」と言われていたが、べつにそういう地位も肩書もあるわけではなく、名刺もわれわれと同じく「編集部　大橋芳子」である。当番には入らなかったが、掃除をする時には率先して這いつくばって雑巾がけをし、買物案内の調査もあちこちの町の商店街に出かけて調べて歩いた。そういうことは、鎮子さんはしなかったが、芳子さんはふつうの編集部員と同じように歩いて回った。

金銭管理は芳子さんの仕事で、部員の交通費や買い物の費用の出納。それに部員が外出するときに、デスクに届けて出かけるのだが、芳子さんの了解の上で外出というわけではなく「どこどこへ行きます」というメモを差し出すだけだから、部員の管理というわけでもない。

芳子さんの最も重要な仕事は、花森さんが働きやすいように気働きすることだった。花森さんが取材で出張するときは、原則的に芳子さんが同行する。特に、「ある日本人の暮し」*の取材には、必ず同行し、花森さんがのどが渇いたというと、すぐに水やお茶をさし出す。暑くて汗をかいたらタオルを、強い日差しを遮るために傘をかざし、買物をしたら支払いをする。花森さんの脇で会話をメモし、自分もインタビューして取材する。われわれ編集部員は、芳子さんが同行してくれる時は、あまり花森さんに気を使わなくていいので本当に助かった。

鎌谷和子さんは、芳子さんと同じ机で、芳子さんの前に座っていたが、こう語っている。

鎌谷和子さん

芳子さんは、朝一番に、花森さんの机の上の鉛筆を、花森さんの気に入る長さに削って揃え、部屋を片付ける。花森さんがいらっしゃると、もう一日中、ご機嫌がわるくならないように、気遣い、世話をされていました。ご機嫌がわるくなると、編集の仕事は、まるっきりすすみませんから。

花森さんが京都のホテルで、心筋梗塞で倒れられたとき（後述する）、お嬢さんの土井藍生さんと一緒に、芳子さんもホテルにずっと泊まりこみで看病されていました。大変だったと思う。芳子さんは地味で、まじめで、なんでも一生懸命やる方でした。同じ人を、話す相手によってほめたり、けなしたりはされなかったし、ご自分の言っ

＊ある日本人の暮し＝23号からほとんど毎号掲載された看板記事。「いまの日本の、いわば名もない人たちの、ありのままの暮しの記録です」と、24号の「あとがき」で花森さんが言っている記事である。

たことはまもっておられました。だから、私は信用して、仕事のことも個人的なことも、何でも話して相談していました。花森さんのことも、鎮子さんとは違う立場で、ご機嫌が悪くならないように、会社の中で一番気を使っておられました。疲れたといえば、足をもんだりもされていました。

社員のことには、いつも気を使っていました。私には、あまり日の目をみない蔭の力のように感じられました。芳子さんは、青春のすべてを『暮しの手帖』と花森さんのお世話に捧げてきたと思います。

お先に失礼しますと、お先に失礼していいですか

昼食は、銀座の頃は外へ出て、すぐ前のショッピングセンターや近くの中華料理店に入って食べていた。坂東君や河津さんともよく一緒に出掛けたが、横山さんとも時々出掛けた。横山さんと一緒に行くと、必ずおごってもらえるので、誘われたら喜んでついて行った。花森さんは蕎麦がすきなので、よし田の蕎麦に行くときには、真っ先に手を挙げてついていった。花森さんもおごりだ。東興園という中華料理店にもよく行った記憶があるが、定かではない。

そのうち研究室が出来て、なしくずしに銀座から東麻布に移っていく。

東麻布に編集部が移って、何が変わったかというと生活パターン。つまり滞在時間と食事である。銀座は、一歩外に出たら昼夜関係なく人がいっぱいだ。夜になったら、窓の外はネオンだらけで、さんざめく音が聞こえてくる。仕事をしていても、夜になったなぁ、みんな一杯やってるなぁ、ということがビンビン伝わってくる。〆切が近く、どうしても仕事にへばりつかなければならないときは仕方ないが、余裕があるときは、6時を過ぎると、適当に抜け出した。

ところが東麻布はちがう。住宅街の中の一戸建てだから、静かな環境だ。ネオンもさんざめきも全くない。窓があっても外は見えないから、昼も夜もよくわからない。

もう一つ重要なのは、玄関を上がるときに、全員靴を脱いでスリッパに履き替える。これがいかん。靴を脱ぐと、勤務中なのに居住空間のような気になる。何となくゆったり居心地が良くなる。われわれは、それほどでないのだが、花森さんがそうなる。ゆったりとして、椅子に座ると、もうどっかりと落ち着いてしまう。

ネオンも輝かず、窓があっても外が見えないから、昼から夜にかわっても変化がない。夜になり、お腹が空いて、何か出前を取る。蕎麦屋やレストラン大越や中華料理や、少し張り込んでうなぎの野田岩*から出前をとることもある。当然、夜も遅くまで仕事をすることになる。花森さんや鎮子さんたちが仕事をしているのに、若い連中がお先にとは言い辛い。終業時間の6時だから帰ります、なんてとても言い出せず、残業が当たり前になってきた。

テストのメンバーは夜遅くまで検査することがあるから、毎日遅くなるのは仕方ないが、仕事のけりがついて、もう帰れる人間までぐずぐず居残ることになる。そんなところへ、千葉さんが入社し、研究室へ毎日出勤してくることになった。この千葉さんの存在が、東麻布での編集部全員の生活に大きな影響を与えることになった。

まず、完璧な台所がある。そこへ千葉千代吉という料理の達人が毎日出勤してくる。当然、花森さんの食事を千葉さんにお願いしましょうということになる。花森さんも出前にはうんざりしているのだから、じゃ頼もうか、何にするかな。というわけで居心地はますます良くなる。

ある日の6時過ぎに、若手の一人が「お先に失礼しま〜す」と帰りかけた。そのとき花森さんが「ちょっと待て。君にやってもらいたいことがあるんだ。勝手にお先に失礼なんて言うな」と怒鳴った。

えっ、自分の仕事はもう片付いている。残っている必要がないのだから、帰るのは当然ではないか、とふつうは考える。だが、ちょっと待てだ。聞き耳を立てているわれわれは、これはまずいと首をすくめる。花森さんの口調がちがう。これは本気だな。これは、今思いついて呼び止めたのではない。前からいつ言おうかと思っていたに違いない。そんな感じがした。

花森さんが立ち上がって、編集部全員に届くような声で言った。

「みんなよく聞け。『お先に失礼します』というのはやめてくれ。これからは『お先に失礼していいですか』と聞きなさい。仕事というのは、担当分だけやればいいってもんじゃないんだ。誰の仕事も全部暮しの手帖の仕事だ。どの仕事も、みんな全員の仕事なんだ。手伝ってもらいたいこともある。助けてほしいこともある。それを自分のことだけを考えて、お先に帰ります、なんていうのは暮しの手帖の編集部ではない」

編集部のみんなは、もちろん黙ってうなずく。うなずくしかない。

暮しの手帖には、就業規則も給与体系・賃金規定もない。課長も係長もいない。あとは全部ふつうの社員。もちろん労働組合はない。何時間残業しても、残業手当は、一銭も出ない。

そんなの反対です、それはおかしいです、なんてだあれも言えない。花森さんの言うことは正しい。それが暮しの手帖だ。なにしろ、誰よりも率先して働いているのが、花森さんや鎮子さんなのだから、文句は言えない。どこぞの資本家や経営者のように、早々と引

＊野田岩＝東麻布の研究室からほど近いところにあるうなぎの名店。ここの飯倉が本店だが、他にも支店がある。われわれ若輩が、自前で昼飯に気軽に入るのはちょっと逡巡するお値段だが、研究室で出前をとるときには、大声で手を上げる。

き上げて料亭に出かけたり、ゴルフに行ったりするようなことは、全くない。毎日毎晩、一番働いてわれわれを食べさせてくれている、と言ってもいいくらいだ。みんなも私も、うなずきながら、花森さんを見ている。花森さんは、そんなみんなをぐるっと見回して、黙って3スタの方へ消えていった。

鎮子さんは、我が意を得た、みんなわかったでしょうね、という顔つきだ。私は、うなずいていたが、心の中は穏やかでなかった。花森さんの言うことは正しい。その通りだと思う。だが、自分の仕事が終わった後、花森さんに「お先に失礼していいですか？」とお伺いをたてるのは、簡単ではないよ。花森さんのご機嫌が斜めの時や、仕事に熱中している時、打ち合わせの最中に「お先に失礼していいですか？」と誰が聞きに行けるというのか。

つまりは、花森さんがいるかぎり、帰れないということになりかねない。参ったなぁ。幸か不幸か、私は毎号いくつか仕事をかかえて、テストの担当でないときも忙しかった。だから毎日残業しても、仕事はなかなか片付かなかったので、それまでも残業することが多かったが、それでも今日は早く帰りたいとか、約束があるという日がある。我慢する日々が続いた。

毎日、夕方になると変な雰囲気になった。残業するかどうかの境目が、夕食である。出前を取るにしても、外へ食べに行くとしても、残業の食事代は会社持ちだ。その仕事は、会社の経費を使ってまで居残ってするほどの価値があるのか、と自問するが、明日に回してもいい仕事の方が多い。

しかし、花森さんは違う。花森さんでなければ出来ない仕事が、山のように押し寄せている。当時（仮に昭和39年の75号とすると）、『暮しの手帖』は、グラビアの頁と本文（活字）の頁があり、全部で２３６頁だ。この２３６全頁の原稿を割付け（1頁ずつ原稿も写真も見出しも挿絵もすべてレイアウトする）て、一挙にどさっと印刷屋に持っていくわけではない。

印刷機で大きな紙を一度に刷るのは8頁分ずつ、表と裏に印刷するから16頁分ずつ出来あがることになる。この16頁を1台と数えるが、２３６頁は14台半ということになる。だからテーマがいくつあっても編集で作るのは16頁ごとで、その1台が出来次第、印刷屋さんに下《お》ろす。つまり〆切は、１冊全部ではなく、１台ずつ15回もあり、やっと1冊全部完成となる。

花森さんは、全部の原稿に目を通し、自分でも原稿を書き、割付けもし、挿絵も描く、その間に取材もし、打ち合わせも対談もする。時間はいつもいっぱいいっぱいだ。ということは、花森さんは朝から晩までほとんど研究室にいることになる。「お先に失礼していいですか？」というハードルは高くなるばかりだ。

組合をつくろうという相談

花森さんも、取材で地方に出て、何日も留守にすることもある。午後から出かけて、外で食事をすることもある。そんな時は、「お先に失礼していいですか？」は必要ない。鎮子さんにも芳子さんにも「お先に失礼します」である。外に出て、何人かで飯でも食おうや、ということになる。お酒も飲む。愚痴も出る。参ったなぁ、これじゃ毎日カンヅメみたいなもんだ。なんとかならないかな。どうしたらいいだろう。

何回も何回も無駄な愚痴のこぼしあいが続く。自分の時間が全くないではないか。問題は、始業時間の9時は厳守で、退社時間がない、ということだ。6時終業なんて有名無実で、ないに等しい。退社時間を明確にすれば、それから後は、残業となり残業手当がつく筈だ。今は残業手当なんて全くない。残業手当が欲しいというわけではないが、もし残業手当を払わなければならないとなったら、会社側も、だらだらと居られたら無駄な出費はやめよう、早く帰りなさい、ということになるのではないか。

そうだ、そうだ。それなら改めて6時終業というのを確認してもらおうではないか。花森さんに確認してもらうのか？　誰が言いに行くんだ。う〜む。おれはダメだ。オレもダメだ。私も嫌です。それじゃどうにもならないじゃないか。振り出しだ。

その時、誰かが言った。いっそ組合を作ったらどうだ。組合にみんなが参加すれば、対抗できるだろう。やっぱり組合を作って、みんなで交渉をするか。

こういう会合が、何度も麻布十番のなんとかというレストランで行われた。会合に参加していたのは、河津、宮岸、坂東、岩澤、小樽、平川、広田、大川原、尾崎、松谷、横佩たちだった。林澄子さんは、育児休暇でいなかった。河津、宮岸両先輩は、先頭に立たされそうなので、組合はまずいんじゃないかと及び腰だったが、何しろ目的は、組合活動ではなく終業時間の確定だけなんだと納得した。

それでは組合というのは、どうやって作るんだ、勉強しようと話し合っていたが、ある日、突如、工作室に来るように、と言われた。行くと花森さんが一人で座っていて、まあ座れと言う。そしてすぐに言った。

「組合をつくるそうだな」ええ、なんで知ってるんだ。「はあ」とあいまいに答える。

「そんなもん、やめろ。組合なんて普通の会社のやるもんだ。暮しの手帖には、必要ない。われわれのやっていることは運動なんだ。この国の人々の暮しを変える運動なんだ。組合なんてなんの意味もない。やめなさい」

「はい」

一人ずつ別々に、つぎつぎに全員が花森さんの前に呼び出されて、誰も残業とか終業時間とか、一言もなにも言えずにすごすご引き下がって来た。一人ずつバラバラにされたら、花森さんとまともに話など出来る筈がない。撃沈である。

いったい、誰が漏らしたんだとぼやきあったが、とにかく組合は雲散霧消に終わった。いつだったか記憶が定かでないが、『暮しの手帖』70号代、昭和38（1963）年終わりから昭和39（1964）年のはじめごろのことだったかなと思う。まだ、若かったなあ。

こういうふうにいうと、花森さんは鬼みたいな人で、暮しの手帖は地獄だ、と思われるかもしれないが、本気でそう思う人間は、暮しの手帖にはひとりもいない。仮にそう思う人がいたら、そういう人はやめていった。だから、暮しの手帖で働いている仲間は、基本的には花森さんを尊敬し、花森さんのことが好きなのである。そして暮しの手帖で働きたいと思っている。

じつは、花森さんはいつも社員のことを思い、社員を大切にしているのだ。そして暮しの手帖には、社員を和ませるいろいろな行事というか風習がある。

給料日に行なわれる誕生会

その一つに、毎月行なわれる誕生会がある。

銀座の時は、月に一度、たぶん20日だったと思うが、全員が会議の時と同じように編集部の机に詰め合って座る。ふだんは自前の昼飯が、この日は会社負担で弁当がでる。お寿司だったりサンドイッチだったりいろいろだが、準備や世話をするのは前月お祝いをしてもらった人たちだ。

鎮子さんと芳子さんの場合は、誕生日が同じ3月10日だったので、2月生まれの人が当番だった。2月といっても、たしか1月20日から2月20日の間生まれの人で、これは星占いの期間ではそういう区切りのようだ。創元社（出版社）におられた谷口さんという博識の方が、分厚いフランス語の占星術の本を片手に、今月の運勢は、という蘊蓄《うんちく》をかたむけてくれるのが誕生会の行事のハイライトで、話がお上手で楽しいひと時だった。

20日は給料日でもあり、もうすっからかんの人間もいて、この日の昼飯がタダというのも大助かりだった。食事だけでなく、誕生日の人にはデコレーションケーキがお土産にもらえた。この日女性は、ちょっとスカーフを巻いたりブローチをつけたり、楽しい気分で席に着くよう花森さんから言われていたようだ。花森さんは、みんなが楽しんでいるのを見るのが好きだった。

ボウリング

ボウリングについては、前にも書いたが、東麻布の研究室から行けるところに芝ボウリングセンターというのがあり、時々仕事帰りに仲間と出かけた。ちょうど80号（1965年）前後だったと思うが、大ブームとなり、われわれがボウリングの話をすると、花森さんが、ぼくも行くから連れていけと言われ、何回か行くようになった。もちろんぶんぶん投げるのではなく、スーッと転がすのだが、よたよたながら案外真っすぐ行ってストライクなども出る。するとうれしいので、とても喜ぶ。そして花森さん主催のボウリング大会も2度ほどやった。大会の景品も用意してくれて、私は優勝してトロフィーをもらった。こういう時には、鎮子さんはあまり顔を見せなかった。

コンテストいろいろ

社内でいろいろコンテストをするのも好きだった。花森さんは、鉄道の模型も好きだったが、なかなか余裕がなくて楽しむ時間がなかった。そのかわりに手軽なところでプラモデルを楽しんでいた。

時々、ひまが出来ると、ふらっと出かけて、山のように荷物を持って帰ってくることがある。何かと思うとプラモデルやジグソーパズルである。ジグソーパズルは、2世紀の24号でも買物案内として取り上げているが、あの忙しい花森さんが、いつやるのだろうかと思うほど、何枚も仕上げて持ってくる。マチスやセザンヌの絵のジグソーパズルがあるが、それを完成させて裏打ちし、簡単な額にいれて飾れるようにすると、泰西名画の気分が味わえると笑っていた。

印刷した名画だといかにもわびしいが、はなからジグソーパズルだとわかり、でも名画の雰囲気もあるのだから、これも洒落てるぞ、というわけだ。私は花森さんからマチスの「大きな赤い室内」のジグソーパズルをもらって完成させ、部屋に飾っていた。

みんなでジグソー大会をやろうということになり、花森さんが景品を出して喜んでいた。

プラモデルの大会は、もっと盛大に行われた。コンテスト大会の日にちを決めて、それまでにみんな出品し、陳列して、全員で投票するのである。大きな帆船や飛行機、幌馬車、都電や汽車、クラシックカーなど、みな徹夜をして製作して出品した。編集部の連中は男女問わず、ほとんど出品したと思う。単なる組み立てだけでなく、着色も評価にかかわる。これにも、優秀賞とか立派で賞とかアイデア賞とかいろいろな賞がつけられ、賞金が会社から出た。

花森さんが音頭を取らなければ、ジグソーパズルもプラモデルも、個人で楽しむ人がいてもコンテストまで発展することはない。しかし、花森さんのお蔭で、こういう趣味の世界を知ることになり、大いに楽しみが増えたのも事実で、楽しい職場だった。

その意味でもっとも力をいれたのは、写真や8ミリ*のコンテストだった。暮しの手帖に入社して初ボーナスの時に、言われたことは、カメラを買うべしということだった。

会社には当然社用のカメラはある。必要とあればそれが使える。しかし編集者として、記事を作るうえで、ペンとともに写真は必ず必要だ。どこに出かけるにも、必ずカメラは携行せよ。そのカメラは自分のものでなければならない。道具というのは自分の物なら大事にするが、会社の物だと愛着がもてない。大事な道具なのだから、自分でいつも手元に置き、手慣れなければならない。だから最初のボーナスで、自前のカメラを買いなさいと言われた。

当時カメラは高価だった。しかも買えとすすめられるのは、プロ並みの高級品である。それを買えば、ボーナスはほとんどなくなる。でも仕方ない、と思って新人は全員カメラを購入した。事実、取材には必ず持っていく。小さなコラムに載せるような取材記事には、わざわざ写真部のお世話にならず、みんな自前の写真を撮ってきてつけた。

というわけで、写真のコンテストは何度も行われた。それは主にカラースライドの写真である。本誌で使うかもしれないので、紙焼きのネガフィルムは使用しない。暮しの手帖は、カラーの頁を増やそうとしていた。風景を切り取ってくるのにも色への感覚が重要だと、花森さんは常々説いていた。色と構図への感覚を磨かなければならない。

会社の旅行に行けば、終わってからたいてい旅行中の写真のコンテストがある。また、秋というテーマで各自が勝手に撮ってくるコンテストもあった。「秋」をどのように切り取ってくるか、センスが問われる。コンテストは各自5枚ずつ自選したスライドを出品し、それを編集部員全員で見る。これは人気投票ではない。厳しくダメを出されることもある。ほめられたらうれしい。真剣勝負だ。そして実践写真学校である。最後に花森さんが優秀だと認めた作品には、ポケットマネーから賞金が出る。

クリスマス

クリスマス・イブには、会社は6時に終わった。花森さんは、独り者で所在なさげな連中を引き連れて、銀座へ出かけた。そして、洋食やお寿司をおごってくれて、女性にはブローチなどを買ってくれたりもした。この時は、鎮子さんも芳子さんもついて行くことが多かった。

＊8ミリ＝8ミリ幅のフィルムを利用した映画。主に家庭用で、シーツや壁などをスクリーンにして映写し、家族集って楽しんだ。今ならスマホなどで簡単に動画が撮れるが、当時は結構高価な趣味だった。花森さんは早くから8ミリ撮影を楽しみ、編集部員にも奨励して映画会を行った。

卜部ミユキさんのメモ

クリスマスの夜は、「家族のある人はサッサと帰れ」と帰してしまってから、独り者は花森さんと一緒に銀ブラ*に出かけるのが慣わしになっていました。ざわざわした浮かれた人たちの間を縫って、花森さんを先頭に、みんなでくっ付いて歩きました。そのうち、みんなが座れそうな喫茶店を見つけて、花森さんからお話を聞きながら、コーヒーをご馳走になり、幸せな気分で家に帰りました。

大晦日とお年玉

暮しの手帖は、盆も正月もないと言われたが、正月三が日は休む。大晦日は出勤だ。ただし仕事は午前中だけで、お昼には全員銀座の本社に集まる。そしてみんなで年越し蕎麦を食べる。青山印刷や有恒社などの印刷関係のみなさんが差し入れてくれる。蕎麦は銀座のよし田のもり蕎麦だ。美味しい。花森さんが、みんな今年もご苦労さん。さあみんな食べていいぞ。何枚でも好きなだけ食べなさい。

美味しい蕎麦だし、値も高いので、ふだんは何枚も食べられない。この機会にと、われわれ若手は3枚も4枚も食べる。ところが差し入れてくれる印刷屋さんの方はたまらない。

花森さんには見えないようにやって来て、こら、いい加減にしてくれ、そんなに食べるなよ、と制止してくる。

花森さん公認だから、大きな声では言えないので、ささやくように、やめてくれ。われわれもほどほどでやめるが、仲間の一人はこれ見よがしに余分に食べるので、青山印刷の社長さんに外に引っ張って連れ出された。

この後、年越し行事が続く。会社に来たお歳暮やカレンダーを、くじ引きでみんなに分ける。会社へ来た到来物の多くは、花森さんや鎮子さんに届けられたものだが、必ずみんなに分ける。それだけではない。花森さんも鎮子さんも、自分で適当なものを買って来ていて、分配品に混ぜてみんなに配る。鎮子さんの用意したものは、スカーフや手袋など洒落たものが多いので、女性陣に人気だった。花森さんのはプラモデルやジグソーパズルやおもちゃが多かった。

これが終わると解散になり、家庭があるものは一斉に帰宅するが、独り者やひまな連中がいると、花森さんがそういうみんなを引き連れて銀ブラに出かける。そしてところどころの店に寄って、花森さんから何か買ってもらえる。花森さんの社員への心遣いは、さり

＊銀ブラ＝東京の銀座通りをぶらぶら散歩すること。戦前から、銀座には、東京都民だけでなく、日本中から人が集まり、目的もなくぶらつくのが楽しみだった。花森さんも鎮子さんも、銀座にはことのほか愛着をもっていた。

げなく心に浸み込んでいく。やたらに怒鳴る暴君だとかワンマンだとか、断片しか見てない人が言う世評は、全く当たっていない。みんな花森さんを尊敬するだけでなく、心からその人柄に吸い寄せられてついていったのである。

社員旅行は大名旅行

社員旅行については、何人かのメモがある。

加川厚子さんのメモ

秋になると、社員旅行があった。1年に1度、編集部も営業部も全員が一緒に旅行をする。

宿泊は、毎回、一流のホテルである。

社内旅行はたいてい日曜日と月曜日を使った。一番豪華だったのは昭和35（1960）年の大阪、奈良だったのではないだろうか。当時まだ新幹線はない。大阪で1泊。往復とも夜行の寝台車である。土曜の夜、仕事が終わってから東京を出て、帰りは火曜日の朝、そのまま銀座の本社に出社するスケジュールである。

早朝にホテルに到着して、宿泊はリーガロイヤルホテルの前身、新大阪ホテル。ここは毎号、関西に取材に行く時の花森さんや鎮子さんの定宿であった。当時まだホテルの数はほんとうに少なく、一般のひとは、まだホテルにはほとんど泊まったことがない時代だ。東京のホテルオークラもまだ出来ていない。

全員そろっての朝食をとったのち、貸し切りバスで大阪と奈良をめぐり、昼は若草山の芝生で3段重ねの豪華なお弁当をいただいた。夜は大阪にもどり、法善寺横町の正弁丹吾亭《しょうべんたんごてい》で和食の夕食。ちょうど秋で、松茸の土瓶蒸しも出た。

次の日の朝食は、ホテルでアメリカン・ブレックファースト。ここで初めてグレープフルーツを見た人も多い。今は手ごろな値段で買えるグレープフルーツだが、輸入自由化前は、*日給が500円なのに1個の値段が2〜300円もしていた。

朝食後、夕食まで自由行動。そのままホテルですごしてもいいし、約束の時間までに帰れば、遠くまでてかけてもいい。決まりは二人以上で行動することと、どこへいくかを幹事に伝えていくことだけ。三、四人でタクシーをチャーターしてドライブに行く人、有馬の温泉にでかける人、宝塚を見に行く人、それぞれ休日を楽しんだ。

*グレープフルーツ輸入自由化＝戦後しばらく、農産物の輸入には制限があった。グレープフルーツやバナナなどは輸入が制限され、高価だった。1971年、輸入自由化になり、市販価格も大幅に安くなった。

幹事は三、四人はいるのだが、だれも旅行を楽しむわけにはいかない。みんなの動向をつかむために一人はホテルに残っていなければいけない。一人は自由行動中の花森さんの荷物を持ったり、おしぼりや、お茶と冷たい水をいれた魔法瓶を持ってついて歩く。しかし、知らないところや変わったところに連れていってくれたり、ごちそうしてくれるから、お供もわるくはない。幹事以外にもたいてい何人かはついて歩いていた。

夕食はホテルでディナー。このとき会食する時のマナーや、テーブルマナーを学ぶ。本来なら家庭で学んでくるものだろうが、ナイフやフォークを使う家庭はまだ少なかった。聞きかじりのマナーで「アスパラガスは半分残す」と聞いていて、6本のうち3本残したという笑い話もある。下の方は固いから、穂の方だけ食べて固いところは残してもいいということだったのだ。いまは固いところは除いて、食べられるところだけ皿に載ってくることが多い。

食事のときの社員の仕草で「この人は取材に出しても大丈夫、もう少しこの点を教えなければ」ということをみていたのではないか。

団体旅行だから規律はきびしい。といっても遅刻だけだが。遅刻は3分につき100円、これは朝の集合時間から、食事、途中での集合など、すべての集合時間が対象になる。もし30分遅刻すると1000円、お給料の2日分も払わないとならない。でも、遅刻しなければいいのだから。だから、みんな遅刻には気をつけた。このとき遅刻をして罰金を払ったのは、花森さんが自由時間に何人かを連れて歩いたグループだった。

社員旅行は、それまで経験したことがないぜいたくな2日間だった。

鎌谷和子さんのメモ

社員旅行は一番のイベントだった。

毎年出かける1泊の社員旅行は、京都、奈良、高山、神戸、大阪、鳥羽などけっこう豪華版。なかで忘れられないのは、大阪へ行ったとき、自由行動の2日目に、車2(?)台に分乗して奈良のお寺を見て回る花森グループに加わったときのことです。あちこち行き過ぎて、新大阪駅での集合時間に遅れてしまったのです。遅れには罰則があって、1分100円(?)、いくらだったか忘れましたが、この罰金(いまだったら数万円?)を花森さんが全員分払ってくださったのです。東京へ帰ってから、このグループは申し訳ないと、休日に花森さんを誘って、浅草で映画を見て、鳥すきを食べたという後日談もあります。

この時の旅行で、正弁丹吾亭で小榑さんにお酒をすすめて酔わせてしまい、夕食のマツタケの土瓶蒸しを食べ損なったと恨まれました。

熱海に行って、大観荘に1泊というのもたびたびありました。いつだったか覚えていませんが、帰りのバスの中で、みんな疲れて眠って静かになったのを見て、花森さんが怒りだし、幹事さんが大慌てで起こしまくり、歌をうたわせたこともありました。日光への旅行で、横佩さんと私が幹事だったとき、旅行中花森さんの機嫌をそんじては大変と、前もって二人で日光まで下調べにいったこともあります。

＊このときの大観荘への旅行の幹事は、私だった。花森さんに「なんでみんな寝てるんだ、高い金をつかって連れてきてやってるのに、寝てるなんてもったいない。起こせ」と言われて、一人ずつ起こして回った。また寝られても困るので、みんなで歌を歌って帰ってきたが、幹事もらくではない。（小榑）

高橋（のち平野姓）秀子さんのメモ

アルバイトで通い始めてから2カ月、台所のおやつのときだったと思います。旅行の話になって、鎭子さんが「高橋さんは？」と花森さんに聞いてくれて「行くか？」と聞かれたので、「はい」と答えました。

なにもかもが夢のようでした。吉兆さんの鮎料理はすばらしかったし、夕食の常原さんのフランス料理のときは、おいしいことはもちろん、みんながおしゃれをして、見違えるようだったことにも、目を見張りました。

卜部ミユキさんのメモ

社員旅行で嵐山に行ったとき、お昼に、吉兆さんで「親子丼」をいただきましたね。おいしいカシワと、とじたタマゴのやわらかさが絶妙で、おいしかったぁ！

社員旅行で、みんなで大阪ロイヤルホテルに泊ったのも、暮しの手帖社ならでは。経理の横山さんが、「我が社の旅行は大名旅行だから……」とつぶやいていました。

＊私も、金庫番の横山さんから、社員教育もいいが金がかかるな、と何回もぼやかれていた。しかし、横山さんから、直接、花森さんにこういう話をすることはなかった。花森さんから、これをやるが大丈夫かな、と打診をされると、大丈夫、といつも即断で返事をしていた。横山さんは、「花森は決して無茶も無駄遣いもしない、花森がやることは、将来、かならず利益をもって帰ってくる」と、笑って私に話してくれた。創業以来、花森さん、鎮子さんと三人で、お互いに信頼してやってきたのだと、その時、感じた。（小榑）

当番制がなぜ始まったのか

研究室の暮しで、重大な役割をしたのが、当番である。晴気栄子さんは、こう言っている。

銀座のときは、もちろん当番なんてなかったし、研究室に移っても、最初は当番なんてなくて、手の空いている人が、お茶をいれたり掃除をしたりしていた。お昼も、最初のころは外へ食べに出かけたり、出前をとったりお弁当をもってきたりしていたけど、朝、社員名簿表を見てお昼のごはんの注文を確認して、その人数分のお米をといで、お昼のご飯を炊くだけだった。お弁当や出前でない人は、おかずを近所で買ってきていた。

花森さんの晩ご飯は出前を取っていた。うなぎは野田岩、かつら亭の卵チャーハン，武蔵野のなんとか、やつめやのなんとか……。

残業分の夕食のお金はみんなの分も会社が出していた。山口壽美子さんが、芳子さんからもらったお金を夕食代という箱に入れて管理していて、そこから払っていた。

とにかくみんなの滞在時間が長い。研究室は住宅街なので、昼の外食をするには不便なので出前、夜も遅くまで仕事が続く環境になり、また出前、そろそろこれではたまらんな、という状況になっていた。

私の記憶では、昭和40（1965）年初めの78号の「ガス釜をテストする」が、当番制の契機になったと思う。電気釜にくらべて、ガス釜の方が火力が強いから、時間も速いし、おいしく炊ける、というが本当か、というテストである。6銘柄のガス釜と比較の電気釜やナベ炊きも加えて、毎日毎日、大量のご飯を炊いた。

このテストで、実際に炊いたお米の量は、「716キログラム、むかし風にいうと4石7斗7升あまりになる。1キロ120円の米を使ったから、金額にするとざっと8万6千円ばかり、炊いたことになる。」と記事にある。当時の給料水準も考えると、今だったら70万か80万円ぐらいだろうか。このごはんが、毎日炊かれて、もったいないから編集部も銀座の営業部もみんなが食べることになる。それでも余るから、ご近所に配ったりもした。

お昼ごはんは、出前もやめて、みんなおかずだけ持参したり買ってきたりして食べた。出前や外食よりも、このごはん供給システムはなかなかいいではないか、という空気が残った。ガス釜のテストが終わった後も続けたい、花森さんも鎮子さんもOKだった。お米代は会社もち。みんなニコニコだ。

今日のお昼はごはん必要、という人は、出社時に社員名簿表の自分の欄に○をつける。それによって炊くお米の量が決まる。

栄子ちゃんが言っているように、手の空いている人が「朝、社員名簿表を見てお昼のごはんの注文を確認して、その人数分のお米をといで、お昼のご飯を炊く」というわけだ。お弁当や出前でない人は、おかずを持参するか、近所で買ってきていた。

だんだん、おかずだけ持って来たり買ってきて食べるのが習慣化してきていた。何しろ立派な台所が並んで二つもある。調味料は完備していて、使い放題だ。鍋もフライパンもいくつも使える。研究室の近くには小さいながら商店街もあり、八百屋、魚屋、豆腐屋が近間にある。肉はちょっと行けば日進という大きな店があり、牛・豚・鶏肉だけでなく、ソーセージやハムのいいのがある。

私は、横佩道彦君、杉山秀夫君と3人で「おかず組合」を結成、昼になると買い出しに行き材料を買って来て、炒めたり焼いたりして豪華な？ 昼飯を食べた。材料によっては、千葉さんに教えてもらったり、調理を頼んだり、昼時はけっこう楽しい時間だった。

しかし、毎日、誰がごはんを炊く仕事をするのか、なんとなくいつもやらされる人は、当然不公平だということになる。当番制にしようということになった。

その時期はあいまいだが、78号からそんなに経っていない時期、たぶん80号のころ、昭和40（1965）年前後だったように思う。

かりに80号ごろだったとすると、この時、花森さん、鎭子さん、芳子さん、松ちゃん先生を除くと、24名の編集部員（写真部も含む）がいた。

この24名全員、男も女も、月火水木金土の各曜日ごとに4人ずつ振り分けた。各曜日には、料理が出来て、気配りができる女性たち、中野、林、加川、鎌谷、山口、平野、大沼、大川原、尾崎、松谷、功刀が配置され、その各曜日に、河津、宮岸、岩澤、坂東、小榑、斎藤、杉山、松本（純）の男どもが割り当てられた。その他の編集部員も、何曜日かに配属された。女性は産休があるので、時々入れ替わったが、基本はこんな配置だったと思う。

これを仕切ったのは、芳子さんと林澄子さんである。1カ月分の当番表のノートを作ってきて、ハイ、これで行きますよ、と公表した。曜日を変えてくれとか、事情があってむりだ、という人は変えたが、全体的にはこの当番制は必要だと納得であった。

この当番制は、このあと東麻布に研究室がある間はずっと続くことになる。

当番の1日の仕事については、田辺貴美子さんと岸上明彦君のメモがある。

田辺貴美子さんのメモ

「当番」の日は、早く出社しました。テーブルを拭いたり、鎭子さん芳子さんのお茶の準備をしました。また前日の当番が洗濯して干しておいた布巾を洗濯室に取りに行き、台所のテーブルの上で畳みました。

結構大量の布巾です。雨などでまだ乾ききっていないと、洗濯室で取り込んでそのまま乾燥機にかけます。しばらくして取りに行くと、乾燥機からふんわりアツアツの布巾が出来あがっています。

両手いっぱいに抱えて台所に持ってあがり、手のあいた当番で畳みました。

当番は昼、12時前からお湯を沸かしたり、お茶の準備を始めます。昼の12時少し前になると電話の所に置いてあるラジオのスイッチを入れNHK放送を館内に流します。「ピッピッピッピーお昼のNHKニュースです……」が昼休みの合図でした。男性軍でお昼を調理して食べるグループが、まず買い物から始めて、今日は刺し身、今日は焼き魚……というようにメニューを替えて美味しそうに召しあがっていたのが印象的。若いほうも、九州ラーメンを持ってくる人と煮豚を持ってくる人がコラボして、豪華な豚骨ラーメンを作って食べたり、チキンステーキを作って食べたりもしました。

食事が終わると、男性調理グル―プはコーヒーをフィルターで丁寧に入れていました。

昼の食卓が一段落したころに決まって昼ご飯を食べ始めるのが、写真部の斎藤さん。NHKの「朝ドラ」の再放送を見ながらゆっくりの昼食。その傍らには必ずグレープフルーツが1個ありました。

千葉さんは、台所の右側で、大鍋にブイヨンを煮たり、濾したり、いつも調理をされていました。

夕方になると、その日の当番が名簿のボードを持って、夕食を食べる人の人数を把握してまわります。校了*が近づくと、ほとんどの人が「夕食〇」（＝夕食を食べる）でした。

洋食の時は千葉さんがメインを作って下さいました。「ウインナシュニッツェル*」は千葉さんが力を込めて作る逸品でした。

私は金曜日の当番でした。副菜は大沼さんが決めることがおおかったです。メニューが決まったら次は食材の買い出し。八百屋さんは狸穴《まみあな》公園の右手、酒屋さんの先にありました。おじさんはとても愛想が良い人でした。ソビエト大使館が近かったせいか、ロシア人の大柄の奥様方もよく買い物にきていました。おじさんは「スパシーボ！（ありがとう）」をニコニコと連発していました。

魚屋さんの向かいの豆腐屋にもよく買いに行きました。鍋やボウルを持参できるのが「ご近所」のよいところ。「お豆腐〇丁下さい」と言って鍋を差し出すと、お店の

＊校了＝何回か印刷所と往復していた校正作業が完了し、印刷しても差し支えない状態になって、編集作業が終わりました、ということ。

＊ウインナシュニッツェル＝仔牛肉のウィーン風カツレツ。仔牛肉の薄切りにパン粉をつけてバターで焼く。レストランではアンチョビー・ケーパー・レモンなどを添えて提供するが、暮しの手帖の夕食では、キャベツの千切りなどが添えられた。

人はそれに少し水をはります。それからタイルの水槽の中に沈んでいる豆腐を泳がすようにしながら庖丁に乗せ、器に入れてくれました。

買い物の後の調理は大鍋仕事。大鍋一杯の蕗とがんもどきの炊き合わせが美味しかったです。大沼さんは蕗を下ゆでして筋取りする工程をとても丁寧にされ、私もよく一緒にやりました。ほうれん草のおひたしは、茹でてから薄めの醤油だしで下味を付けて、それから食べる前に絞ります。こんな丁寧な仕事は我家ではしませんでした。ほうれんそうの根元の赤い所を好きな人がいて、切り落とした赤い所を小鉢に集めてテーブルに出しました。

家庭料理の基本は「当番」の中で教えてもらいました。

台所が片付くと、1日に使った布巾をまとめて洗濯します。それから洗濯室の小物干しに干しました。男女関係無く、食事つくりや家事に関わっていく姿勢は、生活を大切にする暮しの手帖の姿勢を自ら実践しているということで、気持ちが良かったです。ただ……「当番の日はお茶出し、食事準備など雑用が多くて、仕事にならない」とぼやく声もありましたが。

岸上明彦君のメモ

・朝の当番

出社すると、脇から裏へ回って、メーターボックスに入っている玄関のカギを取り出して、玄関を開ける。ガス栓を開けて、カギは戻しておく。2階へあがって、バケツを用意して、水道を流す（これは赤さび対策）。ポットに残っているお湯もバケツへ。やかんでお湯を沸かし、台所、編集室、3スタの机を拭く。洗たく室に干してある、ふきんとタオルの群れを引き上げてたたみ、引き出しに収める。出社してくる編集部員は、名簿に「ごはん」の印をつけていく。この数に合わせて、昼飯用のごはんの準備。だいたい、電気釜二釜だったような。タイマーをセットしておく。

・夕食のこと

15時以降、夕食作りは業務のメインだったような気がする。千葉さんがいらした頃は、主導権を持っていて、あれこれと指示されるものの、右往左往していたことしか記憶にない。

千葉さんは、あまりものを利用する天才だったと思う。何でもミンチにしていた姿を思い出す。鶏肉と豚肉を衣でつないだチキンとんかつ。これが最高傑作では？　味付けに炭酸飲料を使ったときは、ダイジョブかよと思ったことも。

夕食の献立はノートに記録していた。夕食の片付けを済ませると、ふきん類の洗たく、ごみの処理など、当番業務がまだあった。当番が帰宅宣言をした後も、テストなどで残ることがあり、その時、最後になると、裏のメーターボックスからカギを取り出して、玄関の扉を施錠して帰宅した。カギを持ち帰るわけにいかないので、明かりがまったく来ない脇から裏へ回り、メーターボックスにカギを入れ、反転して真っ暗の中を進んでくることになる。裏の通路であちこちぶつけることがあり、要注意だった。

先の二人のメモには、花森さんが登場しないが、朝、花森さんが出社したときには、当番はコーヒーを入れて供する。それについて、富永虔一郎君のメモがある。

花森さん「舌が焼けるくらいの熱さじゃないとな」。花森さんは、朝、出社後しばらくしてコーヒーを飲んだ。当番が頃合いをみて、ネスカフェ・ゴールドブレンドを溶いて「コーヒーがはいりました」と言いにいくと、自席か3スタから台所にやってきて一息いれていた。ある時、時間がかかってぬるくなっていたら、「だめだ。コーヒーは……」と、このセリフが出た。いれなおし（か、レンジでチン）。コーヒーを飲みながら、千葉さんに「今日の昼はなんにする？」と訊くことが多かった。千葉さんが答えると「それでいい」とか、たまに「○○を食べたいな」ということもあった。

＊花森さんは、じつはコーヒーについてもうるさかった。私がドリップ式で自分用のコーヒーを淹れているそばに来て、うまいか、と笑っていた。淹れましょうか、と聞くと、「いいんだよ、君にもらうと、当番もドリップ式で淹れなければならなくなる。当番に面倒なことはさせたくない。だからインスタントで淹れてくれと言ってるんだよ」花森さんは、ほんとうに細やかな気遣いをしていたのだ。（小榑）

当番の朝の仕事について、卜部ミユキさんのメモ。

当番で、一番つらかったのは、冬の早朝、早めに出勤してブルーフレーム（英国製の石油ストーブ）の点火をしてまわることです。編集部のみんなが出勤するまでに、部屋を暖めておくために。ところが、ある当番の日、編集室に行ったら、すでに鎭子さんが来ていて、寒い部屋でなにか急ぎの仕事をしておられたことがありました。大あわてでしたが、部屋はなかなか暖まりませんでした。

当番は、編集室の掃除も任務だったのですが、これが大変でみんな困っていたのです。が、ある時、鎭子さんが向かい側にあった自動車修理工場の太田さんに頼んで、朝夕の掃除ほかの仕事をしてくれるようになったので、とても助かりました。

千葉さんと料理についての平野秀子さんのメモ。

家では、干物を焼いたり、買ってきた揚げ物を並べるぐらいしか、手伝っていなかったので、お当番は料理修業の場でした。煮干しを割って、はらわたを除いてダシをとる、ぬれたフキンは使わないなど基本を教わり、ジャガイモの皮むき、大根やキャベツの千切り……、なにしろ、量が多いので、はじめは時間がかかりました。千葉さんにも、ずいぶん教えられ、叱られました。

結婚式のときに、千葉さんにスピーチをお願いしましたら、「この人は、料理は上手ではありません」とやられました。会社全体に、食べることが好き、食べるならおいしいものを、という雰囲気があふれていました。

電話にはみんな困った

東麻布の研究室の暮しで、あまり語られていないが、じつは非常に重要な道具だったのが電話である。銀座の時には、当然のことながら、机の上に電話があり、手を伸ばせばすぐに通話ができる。私用でみんなに聞かれたくないときは、外に出れば公衆電話があった。

今の人はみんなスマホや携帯をもっているから、そんな苦労はないが、当時は、外部との連絡には固定電話しかなかった。東麻布の研究室では、この電話が大問題だった。なにしろ電話は台所に1台、1スタと2スタの間に1台、鎮子さんの部屋に1台、そして暗室に1台。これだけしかない。どの電話も近くには必ず別の人間がいる。

自宅から「今晩、あれを買って来て」というような電話がかかってくると、まわりからじろっとにらまれる。こちらから私用の電話をかけようとしても、銀座と違って、近くに公衆電話がないから、やむをえず社内の電話を使わざるをえない。台所の電話のそばには、花森さんや鎮子さんが座っていることが多いし、芳子さんも近い。通路の電話はそれこそたくさんの人がいつも行き来している場所にある。鎮子さんの部屋の電話は、もちろん使えない。

ということで、実質的に私用で使用できる電話は、暗室の電話ということになる。暗室の入り口のドアを開けると一帖ほどの通路で、そこから三つの暗室に入るドアがある。この通路に壁かけ式の電話がセットされている。写真の焼付けや現像の部屋は、当然暗い。だから〈暗室〉なのだが、通路には赤色灯がついていて少し明るい。だから電話をかけることはできる。写真部の三人には聞こえるかもしれないが、仕方がない。

私用の会話には、切迫した話や怒りや悲しみや涙や、いら立ちの会話が多い。だからこの暗室の電話は、いのちの電話だとも言える。この暗室の電話にどれほど編集部員は助けられたか分からない。暗室の三人は、いろんなことが聞こえてきただろうが、みんな、知らん顔をしていてくれた。

林澄子さん、さようなら

92号を制作中の昭和42（1967）年11月9日、林澄子さんが突然亡くなった。脳出血。33歳だった。旧姓は藤井さんだったが、私が入社する前年に結婚し、林さんになっていた。私たち（同期五人）が入社して、1年ほど一緒に仕事をして林さんの指導を受けたが、最初の赤ちゃんが産まれるので、産休と育児休暇で1年ちょっと休んでいた。再び元気に出社し始めると、以前以上にバリバリ働いた。私など早速「そんなのではダメよ」とよく叱られた。

何ごともゆるがせに出来ない人だから、人一倍働き、その上、育児も家事もきちんとこなさなければ気が済まない。もっと気を抜いて、楽にやれば良いのに、と思っていたが、2番目の赤ちゃんが出来てまた休んでいた。二人の子育てで大変なので、今度は少し長く休暇を取るのだろうな、と思っていたら、間もなく出社すると聞こえて来た。私がやらないで誰がやるの、という強い気概を持っていたから、無理してでも出て来て働きたかったのだろう。

私は、林姉御には、あきれられ、頼りないからなんとかしてやらないと、と思われたのか、ことのほか可愛がってもらい、ご指導をいただいた。お礼も言わず、憎まれ口ばかり言っていて、申し訳ありません。

入社して1年ほどの59号で、林さんと二人でセンタクバサミのテストをした。市販のセンタクバサミを、東京中、調べ歩いて、二十四種を買い集めてきた。安いのは1個1円、高いのは9円。いろいろ衣類を吊るして具合を調べたり、日光に耐えるか、暑さ寒さに劣化しないかなど試験所に検査してもらったりしたが、さらに耐久力テストもした。

安い商品だから、こわれたら新しいのを買ったらいいのに、と口走ったら、とたんに、「小榑君、何を言ってるの、編集者失格よ。道具は丈夫でなければだめなの、たとえ1円でも大事なお金なんですからね」へへぇー、と頭を下げるしかない。花森さん以上に怖かった。

この耐久力テストが大変だった。二十四種のセンタクバサミを2個ずつ、それぞれ2000回、合計9、600回衣類をはさむ。担当は林さんと私の二人だから、一人が4、800回。簡単なことではない。指も腕も痛くなり、疲れてくる。うんざりしている私を見て、「さあ、がんばりましょ、一緒に数を数えてやるから、声をだして、いいわね。53、54、55……」。自分も疲れてしんどかったろうに、しょうもない後輩を奮い立たせようと、幼稚園児をあやすように号令をかけてくれた林さん。あのときの林さんの声が聞こえてくるようだ。

組合結成さわぎの時には、林さんは産休でいなかったが、もしいたら「何をバカなこと考えてるのよ、何時まででも働くのは当然でしょ。やめなさい、やめなさい」と一蹴されていただろう。暮しの手帖は、「なかのひとりはわれにして」だから、社内も基本的に平等である。

しかし、そこには自ずから経験や年功というものがあり、先輩後輩の中間管理者的なものが生まれてくるのだが、いまや最年長者になっている林さんの同期の河津・宮岸さんが、林さんから見るとおとなしすぎて歯がゆいのだそうだ。それだけに、自分が早く出社して社内をピシッとさせなければいけない、と思っていた。そのことを、私は何回も林さんから聞かされていた。河津・宮岸両先輩にも伝えたが、二人は、そんなことを言われてもな、仕事はちゃんと回っているからだいじょうぶ、気楽に休めばいいのに、と苦笑いしていた。

暮しの手帖は、創刊号から女性が活躍する職場だった。当初、編集部は花森さんを除けば全部女性だ。女性を大事に、などと言う以前に、女性たちが『暮しの手帖』を作って来たのである。林さんには、自分が新しい『暮しの手帖』を背負うという強い思いがあった。しかも、一方で、出産・育児も大切にしていた。暮しの手帖社は、早くから育児休暇もたっぷりと取ってもいい先進的な職場だったが、やはり両方を人並み以上にこなそうというのは、大変だったのだろう。残念。本当に残念で悲しかった。

11月13日の葬儀は、ご主人の林万夫《かずお》さんの希望で、暮しの手帖研究室で行った。祭壇作りもお花の飾り方もすべて花森さんの指示で行った。

林姉御、さようなら。ありがとうございました。

＊林澄子さんのことは、単行本『一戔五厘の旗』（花森安治著）に掲載されている。

思い出すことあれもこれも

堀口曄子さん

入って2年目に、私が熱狂的カープファンと知って、カープが初優勝した年、対巨人戦をテレビでみたくてしょうがなかった時、花森さんに見て良いって言われて、3スタでずっと見ました。花森さんから「誰が好き?」と聞かれて「山本浩二ファンです」「奥さんはいるの?」「はい。きょうこさんです」と言ったら、相当ファンなんだなと思われて、お許しが出た。優勝したらお祝いするかと言われて、おやつの時にみんなにお菓子をふるまった。

私は堀口剛一と社内結婚で、鎮子さんに仲人さんをお願いしたら引き受けてくれて、二人で働きたいって言ったら、共働きを許してくれた。結婚式は、仙台の松島だったのだけど、「夜行で行くから」って松島まで来てくれた。鎮子さんは独身だから、松島でもう一人別な方に仲人をお願いしてやって頂いた。「二人ともよくやってます」って身に余る挨拶をしてくれて親族もすごく喜んでくれた。帰りは一緒に帰って来たけど本当に感謝した。子どもができてからも、17時すぎると早く帰りなさいって言ってくれてありがたかった。

＊

晴気栄子さん

新人の時に、花森さんに「晩ごはん何にしましょう」って聞きにいかされるのがイヤだった。ご機嫌がわるい時には、皆イヤだから行きたがらなくて、花森さんは若い人には怒らないから大丈夫よって、鎭子さんに、あなた行きなさいと言われて、花森さんの様子を聞きに行かされてイヤだった。

花森さんが太っていて、それを揉んだりするのは大変だった。小榑さんはよく花森さんのアンマしてたけど、よくやったわね。もうあれは小榑さんにその役はお任せしますって感じだった。

＊銀座ではなかったことだが、東麻布だと、ゆったりした感じになり、花森さんは疲れるとすぐ前の席の私に「ちょっとここを押してくれんか」と求めた。母が肩こりでよく揉んでいたので、よろこんで揉んだものだ。ただ、肉が厚いので、よほど力を入れないと効かなかったので、指が痛くなった。10年近く揉んでいた。(小榑)

晩ごはんの当番の時に、大根を銀杏切りにしたら「大根は千六本に切るもんだ。なんだこんなことも知らないのか」って怒鳴られた。

まだ当番制がない時には、お昼は、花森さんもみんなも、出前を取っていた。鎮子さんと芳子さんは家からお弁当を持ってきていて、それを花森さんに分けてあげたりしていた。

千葉さんが毎日来るようになってから、花森さんのお昼ごはんも作るようになって、ソーセージを8本くらい並べて出すと、全部食べちゃう。花森さんは、どこも悪くないって言ってたけど、あれは食べ過ぎ。だからとても太って、からだにはよくなかったと思う。

鎮子さんは、きれいなものが何でも好きだった。心斎橋で洋服を買ってもらったことがある。濃い黄色の入った緑色のセーター。花森さんにも1個50円の瀬戸物の小鉢。こういうのは普段使いに良いからと、5～6個まとめて買うよう勧められた。

＊

林弘枝さん

ものすごく怒られた。よく怒鳴られた。下向いてるほうが良いんだよって先輩に教えられて、下向いていたら「何してるんだ」って怒られて……。でも、花森さんから、何かの時に「すまんな。君には苦労ばっかりかけて」って言われて……。病気の時、ごはんかなんか持って行ってあげて、いろいろお世話したから言われたのだと思う。

＊

河津一哉さん

写真の撮り直し。こんなにお金をかけて会社は大丈夫なのかと思ったのは、岩谷堂箪笥。あれを撮りに行って、まずかったらしくて、松ちゃん先生と斎藤君と三人で撮り直しに行け、というので、寝台車にのって行ったんですよ。斎藤君は、いいんじゃないかと思ったけど、三人揃って行けって行かされましたね。厳しさというのがわかりました。

写真の撮り直しはいろいろあって、必死になって撮り直してきてもあんまり使ってくれなかったり。「ある日本人の暮し」で、わざわざ夕食の支度をしてもらって、ご飯を食べている情景の撮影で、こちらから夕餉《ゆうげ》の感じを出して、おばあさんもお母さんも入ってもらって撮ったけど、結局怒られまくって使わなかったですね。

鎮子さんについて、一番強烈なことは、終戦の時に皇居の前の玉砂利に正座してお辞儀をしている女性の写真を見て、言ってた言葉。「私はこんなことはしない。私は戦争が終わってうれしくて仕方がなかった。これで仕事が出来る、お金儲けが出来る」というのを聞いて、うへー、何たることかと思った。私は軍国少年だったから、このもんぺの女性の気持ちと同じだったのだけど、そういう考えもあるんだ、と。その鎮子さんの気持ちが、『暮しの手帖』発行に向かったわけですね。

＊

村田紀子さん

『暮しの手帖』にずっと連載している藤城清治さんの影絵展のお手伝いで、大阪ロイヤルホテルに行ったときのことです。

私はホテル入口で、鎮子さんと一緒に影絵展のチラシを配る役目を仰せつかりました。でも、当時の私は、積極的にチラシ配りができませんでした。「いろいろな用事があってホテルに来ている人たちに、その時間を奪うようなことをしていいのか?」という気持ちがあったからです。そんな私を見て、鎮子さんがこんなことをおっしゃいました。

「村田さん、人間はね、ぶったり蹴られたりする以外、何をされても喜ぶのよ!」

私には、「目から鱗」のご発言でした。以来、私は次のように考えるようになりました。

・「相手にどう思われるか」より、「自分はどう思うのか」を重視する。

・自分を出すことを恐れない。

＊

平野秀子さん

毎号連載していた「食前食後」の原稿を印刷所へ送るのはいつも最後で、割付けは、日曜日など、休日出勤が多かったのですが、私は仕事に来るのが楽しくて、苦になりませんでした。メンバーの人たちがピリピリしている感じがありましたが、一番下なので、花森さんと直接話をすることもなく、足手まといにならないように必死でした。

ある夏の、休日出勤のお昼どき。大きな鍋でおそうめんをゆでて、みんなで食べました。大先生（花森さんのこと）もご機嫌で、そうめんの茹で方などの講釈をしていました。小原さんと一緒に大量に茹でた、あのおそうめんのお昼が、よい思い出になっています。

2世紀48号「高いワイシャツと安いワイシャツの着くらべ」。これは社内の男性がテスターになって、夕方、洗たくしたワイシャツに着替え、担当者は、あくる朝、脱いだワイシャツを洗たくし、陰干しして、軽くアイロンをかけて、その日の夕方の着替えに備える。これを安いのと高いのを12枚ずつ、30日ずつ繰り返し、その後、洗っては乾かす、乾いたら洗う、を90回繰り返すというもの。せんたく、アイロンのまえに検品をして、ほころびなどを調べます。洗い方、干し方、アイロンのかけ方も決まった方法で行うのが鉄則。

はじめの決め事が決まるまでは、担当責任者も一緒にやりますが、実務はほぼ若手の仕事となり、毎日、毎日、洗たく・アイロンがけをして、私はこれでワイシャツのアイロンがけを教えてもらいました。テスターの男性陣も、外へ取材に出たときなど、必ず夕方、会社に戻って着替えなくてはならないので、大変だったと思います。


テストでは、時間を読み上げることがよくありました。電気冷蔵庫では、1分間開閉のとき、「5秒前、3、2、1、ハイ」でドアをあけ、「30秒前、5秒前、3、2、1、ハイ」で閉める。

掃除機では、撒いたゴミにローラーをかけるときに、「1、2、3、4、5」とか、ヤカンやコンロのテストでは、着火してから「30秒経過、1分、1分30秒」とか。新館で行っているテストの秒読みの声が編集室に聞こえてきたそうです。

私は、けっこう秒読みのタイムキーパーの機会が多くて、わかりやすいとほめられたりしました。今も、秒読みをすることがあると、当時のことを思い出します。

＊

富永虔一郎君

たぶん、入社3年目あたり、3時のお茶の時間だったのではないかと思う。みんなが台所に集まって、花森さんは、若い新人が増えたので、話しておかねば……ということだったのだろう。次のようなことを話した。

「暮しの手帖とはなにか。単なる雑誌ではないんだ。暮しの手帖は『運動体』なんだ。君らは、その運動に一身を捧げる稀有な人間だ。そして当然、〈公人〉だ。昼間だけでなく、夜も、休みの日も〈私〉の時間はないんだぞ。常にそのことを忘れてはならん」

とんでもないことをいうオッサンだと思ったけれど、その熱い物言いには、若い者を感動させるところがあり、身の引き締まる思いがした。

花森さんが「取材の要諦《ようたい》」を説いたことがあった。「ひとにものを教わるなら、徹底的に『何も知りません。どうぞ教えてください』という態度が大事だ。知ったかぶりがいちばん嫌われる。とくに職人さんなどに話を聞くときは、先生だと思って聞け。学歴なんか関係ないんだ。『大変だ、ほんとになんにも知らないんだ』と思うと、親切に教えてくれるもんだ」

誰かの原稿を直したあとで、原稿の書き方について、花森さんが言ったこと。「みんな、つい最初に『なになにというものは……』みたいに、ちょっとエラそうに御託を書くんだ。それはいらないことだ。だから書き終わったら、最初の二～三行を消してみろ。すっと核心に迫るいい文章になるんだよ」

カメラやテープレコーダーは編集部員には必需品だったが、「会社で支給すると大事にしないからな」という理由で、自分で買うように言われた。写真部や先輩たちに聞いて機種を決め、購入した。フィルムは、写真部に言うと、トライXがほとんど問題なく渡され、現像も1〜2日後にはベタ焼きを出してもらえてありがたかった。写真を撮るのが好きになるようになっていた。

＊

二井康雄君

入社して1年ちょっとで結核にかかって1年3カ月休んで、入社して4年目ぐらいに、初めて「昆布茶の飲み較べ」という買物案内の担当になった。林弘枝さんと一緒で、林さんにそろそろ書きなさいよと言われて書いた原稿が、花森さんの逆鱗に触れて、「全員集まれ」と放送が入ってみんな集められた。そして花森さんが「ダシがにごると書いてあるが、ダシがにごるとは何事だ。なんだ、この原稿は」と始まって、「お前たちが、ペンを磨かずうじゃじゃけている間に国家だとか権力だとかは、剣を磨いているぞ。いい加減にしろ。もっと勉強してペンを磨くんだ」と、えらい怒られた。あの原稿を、肴にして花森さんが言いたかったんだと思うけど、全員を巻き込んで、大変ご迷惑をおかけしました。

アルミサッシの補助錠の買物案内をやったとき、それを撮影するのに、本物のサッシがいる。買うと1〜2万円する、撮影の時だけ必要なのでレンタル可能ですかと店に聞いたら、千円か2千円で交渉成立して借りてきた。その撮影をしていたら、ちょうど花森さんが来て、「おい、このサッシはどうした」「これこれしかじかで借りてきました」と説明したら「馬鹿野郎。おれが今まで何十年と苦労して築きあげてきたものを、お前たちはぶち壊すのか！返して来い」ってものすごく怒られた。こちらとしては、できるだけ安い費用でと思ったんだけどダメでした。つまらないことをけちって、義理をつくるようなことはするな。そういう姿勢をすこしでも崩したら、『暮しの手帖』のテストなんか信用されないぞ。その怖さがわかっているのか、ということです。

＊

鎌谷和子さん

『スポック博士の育児書』の翻訳は、たいへん辛い、長い期間の仕事でした。

花森さんと鎮子さんが「マーガレット王女」1世紀70号（1963年）という翻訳記事を読まれて、「ここにある育児書を翻訳して出版しよう」といいだしました。スポック博士の

『The Common Sense Book of Baby and Child Care』（ポケットブック版は『Baby and Child Care』）という分厚い本です。幸い日本では、まだどこも出していなかったので、急いで翻訳権をとりました。

翻訳はどうするかとなり、小説ではなく実用書ですから、東京大学小児科主任教授の高津忠夫教授に監修していただき、翻訳は編集部でやることになりました。原書の意味を取り違えてはいけないからと、まず現地英語に詳しい方に下訳をお願いして、これをもとに編集部の翻訳のできる数人が、原書と辞書と首っ引きで、少しでも読みやすい日本語に直して原稿用紙を埋め（当時はパソコンもワープロもありません）、お互いに直しあい、最後は花森さんが初めから終わりまで目を通して、直されました。花森さんの部屋に呼ばれて、「ここはどういう意味だ。こう訳しても問題ないな」などと聞かれたことも、たびたびありました。

しかし、そのために本誌の『暮しの手帖』の編集が滞っては大変です。翻訳グループの編集部員にも担当がつきます。結局は、編集仕事の合間や休みの日に家に持って帰っての翻訳になってしまいます。また高津先生には、日本の実情と違うところには（註）を入れていただいたりして、念には念を入れての翻訳でしたから、完成するまでに3年近くかかりました。評判になり、よく売れました。

花森さんにも意外な面がありました。私の結婚式で、夫が就職して間もないことを知って、

「募金しよう」と呼びかけ、箱を回されてびっくりしました。そして、妊娠して、産休は後でとったほうがらくと、大きなお腹でぎりぎりまで働いていたのですが、会社の階段をゆっくり上がっていたら、上から降りてこられた花森さんが「大丈夫かー」と声をかけてくださったのです。嬉しかったので、いまも忘れません。また、父が亡くなったという電話が会社に入ったとき、「すぐ帰りなさい。現金がないと困るから」と5万円、ぽんと机の上に出してくださったのです。もちろん、あとでお返ししましたが、こんな気の使いようは、なかなかできません。

＊

尾形道夫君

入社2年目。味噌汁給食の取材で、写真部の中川君と二人で青森に行った。ところが、その写真が全くダメで、ものの見事に失敗した。ぼくとしたら、もう一度花森さんにお願いしたら、撮り直しに行かせてもらえると思って、鎭子さんに言ったら、私から花森さんに頼んであげるから大丈夫よ、ということで、頼んでもらった。ところが、全くダメで、よくもこんなつまらない写真をこんなに撮ってきたといって改めて怒られた。この情景はこちらから撮れ、と花森さんに指示されていたけれど、そのこちらというところには行けない。崖か何かで行けない。それから、味噌汁給食だから湯気を撮れと言われていたが、その教室は暖かいから、湯気は立たない。窓を開けたり沸かし直したりいろいろやったけど、写真には写らない。結局、ものすごく怒られて、この企画はボツになった。

＊

大沼倪子さん

30才すぎの女性の試験に応募して、課題の「私の暮し」という作文を送ったのだけど、なかなか返事が来なくて、待って待って、あきらめたころ、やっと通知がきました。東麻布の研究室で試験をやるというので出かけると、玄関の前に、鎮子さんが水玉のワンピース姿で迎えてくれました。『暮しの手帖』をずっと読んでいたから、すぐ鎮子さんだとわかって、感激しました。

筆記試験は、県の名前と県庁所在地を書け、あと、材料が何種類か書いてあって、それで料理を作りなさい、もう一つ、電池をいくつかつないで何かやる問題の三つだったと思いますが、電池はまったくわかりませんでした。最後に個人面接があった時、入社しても、お仕事ができるか自分は全然自信がない、と言ったら、鎮子さんが「あなたは考えすぎよ」と言われると、花森さんが「それが大沼君のいいところだ、出来もしないのにやれるやれる、と言うもんじゃないんだよ」とかばって下さいました。

それで三人選ばれて入社。平野さんはお料理、山口さんはファッションと得意の分野があって採用されたのだけど、私には特に得手はないので、なんで選ばれたのかわかりません。でも、人の書いているものを読んでいて、言葉の使い方の間違いや誤字脱字があると気になって、それを直しているうちに、だんだんと、もっぱら校正の任に就くことになってしまいました。でもテストも当番もちゃんとやりましたよ。

＊大沼さんの校正能力は、抜群だった。花森さんも、大沼さんの校正能力を高く評価し、一目置いていた。花森さんも神様ではないから、原稿にはたまに思い違いや間違いがあるが、われわれが恐る恐る指摘するとすごく機嫌がわるくなり、なかなか直さない。どうでもいい程度の間違いだと、そのままでいい、と無理を通すこともあるが、大沼さんが言うことにはちゃんと耳を傾けて、すぐに修正した。
大沼さんの校正で特に思い出すのは、坂西志保さんの原稿の間違いを校了後に見つけて報告したとき、花森さんは即座に「輪転機を止めろ」と指示された。印刷所の輪転機を止めるなんて大変なことだが、坂西さんの名誉のためにも、そのまま発表すべきではないと思われたのだ。校正とはそれほど大切なことだということと、大沼さんの校正力のすごさを、この時知らされた。（小榑）

芳子さんと小榑。

印刷関係のみなさんからいただいた年越しそば。

花森さんの誕生日をみんなで祝う。

八章「戦争中の暮しの記録」

編集会議で花森さんが言った

昭和42（1967）年3月、89号の編集会議は銀座の本社で行われた。本当は分室かもしれないが、記憶では銀座で、会議が始まって最初に取り上げられたのが私のプランだった。プランの順番は、特に決まりはなく、普通は提出順に読み上げられる。例外は鎮子さんのプランで、いつも一番最後だ。

この時、私の提出したいくつかのプランの中に「日の丸弁当を通じて戦時中の食事を考える」というようなプランがあった。戦争中、国民は耐乏生活という文字通り、乏しいひもじい生活を強いられたが、あの頃私たち日本人は何を食べていたのか、配給と言うのはどんな状況だったのかを、日の丸弁当をキーワードに展開したいというプランだった。

先日、若い人に「日の丸弁当」の話をしたら、それってなんですか、どんなお弁当ですか、と聞かれて、戦後70年という時代の隔たりをあらためて感じた。その時は、こんなふうに答えたが、豊かさの中で生まれ育った人たちには、通じただろうか。

「弁当箱にごはんをつめて、その真ん中に赤い梅干をひとつ入れたのが、日の丸の旗に似ているので日の丸弁当。おかずはその梅干ひとつだけだから、さびしいお弁当。国威発揚のためとか、ぜいたくはやめようの象徴ともいわれた。だけど、白米だと日の丸になるが、そのうちお米の配給がどんどん乏しくなり、お米が足らなくなって、代わりにジャガイモなどの芋類、大麦やコーリャンが配給になってくると、すいとんとか雑炊になり、日の丸弁当なんてぜいたく弁当で、とても食べられなくなっていったんだ」

その時の会議の雰囲気では、ふ〜ん、まあ、という程度で通過していった。

会議の終わりの方で、いつものように鎮子さんのプランになった。これもあいまいな記憶だが、鎮子さんがいくつか出したプランのうち、戦争中の「もんぺ」か何か着るものについて、というようなプランがあった（この号の編集プランを誰か書き残してないか、ずいぶん当たったのだが、残念ながら見つからないのでうろ覚えだ）。

大切なのは、その時の花森さんの発言である。「前の小榑君の日の丸弁当と鎮子さんのもんぺを一緒にしたら、プランになる。つまり戦争中の衣食住はどんな具合だったのか、という記録を今のうちに残しておくのは価値がある」

これが、花森マジックともいうべきプラン作りの妙である。単独では取り上げるほどでないプランでも、ほかのプランと組み合わせたり、縦や横から眺め直したりすると途端に光り出すということが、編集会議ではよくあるのだ。

この時もそうだった。しかし、会議では、これぞ重要だ。「戦争中の暮し」を断固残さねばならん、などという雰囲気にはなっていなかった。だが、花森さんは考えていた。これは編集部が走り回って集める程度では、お粗末なものにしかならない。衆知を集めるしかない。日本中の人々の戦争中の記憶を集めよう。

あの戦争の庶民の記録が1、736編も応募された。そして、『暮しの手帖』89号と90号（1967年）の2回にわたって掲載された「戦争中の暮しの記録を募ります」になったのである。もちろん、花森さんの筆である。

戦争が終って、やがて二十二年になります。戦争中の、あの暗く、苦しく、みじめであった私たちの明け暮れの思い出もしだいにうすれてゆこうとしています。

おなじ戦争中の記録にしても、特別な人、あるいは大きな事件などについては、くわしく正確なものが残されることでしょう。しかし、名もない一般の庶民が、あの戦争のあいだ、どんなふうに生きてきたか、その具体的な事実は、一見平凡なだけに、このままでは、おそらく散り散りに消えてしまって、何も残らないことになってしまいそうです。

暮しの手帖が、敢えてここにひろく戦争中の暮しの記録を募るのは、それを惜しむからに外なりません。ふたたび戦争をくり返さないためにも、あの暗くみじめな思いを、私たちにつづく世代に、二度とくり返させないためにも、いまこの記録を残しておくことは、こんどの戦争を生きてきたものの義務だとおもうからです。ふるってご応募下さるようおねがい申し上げます。

戦争中の暮しの記録は、資料としては、ほとんど残っておらず、生き残っている人々の頭の中にあるのがほとんどなのだ。花森さんの頭の中には、そのことが去来したに違いない。戦後22年の今こそ、記録に残せる最後のチャンスだ。

89号の発行日は、5月5日である。〆切は8月15日の終戦記念日。約3カ月でどのくらい応募してくれるだろうか。応募者は高齢者も多いから少ないかもしれないな、と考えていた。入選の発表は、昭和43（1968）年初めの『暮しの手帖』と設定している。ということは93号の発表ということだが、じつはこの号での発表にはならなかった。この号では「戦争中の暮しの記録」については、全くふれていなかったので、読者からの電話や問い合わせがいくつも寄せられた。入選発表は、当然するべきだった。しかし出来なかったのだ。

入選編数は１００篇、と発表してある。本当に良い作品が１００篇集まったら、別冊になる。仮に応募作品が３００通くらいあれば、それでも十分。出来れば５００通あったら成功だ。別冊になるほどいい作品が揃わなくても、本誌に掲載して、何十頁かの大特集にできたら、それでも十分という感じだった。

だから8月15日〆切でも、翌年初めの93号までには選別も終わり、入選発表も出来ると思っていたのだ。ところが、応募総数は１、７３６篇にもなった。うれしいことだが、多すぎて選ぶのが大変で、にっちもさっちもいかなかったのである。一篇が４００字詰５枚だが１、７３６篇にもなると単行本15冊から20冊分にもなる。しかも原稿だけでなく資料を添えて来る方も多い。「戦争中の暮しの記録」の応募が、１、７３６篇というのは、うれしい想定外だった。

このうちから１００篇を選ぶのは、自ずから誰でもいいというわけにはいかない。基本は編集部が総がかりで選ぶのだが、戦争を全く知らない人間ではやはり無理だろう。今回は文章のうまい下手は関係なく、体験などの事実関係の認識や記述の具合などを見分けなければならない。だから、終戦時に少なくとも小学生以上だった人間で選別しよう、ということになった。それは当時、花森さんや鎮子さんもいれて十五人ほどだった。

この十五人は全員通常の編集に携わっているのだから、ふつうの毎号の取材やテストや座談会をすべてこなしながら、同時に「戦争中の暮しの記録」の原稿を選別するのだから、ほんとうに大変だった。十五人全員が、それぞれ全編1、736篇を読むことは当然不可能なので、一篇を少なくとも五人は読む。そのうち、テーマごとに分類して、そのテーマごとの入選作を選ぶことにした。最終的には誌上に発表したように、疎開、東京大空襲、わが町は焼けり、一九四五年八月六日、飢えたるこどもたち、防空壕と壕舎、小学生、食、酒・たばこ、路傍の畑、おしゃれ、汽車……などにわけて選別した。はじめからこのような分類があったわけではなく、手分けして読んでいるうちにテーマがまとまってきて、その中からさらに選んでいったのが選考の過程だった。

一篇一篇に、それぞれ筆者の思いがこもっている。書かれている事実にも、初めて知ることが多く、読みながら悲しみも驚きも怒りも、切なさも、辛さも、こみ上げてくるものがあり、全部入選にしたいものだと何回も思った。

別冊でなく定期の号で、入選作全部を発表する決断

「戦争中の暮しの記録入選発表」が行われたのは、94号（1968年）の誌上である。ここで花森さんは、次のように記している。

私たちが、あの戦争のあいだ、なにを食べ、なにをまとい、どんなふうに生き、どんなおもいで戦ってきたか、その具体的な記録を残しておきたい、私たちにつづく世代に、あの暗くみじめな思いを二度とくり返させないためにも、いまこの記録を残しておかねばならない、と考えて、ひろくご協力をおねがいしました
応募総数じつに一七三六篇、しかも、生まれてはじめて文をつづったとおもわれるものが多数を占め、その行間ににじむ切々たるものに、取捨に迷うことしばしばでありました。ために入選百篇の予定をあらため、次の百二十六名の方の手記を入選と決定いたしました

そして昭和43（1968）年の8月に、『暮しの手帖96号　特集　戦争中の暮しの記録』が発行された。

この96号の「戦争中の暮しの記録」は、はじめは別冊で出版の予定だった。だが、入選作を選ぶのも大変だが、編集するのも大変だ。とくに花森さんに殆どの作業が集中する。みなが採点したもののうち比較的高得点だった約4百通の中から、最終的に入選を決めるのは、花森さんである。だから、まず3分の1か4分の1にしなければならない。最終的に選んだ139篇を、どのように分類し、そのテーマごとに割付け（レイアウト）し、見

出しを付けていくか、これは大仕事だ。

別冊で出そうとすると、本誌の編集がおろそかになる。本誌に集中すれば、別冊の仕事が出来ない。「戦争中の暮しの記録」は読めば読むほど、片手間でまとめられるものではないと思うようになっている。本誌は、隔月刊の定期刊行物だ。絶対に発行日には出版しなければならないのだから、同時に別冊の仕事を行うのは、無理だ。しかし、「戦争中の暮しの記録」はどうしても1日も早く出版したい。このジレンマを解決する方法は唯一つ。別冊と本誌の合体である。つまりつぎの96号を全頁「戦争中の暮しの記録」で埋めるということだ。そうすれば、一号分の力を全部注げるのだから、全員がしっかり注力することが出来る。

もう一つ重要なことは、別冊で出せばせいぜい5万部、よくて10万部、どんなにがんばっても20万部だ。しかしこの「戦争中の暮しの記録」はできるだけ多くの日本中の人に読んでもらいたい。それだけ価値のある本なのだ。本誌として出版すれば80万部は読者に届く。問題は、それを読者が受け入れてくれるかどうかだ。

読者は、通常の『暮しの手帖』が出版されると思っている。それを期待し、待ってくれている。そこへ、欲しくもない全頁「戦争中の暮しの記録」の『暮しの手帖』だったら、それなら買うのはやめた、というかもしれない。特に予約購読者が問題だ。予約購読の読者には、否応なしに「戦争中の暮しの記録」が届けられてしまうのだ。それが許されるのだろうか。

しかし選択肢はない。96号は全頁「戦争中の暮しの記録」でいこう。花森さんと鎮子さんが決断した。この記録は、どうしても日本中の人たちに、一人でも多く読んでもらいたい。そして、「戦争中の暮しの記録」は、レギュラーの96号に特集号として発行された。

この96号のあとがきで、花森さんがこう書いている。


◯ごらんのように、この号は、一冊全部を、戦争中の暮しの記録だけで特集した。一つの号を、一つのテーマだけで埋める、ということは、暮しの手帖としては、創刊以来はじめてのことだが、私たちとしては、どうしても、こうせずにはいられなかったし、またそれだけの価値がある、とおもっている。

◯この記録は、ひろく読者から募集したもののなかから、えらんだものである。応募総数千七百三十六篇という、その数には、たいしておどろくものではないが、その半数は、誌面の余裕さえあれば、どれも活字にしたいものばかりで、ながいあいだ編集の仕事をしてきて、こんなことは、まずこんどがはじめてのことであった。

◯しかも、その多くが、あきらかに、はじめて原稿用紙に字を書いた、とおもわれるものであった。原稿用紙の最初の行の、いちばん上のマスから書きはじめること、題を欄外に書くこと、一見して、文章を書きなれない、というより、むしろ金釘流といったほうがぴったりする書体、といったことからも、これは容易に判断できたのである。

○誤字あて字の多いこと、文章の体をなしていないものが多いこと、なども、こんどの応募原稿の、一つの特色だったといえるだろう。

○しかも、近頃こんなに、心を動かされ、胸にしみる文章を読んだことは、なかった。選がすすむにつれて、一種の昂奮のようなものが、身内をかけめぐるのである。いったい、すぐれた文章とは、なんだろうか。ときに判読に苦しむような文字と文字のあいだから立ちのぼって、読む者の心の深いところに迫ってくるもの、これはなんだろうか。

○一ついえることは、どの文章も、これを書きのこしておきたい、という切な気持から出ている、ということである。書かずにはいられない、そういう切っぱつまったものが、ほとんどの文章の裏に脈うっている。べつに賞金が目あてでもないし、これで有名になろうというのでもない。考えてみると、このごろ、そうした書かずにはいられない、という気持から書かれた文章が、果していくつあるだろうか。

(中略)

○編集者として、お願いしたいことがある。この号だけは、なんとか保存して下さって、この後の世代のためにのこしていただきたい、ということである。ご同意を得ることができたら、冥利これにすぎるはありません。（花森　安治）

編集会議で「日の丸弁当」を出した自分としては、投稿原稿の選考をしながらも、やはり学童疎開やこどもたちの食事には格別の思いがあった。学童疎開などと言っても、今の人はほとんど知らない言葉だろう。

8月6日の原爆の日や8月15日の終戦記念日があるので、日本がアメリカと戦争をして、たくさんの人が亡くなったということは知っているだろう。それは海外でたくさんの兵士が死んだということだけでなく、日本国内も戦場になり、たくさんの国民が死んだということを知ってもらいたい。

沖縄は文字通り戦場になり、約10万人もの住民が亡くなったという。東京も大阪も名古屋も、日本中の主だった都市には米軍の飛行機が襲来し、膨大な数の爆弾を落としていった。それを空襲と言う。爆弾は焼夷弾といって、燃えやすい油などが詰まっていて、落下すると一瞬にして燃え上がって飛び散り、多くの家屋などを火災に追い込むのだ。木造家屋が殆どの日本の住宅を焼き尽くすのに適した爆弾である。

戦闘員でもない日本のふつうの国民が、空襲のために、全国で50万人とも100万人ともいう人が、亡くなった。3月10日の東京大空襲で家が焼かれた話は前にもふれたが、この空襲で約10万人も死んだ。空襲は家が密集している都会が集中的に狙われている。

都会の親たちは我が子を、少しでも空襲のひどい目に合わせたくないと考え、自分の郷里や縁故を頼って、子どもを預け始めていた。政府もそれを奨励していた。私の姉も弟も、母の兄の家に預けられていた。これを縁故疎開といった。私は体が弱かったので、母の手元に残されていたので、東京大空襲の直撃を受けたのだった。しかし田舎に実家も縁者もいない人も多く、政府は昭和19（1944）年8月から、空襲が来ないであろうと考えられる地方の田舎に、学校ごと疎開することを始めた。疎開先はお寺や旅館を丸ごと借りて、教室と同じように授業も行っていた。子どもたちは親元を遠く離れて、先生と子どもたちだけの集団生活だ。どんなに淋しくても、ひもじくても帰してはもらえない。これが学童集団疎開である。

96号の「戦争中の暮しの記録」の中には、さまざまな記録が収められているが、当時小学生だった方たちの学童疎開の記録が何篇かある。疎開させられた学童たちの暮しがどんなだったのか、ぜひ知ってもらいたいので、ほんの一部だが、紹介する。

「おやつがわりの食塩」

……私は食塩を「これはうまい」という名のふりかけのびんに入れていた（ふりかけ

はとっくに失くなっていた）。旅館の庭石のカゲにたむろしては、掌（てのひら）に塩をのせてなめた。塩は口の中にかすかな甘味を感じさせる。毎日少しづつ舌の先でなめ、とうとうビンの底がみえて「もうあげない」と友達に宣言した。

或日、同室の女の子たちが相談した。「家に帰ろう、小遣を出し合って切プを買おう、買える所まで行って、あとは線路を歩いても家に帰ろう」朝食が済《す》んで、授業の始まる前にこっそり抜け出して行った。前日、足の指をケガしてしまった私はついて行かなかった。

友人達が新藤原駅へとひた走っていた頃、旅館中は大騒ぎ、青くなった先生と、事の重大さに驚き、これまた青くなった私が門をころげ出た時、途中で出会った宿の女中さんに叱りつけられながら帰って来た友人達とぶつかった。「お母さん、お母さん」としゃくり上げている子たち、ただ東京に帰りたい、母に逢いたいと、キップを買うお金もなくかけ出していた八才の女の子たちに、「遠い南で戦かっている兵隊さんのことを考えろ、東京で空襲から家を守っているお母さんたちのことを考えて、皆もガマンをしろ」と先生の話。……（森川玉江　武蔵野市）

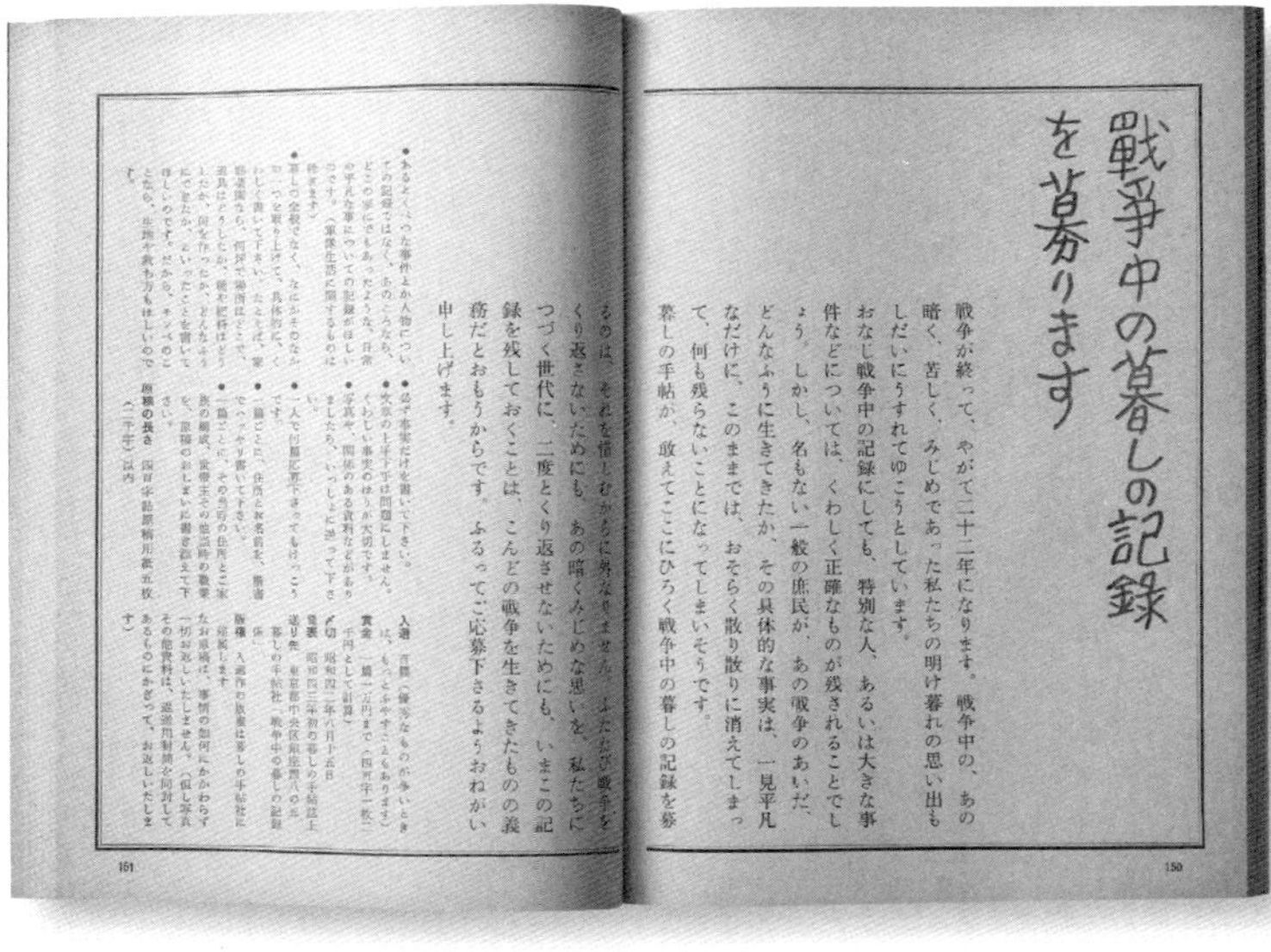

戦争中の暮しの記録を募ります

戦争が終って、やがて二十二年になります。戦争中の、あの暗く、苦しく、みじめであった私たちの明け暮れの思い出も、しだいにうすれてゆこうとしています。

おなじ戦争中の記録にしても、特別な人、あるいは大きな事件などについては、くわしく正確なものが残されることでしょう。しかし、名もない一般の庶民が、あの戦争のあいだ、どんなふうに生きてきたか、その具体的な事実は、一見平凡なだけに、このままでは、おそらく散り散りに消えてしまって、何も残らないことになってしまいそうです。

暮しの手帖が、敢えてここにひろく戦争中の暮しの記録を募るのは、それを惜しむからに外なりません。ふたたび戦争をくり返さないためにも、あの暗くみじめな思いを、私たちにつづく世代に、二度とくり返させないためにも、いまこの記録を残しておくことは、こんどの戦争を生きてきたものの義務だとおもうからです。ふるってご応募下さるようおねがい申し上げます。

●あるとくべつな事件とか人物についての記録ではなく、あのころなら、どこの家にもあったような、日常の平凡な事についての記録がほしいのです。（軍隊生活に関するものは除きます）

●暮しの全般でなく、なにかその中の一つを取り上げて、具体的に、くわしく書いて下さい。

●必ず事実だけを書いて下さい。

●文章の上手下手は問題にしません。くわしい事実のほうが大切です。

●写真や、関係のある資料などがありましたら、いっしょに送って下さい。

●一人で何篇応募下さってもけっこうです。

●一篇ごとに、住所とお名前を、楷書でハッキリ書いて下さい。

●一篇ごとに、その当時の住所とご家族の構成、世帯主その他当時の職業を、原稿のおしまいに書き添えて下さい。

原稿の長さ 四百字詰原稿用紙五枚（二千字）以内

入選 百篇（優秀なものが多いときは、もっとふやすこともあります）

賞金 一篇一万円まで（四百字一枚二千円として計算）

〆切 昭和四二年八月十五日

発表 昭和四三年初の暮しの手帖誌上

送り先 東京都中央区銀座西八の五 暮しの手帖社「戦争中の暮しの記録」係

版権 入選作の版権は暮しの手帖社に帰属します

なお原稿は、事情の如何にかかわらず一切お返しいたしません。（但し写真その他資料は、返送用封筒を同封してあるものにかぎって、お返しいたします）

151　150

89号で戦争中の暮しの記録を募ったときの記事。

一冊のすべてを戦争の特集にあてた96号。

九章　1世紀100号から2世紀1号へ

花森さんはなぜ京都へ行ったのか

『暮しの手帖』は96号（１９６８年）で特集「戦争中の暮しの記録」を発行し、世評も高く、１００万部も超える大部数を発行していた。つづく97号、98号も極めて順調で、発行部数も連続して１００万部近い部数を維持していた。私などは、当然のこととして、このまま１００号、１０１号と続いていくのだろうと、何の疑いも持っていなかった。しかし、花森さんのアタマの中はそうではなかった。「このままではいかん」「安住してはダメになる」「変わらなければ、変えなければ」。

98号の時にはすでに、１００号をひとくくりに閉めて、１０１号は新しい1号にする、と漏らしていた。これまでの１００号を1世紀とし、新しい1号から2世紀1号というのはどうか。こういう時に世紀と言っていいかな、とも話していた。

99号の「編集者の手帖」で、花森さんはつぎのように記している。

……百冊ということで、私たちはこのごろ、暮しの手帖の第一世紀、という言葉を使いはじめています。／もうすぐ、その百号を作り上げると、暮しの手帖は、第二世紀に入ります。／第二世紀の第一号。／それは、暮しの手帖の、新しい夜明けです。／このごろ、ずっと考えつづけているのは、その夜明けのことです。……

この99号を作り終えて、昭和44（1969）年の2月、花森さんと鎭子さんは京都へ行った。

なぜこのとき京都に行ったのか。『暮しの手帖』の第2世紀の在り方について、花森さんは「このごろ、ずっと考えつづけているのは、その夜明けのことです」と書いているように、ずっと考えているうちに、話を聞いてみたいと思った人が京都にいたと思う。それが誰か、想像はつくが、その人を松田道雄*さんに紹介してもらおうとしたのだと思っている。

これは、まったく珍しいことである。これまで、テーマがあってその道の専門家の意見を聞くことはいろいろあった。しかし、雑誌の在り方という根本的なことで、ひとの話を聞こうなどということが、これまであっただろうか。

＊松田道雄（１９０８〜１９９８年）＝小児科医、育児評論家、著述家。50号以来、ほとんど毎号執筆をしている。育児関係はもとより、高い歴史観、社会観からの論述には、多くの共感者がいた。

しかし、時代は創刊した戦後すぐとは大きく様変わりして、高度経済成長の真っただ中である。GDPが世界第2位になり、カラーテレビが発売になった。ミニスカートが大流行。一方で大学紛争が日本中に広がり、東大の安田講堂が全学連に占拠され、イタイイタイ病や水俣病など四大公害病*が公害認定され、大気汚染防止法*が制定された。

貧しさ、ひもじさ、復興、再建の時代から、豊かさと同時に公害、紛争の時代になっている。この国の人々の暮しをよりよくしたいという『暮しの手帖』は、これから新たな2世紀をつくる上で、どう考えたらいいのか。花森さんは、誰かに相談したいと、本当に思ったのだろうか。

この時、取材でもなく、対談でもないのに、わざわざ厳寒の京都へ出かけたのである。その夜、松田道雄さんと会って話をしたが、肝心の話はしていない。そして、その深夜、ホテルで心筋梗塞に襲われた。危うかったが、鎮子さんの機転と的確な対応のお蔭で、命を取り止めた。まったく、危うかったのだ。そのあと、松田先生の懸命の計らいで、入院せずに、ホテルで万全な医療体制がとられ、2カ月も滞在することになった。

本来なら、滞在ではなく療養と書くべきなのだが、重病なのに花森さんは仕事をした。1世紀の総仕上げの、『暮しの手帖』の100号は、このホテルの一室で作られたのである。編集部員はつぎつぎにホテルに通い、花森さんの指示を受けて東京に戻って作業を行った。

私も何回も、京都へ通った。最初の時、花森さんが「ぼくを怒らさないでくれよな、怒るのが一番心臓によくないんだ、たのむよ」と言った。真顔だった。時々、逆らって反論したりする私に、「余計なことは言わんでくれ、冗談でなく、たのむよ」花森さんも不安でたまらなかったのだと思う。そのくらい危険だった。

この病気や京都のことは、100号には一切、掲載されていない。ただ、この記念すべき100号のあとがきの「編集者の手帖」で、花森さんは、めずらしく「ついでに、ここでぼく自身の私的な感想をのべるのを許していただきたいのです。」とことわって、つぎのように記した。

……一号から百号まで、どの号も、ぼく自身も取材し、写真をとり、原稿を書き、レイアウトをやり、カットを画き、校正をしてきたこと、それが編集者としてのぼくの、

＊四大公害病（水俣病、新潟水俣病、四日市ぜんそく、イタイイタイ病）＝どの公害も、1950から60年代にかけて顕在化した公害病。メチル水銀化合物、カドミウム、工場排煙（NOX、SOX）など、高度経済成長の下、企業の利益優先の結果がもたらした水質汚染、大気汚染の被害が、多くの庶民の命と暮しを破壊した。

＊大気汚染防止法　1968年＝「……大気の汚染に関し、国民の健康を保護するとともに生活環境を保全し、並びに大気の汚染に関して人の健康に係る被害が生じた場合における事業者の損害賠償の責任について定めることにより、被害者の保護を図ることを目的とする」（第1条）

なによりの生き甲斐であり、よろこびであり、誇りである、ということです。

　雑誌作りというのは、どんなに大量生産時代で、情報産業時代で、コンピューター時代であろうと、所詮は〈手作り〉である、それ以外に作りようがないということ、ぼくはそうおもっています。……

　ぼくは、死ぬ瞬間まで〈編集者〉でありたい、とねがっています。その瞬間まで、取材し写真をとり原稿を書き校正のペンで指を赤く汚している、現役の編集者でありたいのです。……


　花森さんは、生き延びた。だが、それまでほとんど意識の外だった〈死〉を、否応なしに意識せざるをえなくなっていた。

　まだもう少し生きられるようだ。しかし時間はいつまであるかわからない。

　花森さんは、ふっ切れていた。これからの2世紀に、『暮しの手帖』がやるべき方向は何か、京都に来て、意見を聞こうと思っていたことは、もう必要なくなっていた。相談など、もういらない。

　2世紀の『暮しの手帖』がやるべきことは、これだ、と思い定めた。そのテープが残っている。ホテルで花森さんが鎮子さんに、つぎのように語った。

花森さん、2世紀創刊の精神を語る　都ホテル1969年2月

世の中、これからの世の中、どう考えたって悪くなる。荒廃する。

結局、政治は国民のためを考えず、自分たちの利益のために、自分たちの票のために。

米代ひとつとってみても、政治が国民のためにやっているとは思えない。コメを作らなければ、1万円をやる*なんて馬鹿なことはない。

その他、政治が国民のことを考えないから、住むところもない、1時間も2時間も遠いところで、やっと何百万円で買って、通よわんならん。公団住宅なんて狭いのをつくって、数も少ないから、みんなは入れない。

都心に一帖何千円もはらって狭い所に住んでいる。六帖に親子何人もで暮す。

財界は自分たちの配当優先。儲かることならどんなに人をだましてもいいと思っている。

今日、だれも国民のこと、日本のことを考えてやっていない。

*コメを作らなければ、一万円をやる＝1969年の減反政策は、生産過剰の米の生産を抑制するための政策で、米作農家に作付面積の削減（減反）を要求。水田に米を植えずに、麦類・豆・牧草・果実などを作付けすると、農家には転作奨励金（休耕奨励金）が支給された。米作をしない方が金儲けになる政策。

国民のほうもそれになれている。

それを前提に新しい『暮しの手帖』を考えなければならない。われわれは何をするか。

こういうものと戦わなければならない。荒廃させるものに対して戦わなければならない。どういう方法で戦うか。

われわれは武器を持たない。ヘルメットも火炎瓶もゲバ棒*も関係ない。集会も開かない。

われわれ一人ずつは、自由なる市民ではないか。

なけなしの金で税金をはらい、この国家を作っている国民ではないか。

われわれ一人ずつは、お互いの幸福を願っている人間ではないか。

その場合の武器は、ペンである。

われわれはペンをもって戦わなければならない。いまはペンをもてあそんで、文章をもてあそんで、生活の糧にしている人たちが多い。あるいは、すでにペンを武器にしていることを忘れている人が多い。

ペンはさびている。

ペンはなまっている。

しかし、本来はそうではない。されど、ペンは強い。

一人一人がどんなに下手な文字でも、どんなに下手な文章でも、困ることは困るとはっきり言おうではないか。腹の立つことははっきりと腹が立つと。それをわあわあと絶叫するのではなく、しっかりとした事実を積み上げて、それをつきつけて、改めさせようではないか。

われわれはかつて、石油ストーブの火は水で消えることを立証した。これは事実の強さだ。しっかりした事実をもった場合に、はじめてペンはなまくらでもなく無力でもない。

この新しい1号から、われわれは新しい使命に向かってスタートをする。

どうかこの志に共鳴し、志を同じくする人たちよ。若い人といわず、老人と言わず、男性といわず、女性と言わず、全部この雑誌を拠り所にし、この雑誌を根城にして、本当によい暮しをつくるために、一つ一つは力が弱いかもしれないが、このペンの力で、ペンを武器にして対抗していこうではないか。

第2世紀創刊の精神、編集方針だ。

気張らず、すらっといけばいい。ひっくくられないのだよ。いまは。

財界に遠慮はいらない。

＊ゲバ棒＝ゲバは、ドイツ語のゲバルト（Gewalt／暴力・権力の意）が語源。つまり「実力行使時に使う棒」のことを指す。学生運動が盛んだった昭和30～40年代、学生が武器のひとつとして使った、角材をはじめとする棒のこと。

ＮＨＫ。政府の予算、国会、議員の後ろに財界がいる。
ペンなんだ。ペンによる圧力団体ですよ。
暴力、金力、権力とかが、世の中を荒廃させる。
大学、暴力で荒廃している。
お金のために言いたいことが言えない。
権力のためにいつまでも虐げられ、貧乏な正直者はばかを見る。
ペンの力で立ち向かおうではないか。
今日、これ以上にわれわれの使命はない。
新聞だって週刊誌だって、何をしているのか。
今日、立たずして、いつ立つのか。
われわれはそれをやる。
微力だが、信念をもってそれをやろうではないか。

2世紀の新しい1号をつくろう――新年度に花森さんが呼びかけた

昭和44（１９６９）年４月１日、新年度のこの日、花森さんはまだ京都だった。東京に戻りたかったが、医師の許可はまだ下りなかった。

この朝、暮しの手帖の全社員が銀座の本社に集まっていた。その席で、花森さんの2世紀へ向けての心構えについての声が流された。ふつうなら、花森編集長の訓示とでもいうべきものだが、『暮しの手帖』では、訓示などとはいわない。以下に花森さんの話を記す。

お蔭で、100号は大体、編集の手が離れる段階に来た。これからは、新しい1号に向かって、全力を注ぐときである。

諸君の大半は、雑誌の1号をつくったことはないだろう。諸君は、まずそのことをしっかり頭にいれて、自分たちがこれから『暮しの手帖』の第1号をつくるのだ、というその気持ちをしっかりもっていなければ、ただいたずらにドタバタするだけになってしまう。

この際、花森がいない『暮しの手帖』というものを考えて、ぼくに頼らないで新しい号をつくるのだ、という気持ちで、まず性根の座ったプランを出してもらいたい。

ぼくの病気は90%回復してきたが、なお完全に治ったとは言いにくい。これは本人のぼくが一番よくわかっている。

そういう意味で、今日は花森のいない4月1日を迎えるわけである。そのうちに花森は帰ってくるだろうという気持ちは、この際捨てて、いまお互いに顔を見合わせているそのメンバーだけで1号を作っていくという気持ちになってほしい。諸君には出来る筈だと思う。そしてそれが具体的にプランの上に表れ、この新しい1号の編集に表れたなら、今度の病気は必ずしもマイナスではない。むしろプラスではなかったかと考えている。

しっかりやろう。

今までと全然違った気持ちで、それだけに苦しみも多い、しかしやりがいのある仕事だと思う。ますます敵は多くなるけれども、敵が多くなればなるほど、仕事のやりがいがあるということだ。そういう数少ない仕事を、われわれはこれから始めようとしているんだということを、今日は銘記して、諸君もぼくも静かに反省すべきものは反省し、決意すべきものは決意したいと思う。

ほんとうにこの席に顔を見せないのは、ぼくとしては実につらい。

よろしく。

「辞めてやる」10年目の辞表提出

入社して10年が経った。2世紀も、3号4号と過ぎ、花森さんの健康も次第に回復してきていた。私も毎号、大きな記事の担当になり、自分でもいっぱしの編集者になったつもりになっていた。暮しの手帖には、おれは必要な人間だ、などと小さな慢心がのさばり始めていた。

しかし、花森さんは、厳しかった。病気をし、からだももう無理はきかない。やりたいことは出来ない。行きたいところも行けない。まわりを見回すと、もっともらしい顔をして仕事をしているが、大したことのない連中ばかりだ。おれが死んだらどうなるのだろうか、という不安とあせりもある。その分だけ、みんなにも厳しく当たる。

「特に腹の立つのは、いっぱし出来ると思って勝手に仕事をする連中だ。まだまだ未熟なのに、10年すぎた程度の連中が、いい加減な記事を書いてくる。大きな声を上げて怒鳴れば、心臓に影響するから、思うように叱れない。

君らは勝手なことをするな。君らは機械なんだ。ボクの言うとおりにやればいいんだ。この仕事は運動なんだ。理屈じゃないんだ。言われたことを言われたようにやればいいのだ。『暮しの手帖』は、単なる雑誌じゃないんだ。運動体なんだ。この国の暮しを少しでもよくしようという運動なんだ。君らは、その稀有な運動に参加しているんだということを忘れるな。君らは公人だ。24時間運動に参加している公人だ。家にいようとどこにいようと、『暮しの手帖』という運動に参加している公人だということを忘れるな。自分の時間だなどということはない。その考えは捨てろ」

なに言ってるんだ。おれは機械じゃない。人間だ。自分で考え、自分で好きなように行動する人間なんだ。公人なんかじゃない。そんなご立派な運動などに参加しているつもりはない。もっともらしいことを言って、人を自由にこき使っているだけではないか。このまま行ったら、おれの人生はどうなるのだろう。このまま花森さんの言いなりの人生なんて、おれはいやだ。とても息が詰まる。たまらない。おれは機械じゃない。おれにはおれの人生があるんだ。

自分だけの心に秘めていたことではない。周りの仲間にも、口吻《こうふん》をもらしていた。もう退路を断《た》ったと思った。

入社して10年。2世紀の5号の時だった。花森さんは部屋にいる。昨夜書いた辞表を持って、入っていった。

机の向こうの花森さんが、顔を上げて、

「うん、なんだ」

「はい、辞めさせていただこうと思います」

キッと、まなじりを決した必死の形相をしていたのだろう。

花森さんは、あげていた眼差しをまた書きかけの原稿に落とし、

「うん、いま忙しいんだ。明日にしてくれんか。明日また来いや」

それ以後、全く顔を上げずに、原稿を書いている。仕方がない。明日、来よう。

席に戻ると、事情を知っている何人かが、首尾は如何に、という顔でこちらを眺めている。うるさいやつらだ。こっちを見るな。今日は玄関払いだ。このことは、もちろん鎮子さんも知らない。だからにこやかに近づいてきて「小榑さん、これどう思う」などと聞いてきた。それより、明日だ。明日こそ、きちんと辞めてやる。

翌日、花森さんが部屋にいるところを見定めて、勇を鼓して入っていった。「なんだ、どうした」。まるで昨日、「明日来い」と言ったことは忘れているような顔だ。

「いや、辞めさせていただこうと思っています。会社にはご迷惑をかけますが、すいません」と言って辞表を差し出した。

「ふぅーん。そこへ置いておけ」そう言ったきり、あとは手に取った資料に目を移し、私の顔は全く見ない。

「あのう、私は……」

「なんだ、まだいるのか。今忙しいんだ。また、もう少し暇なときに来い」

ええっ、なにを言うんだ。旅行やボウリングの相談に来ているんじゃない。辞めると言って来ているんだ。こちらは清水の舞台から飛び降りるような決死の覚悟で来ているのに、全然相手にしてくれない。そんなに、おれを無視するなんて何様だと思っているんだ。

屈辱でからだがカーッと熱くなってきた。花森さんを睨みつけたが、知らん顔してもう用事は済んだという風情だ。とにかく辞表は提出したんだから、まあ仕方がない。

その翌日は、朝から花森さんは外出し、夜になって帰って来たが、自分の部屋には入らない。その次の日も機会がない。仲間に、おれは辞めるんだ、辞めてやると大言壮語している手前、なんだ、まだいるんじゃないか、と思われているのではないかと面子《めんつ》が気になって、針のむしろの心境の日が続いた。

4日目に、花森さんが部屋に入ったところへ後から続いて入った。花森さんがなぜかニコニコしながら「やあ。来たか。まあそこへ座れ」と言った。私は頭を下げて「ご迷惑をかけてすみません。会社にも申し訳ないと思います」と言った。

花森さんがそれを聞いて「迷惑？　迷惑でもなんでもないぞ。会社は君がいようといまいと何も変わらない。迷惑だなんて思う必要なんて全くない」

それを聞いて、なぜか馬鹿にされた感じがしてムッとした。入社10年、自分なりに仕事もよくやって、会社にとって必要な人間になっている筈だという自負がある。そのおれが辞めたら、会社は困るはずだ。だから「辞めないでくれ」と引き留められる筈だと、なんとなく思っていた。それなのに「迷惑でも何でもない」とはどういうことだ。おれなんかいなくてもいいということか。馬鹿にしている。

花森さんが言った。「大体、迷惑なんて考えるのがおかしいんだよ。ぼくはな、会社が迷惑だとか、誰が迷惑するだとか、そんなことは考えない。何より自分なんだよ。自分がやりたいからやっているんだ。嫌だったら辞めればいい。他人のことなんか気にする必要なんてないんだよ。君もな、自分が辞めたいと思ったら辞めたらいい。会社に迷惑なんて、そんなこと、どうでもいいんだ。ぼくは自分の好きなようにやっている。最初から今までずっと自分本位だ。他の人のことなど考えたことなんかないよ。そのかわり、自分の思うことに死に物狂いに取り組んでいる。他人が何と言おうと、自分のやりたいことを命がけでやっている。ぼくはな、毎号毎号、全力で遺書だと思ってつくっているんだ。すべて自分のためだ。君も、もっと自分本位になったらいい。だから辞めたければ、辞めたらいいんだ。会社に迷惑なんて考える必要はない」

なにか、へんだ。花森さんはなにを言っているんだ。辞表を受け取って、ご苦労様、と言ってくれればそれで終わりなのに。

「それで、君は辞めて何かやろうとしているのか。何をやるつもりなんだ」

私は、「とくに決めていません」と答えた。

「ふーん。何も決めないでただ辞めるのか。何かやりたいからやめるのではないのか。つまらんな。学校出てすぐに暮しの手帖に入ったのだから、他に芸があるわけではないし、ここを辞めても、結局、編集の仕事か何かをやることになるんじゃないのか……」

おれの辞めた後のことなど、どうでもいいじゃないか。花森さんに関係ないだろう……。

「そうだとしたら、今、ぼくが見るところ、君はまだ未熟だな。まだ編集も取材も原稿も、もっと身に着けた方が良いことがたくさんある。そのためにはもう少し、ぼくのそばにおれ。そしてぼくのやることなすことをしっかり見て盗んでいけ。ぼくがどう考え、どう取材し、どうレイアウトするか、そばでしっかり見て、盗んでいけ。それを自分の物にしたら、さっさと辞めたらいいんだ。会社に迷惑をかけるとかあほなことは、考えんでいいから、君はもっと自分のことだけを考えたらいい。ぼくのように、わがままで、自分本位の自分のために、もう少し、ぼくのそばにいなさい。仕事なんてどうでもいいから、ぼくのそばにいるんだな。話は、これでおしまいだ。この辞表は、それまで預かっておくよ」

席に戻って、じっと座っていた。今度こそ小樽さんは、辞めるだろう、辞表も出したんだから、荷物をまとめて出てゆくのではないか。みんなそんな風に私のことを見ている気がした。なんでまだおめおめといるのか、きっとそう見られている。でも、なぜか荷物をまとめられなかった。じっと座っていた。鎮子さんも芳子さんも、遠くからさりげなく眺めているだけだ。

翌日も出社して、自分の席にずっと座っていた。恥ずかしかったが座っていた。あんなにえらそうに、辞めてやる、おれは機械じゃないんだ、などと啖呵を切っていたのに、まだいるじゃないか。針のむしろの日々だったが、みんなも知らん顔をしながら、何気ない会話を交わし、ルーティンの仕事をする日々が1週間、1カ月と過ぎていった。

3カ月ほどたっただろうか。花森さんの声が聞こえるようになってきた。へんな話だが、それまでは、花森さんの声は聞こえていても、その内容を理解するのをどこかで拒んでいたのだろうか。

花森さんが、何を、何のために、どのようにやるのか、ということが素直に頭の中に入って来た。いままで聞こえてこなかったことが「はい、わかりました」と答えたくなるように、どんどん聞こえて来るのである。聞こえていても、今まで理解できなかった英語が、すっと理解できる言葉として変わるように、聞こえてきた。

本で読んだことだが、落語の名人に入門した弟子が、あまりに無理難題無茶苦茶な師匠に反発して、やめてやる、と思った時に、「本気で落語家になろうと思うのなら、師匠のゲロを食えといわれても、喜んで食べるようにならなければ、芸は盗めない」と言われて、翻然と悟って師匠のいうことが理解できるようになったという話を思い出した。

いまの私は、自分が素直になっていることがわかった。全く素直になって、花森さんの言うことを全部受け入れている自分に気づいた。いまは花森さんのゲロを食べられる。これまでの10年間と全く違う自分になっていた。

それまで、お前は何をやって来たのか。今やっと、花森さんの言うことの意味も素晴らしさも、素直に理解できるようになったのである。自分のことだけを考えて、ぼくのそばにいろ、ぼくから盗んでいけ、と言われたが、この時以来、自分から進んで花森さんの言葉に耳を傾け花森さんの言う意味を理解し、いつの間にか率先して、誰よりも会社のために、仕事をしている自分になっていったのである。

私が変わったことは花森さんも分かってくれたようだ。それ以来、何かというと、ちょっと来いと言って、これをどう思うか、と聞かれるようになった。

なにより変わったのは、3スタの花森さんの仕事机の管理を、君がやれと言われたことである。それまで、鉛筆を削って揃えたり、インクの位置や三角定規をきちんと拭いておくことは、すべて芳子さんの仕事だったのだが、それを私がやれというのである。些細な仕事のようだが、鉛筆の削り方一つにもこだわりのある花森さんだから、いい加減に整えたら、すごく腹が立つ。その整理をきちんとやることから、私を教えてくれようとしているのだと思った。

あるとき、レイアウトに欠かせない三角定規が汚れていて、花森さんが割付けをしようとしたら割付用紙が汚れた。途端に呼ばれて、君はこの大切なことをおろそかにするのか、そんなことでは一人前になれないぞ、と、ものすごく叱られた。

なぜか、それがすごくうれしかった。

ある日本人の暮し「競明競暮河岸哀歓」

『暮しの手帖』の看板記事と言われた「ある日本人の暮し」は、1世紀23号の「山村の水車小屋で」から始まって、途中何回か抜けたが、ほとんど毎号掲載されてきた。

その数55篇にもなるが、そのすべてを花森さんが自身で取材し、原稿を書いている。有名な人、えらい人、お金持ちの人は一人もいない。すべてが「なかのひとりはわれにして」のごくふつうの日本人である。みんな毎日を必死に生きている人たちだ。

花森さんが、創刊号のあとがきで「はげしい風のふく日に、その風のふく方へ、一心に息をつめて歩いてゆくような、お互いに生きてゆくのが命がけの明け暮れ……」と記したような人々を取り上げて、紹介し続けた頁である。

私も、67号「もぐらの歌」、76号の「コマーシャル王女とライトマン王子の物語」、79号の「本日開館休業」の「ある日本人の暮し」の取材に花森さんに同行し、その取材ぶりを間近で体験した。などと書けば、いっぱしの仕事をしたみたいだが、まだ入社5、6年の若僧で、教育のつもりで連れて行ってくれたのだが、さぞや足手まといだったことだろう。ふつうの出版社なら、5、6年もすれば一人前の仕事をこなすのが当たり前だろうが、『暮しの手帖』はちがう。すべてが花森さんのレベルで評価されるのだ。それを15年選手になった私がいかにメチャメチャに叱られるか、後述するのでごらんください。

しかし、「ある日本人の暮し」の頁は、1世紀の93号で終わりになってしまった。その後97号で、「センセと大将と親分と」という記事があるが、これは「ある日本人の暮し」と銘打ってはいない。これ以降、花森さんが病気で倒れられてから、遠くへ取材に出かけることは控えていたので、2世紀に入ってはもう復活はしないのではないかと思っていた。なにしろテストの記事も、1世紀にはすべて花森さんが書いていたが、2世紀に入っては、どんどん私たちに書かせるようになっていた。もちろん赤字はいれるが、少しでもみんなに委ねようとしているのだと思った。

2世紀33号の編集会議で、私は築地の魚河岸《うおがし》で働く競人《せりにん》のルポルタージュを提案した。花森さんが、よし、それをやろう、日本人の暮しだ、と採用した。えっ、「ある日本人の暮し」は、2世紀に入って一度もやっていない。もう6年も空白だ。健康もだいぶ回復されたので、花森さんがいよいよ「ある日本人の暮し」を再開するということだな。そして私はその担当になった。

花森さんに同行して、築地市場での取材も行った。その結果が、『暮しの手帖』2世紀33号の「ある日本人の暮し　競明競暮河岸哀歓」である。これにはルビがふってあって「せりにあけせりにくれるうおがしのなきわらい」と読む。もちろん花森さんの命名だ。

しかし、そう簡単に6年ぶりに「ある日本人の暮し」が誕生できるはずがない。花森さんに指示されて、築地の競人臼田さんの自宅での写真を、写真部の飯泉勇君と撮影に行った。その出来あがった写真を見た時に、花森さんがわれわれに語った（怒鳴った）ことは、100年胸に叩き込むべき叱責だった。花森さんに怒鳴られたとき、録っていたテープがある。その一部を再現したい。

築地の市場は、今年（２０１６年）11月に豊洲に移転することになっているが、この物語は、42年前の１９７４年秋のことである。日本中の市場の総本山みたいな築地市場は、俗に「魚河岸」、正しくは東京都中央卸売市場築地市場で、その中には、いくつもの卸売会社があるが、そこへ常時勤める人は５千人。この主人公の臼田早苗さんは、築地魚市場株式会社、通称「東市」という会社の係長であり、同時に魚の干物の競人である。

われわれが臼田さんを撮ってきた写真を見た花森さんが、魂をこめて怒った。


君らは、それでも編集者か、カメラマンか。こんないい加減な写真を撮って来て、一体何だと思っているのか。感情を、気分を、雰囲気を撮らなきゃ、人間はでてきやせんよ。土瓶はいつ撮っても土瓶だ。土瓶の感じを出せばいい。しかし人間というのはそんなもんじゃない。ことに日本人の暮しの、暮しを撮るんだ。それを君たちが撮って来たものは、モノしか撮っていない。

今度撮るものは、どこがポイントなのか、それをまず知らなければならん。そのポイントを精魂込めて撮ってこなきゃいかん。今回はセリだ。セリ人だからセリだ。しかしそれだけでは、一枚で済む。それは仕事、その職業の描写にすぎない。生活の感情はどこにもにじんでないよ。

この人の生活、それがにじんでいるシーンは何だ、どこだ、それを考えたのか。魚河岸に出ていくには、朝3時に家を出る。普通のサラリーマンと違う特異な状況だ。君らの写真のどこに、この朝3時は写っているんだ。この写真が、深夜だということが、どうしてわかるんだ。タクシーに乗るところを撮っているが、これじゃ二日酔いの酔っぱらいの朝帰りの写真だ。必死に、生活の糧をかせぐために、午前3時に出てゆく、その状況がどこに出ているというんだ。君らは何も考えておらん。朝3時に家を出てゆくという、ああこれは真夜中なんだなという気分、それが出ていなければ、その写真は落第だ。では、深夜だということを何によって表現するか。それは演習だ。考えろ。

ぼくはこの頃、とても苛立ってるんだ。ぼくが死んだら、どんな写真が出てくるか、心配なんだ。

深夜というものを表すのに、絶対必要なものがあるんだ。光だよ。人工の光だ。真暗なものを撮って、何が深夜だ。人工の光をつかまえなきゃダメなんだ。道であれば、街灯だ。人は誰も通ってない道。街灯だけがポーンときて、その下に丸く光の輪が描かれてある。これが深夜だ。動かない灯がいるんだ。そういうことは、日頃から観察してみておかなきゃならん。深夜の撮影となったら、事前に深夜の町を歩いてみなければならん。君らは深夜の町を歩いて観察したのか。そんな努力もしないで、偉そうに写真を撮ってきましたなんて言うな。

家を出るところの写真も撮ってない。ドアを開けたら家の光がサァーッと流れ出てなければいかん。その人の影と部屋の光が廊下に流れる。そこに哀歓があるんだ。

プロというのは甘いもんじゃないんだ。人間の研究だよ。人間を知るには、小説を読め。何百でも何千でも小説を読め。小説も読まない。映画もみない。何がカメラマンだ。何が編集者だ。この臼田さんに対して、君たちは同朋意識がない。おなじ仲間なんだという気持ちがない。そんな血も涙もないことではろくな写真が撮れないのは当たり前だ。気持ちの上では、あの人を抱きかかえるように撮ってあげるのが、われわれの仕事だ。それが分からんようで、インタビュアーとして大きな顔をしていられるか。「ある日本人の暮し」というのは、そういう涙と涙の間でつくられているもんなんだ。涙は安っぽく外へ流さんだけだ。内側に、心臓の中に、涙を流しながら泣きながら撮ってきたんだ。その人の心に立ち至って……、その人の暮しに立って、撮影というのはそういうことなんだ。

このときの花森さんの声は、40年以上もたつのに耳に残って離れない。相手を「なかのひとりはわれにして」と思ってやってきたのだが、編集者はそれだけでは足らないんだ。花森さんは、もっと深く「抱きかかえるように取材し、写真に撮ってあげるのがわれわれの仕事だ」「その人の心に立ち至って」「涙を流しながら」記事をつくって来たのだ。

われわれの武器はペンである　花森さんの決意

花森さんは魂を込めて、血の出るような声で、私たちに教えてくれていた。その声を聞きながら、心が震えた。胸が苦しくなった。そうなんだ、抱きかかえるまで寄り添うのだ……。

取材から帰って、資料の整理をしていたら、花森さんがそばに来て、「魚河岸な、君が書くんだぞ」と言って、向こうへ行ってしまった。

えっ、えーっ、一瞬、何を言っているのか理解できなかった。「ある日本人の暮し」の原稿は、これまですべて花森さんが書いてきた。だから、この6年ぶりの臼田さんの原稿も、当然、花森さんが書かれるものと誰もが思っていた。しかし、突然「君が書け」と言われた。だから「競明競暮河岸哀歓」は、私が書いた。

今、花森さんの赤字が入ったザラ紙のその原稿が、ここにある。あれからもう40年以上も経つ。「君はその人の心に立ち至って、その人の暮しに涙しているか。君は、その人を抱きかかえて仕事をしているのか」その声が、今も聞こえる。

この赤字の原稿を前に、胸がつまり、「花森さん」と呼びかけ、ただただ涙がこぼれて仕方なかった。

花森さんが、京都で倒れた時に、2世紀の創刊の精神を語ったことを、今一度、思い出したい。

世の中、これからの世の中、どう考えたって悪くなる。荒廃する。

結局、政治は国民のためを考えず、自分たちの利益のために、自分たちの票のために。

……

今日、だれも国民のこと、日本のことを考えてやっていない。

国民のほうもそれになれている。

それを前提に新しい『暮しの手帖』を考えなければならない。われわれは何をするか。こういうものと戦わなければならない。荒廃させるものに対して戦わなければならない。どういう方法で戦うか。

……

その場合の武器は、ペンである。

われわれはペンをもって戦わなければならない。いまはペンをもてあそんで、文章をもてあそんで、生活の糧にしている人たちが多い。あるいは、すでにペンを武器にしていることを忘れている人が多い。

ペンはさびている。
ペンはなまっている。
しかし、本来はそうではない。されど、ペンは強い。

……

時代は悪くなっている。
権力は、恣しいまま、やりたい放題だ。
いま発言しないで、いつ発言するのか。
これからの世の中、どう考えたって悪くなる。荒廃する。
いまペンを武器に発言しなければ、ますますこの国は悪くなる。

2世紀に入って、花森さんは奔流のように発言しだした。

1号　もののけじめ
2号　国をまもるということ
3号　番組提供者の責任について
4号　医は算術ではない
5号　困った番組とはなにか
7号　無名戦士の墓

8号　見よぼくら一戔五厘の旗
11号　禿鷹のような商人
12号　教師と親と世の中と
14号　医者と兵隊と戦争と保険と
16号　みなさん物をたいせつに
17号　1平方メートルの土地さえも
18号　総理大臣のネクタイ
19号　内閣を倒した無学文盲の三人の女たち
21号　未来は灰色だから
22号　乱世の兆し
30号　もう、時間はいくらも残っていない
33号　公共料金の値上りと総理大臣
37号　国鉄・この最大の暴走族
44号　ぼくは、もう、投票しない
48号　ものみな悪くなりゆく
52号　人間の手について

国や企業や税金や国家や国鉄や公害……私たちの前に立ちはだかる権力。私たちの暮しを脅かす勢力。私たちから掠め取っていく輩。空気や土地や騒音で私たちを苦しめる者たち……。

花森さんの目には、まざまざと見えていた。

「これからの世の中、どう考えたって悪くなる。荒廃する」

それに立ち向かうのは、ペンだ。文章だ。いまこそ、そのペンをふるう時だ。

私は、思い出していた。入社してすぐの安保騒動の時、国会を取り巻くデモに、私も参加したいと花森さんに訴えたその時のことだ。

花森さんは、私にこう言った。

「君は、編集者だ。ジャーナリストなんだ。ジャーナリストの武器は何だ、ペンだぞ。デモではない、ペンだ。戦うのは文章なんだ。君の今やるべきことは、ペンを磨くことだ。文章を勉強することだ。人を動かす、国を変えさせる、ペンにはその力がある」

「『暮しの手帖』はなぜ広告を取らないか知っているか、商品テストをするので、企業に遠慮をしないためだということもあるが、われわれが本当に戦うべきは国だ。国家権力だ。それが本心だ。デモなんかに行くな。文章を磨け」

あの時から、10年が過ぎたとき、私は、会社を辞めますと、辞表を出した。

その私を、花森さんは抱きかかえるように、そばに置いてくれた。

そして、ことあるたびにそばに呼んで、文章を磨けと諭してくれた。文章とは、美辞麗句を並べることではない。そのことをどうとらえるか、どう考えるかだ。それを鍛えろ。ぼくが、どう考えるのか、しっかり読み取れ。

花森さんは、病苦から立ち直り、しだいに体力にも自信を取り戻していったように思えた。しかし、自分にはそんなに時間は残っていない、と感じていたのではないかと思う。だから、いま、逡巡している時ではない。言うべきことは、言っておかねばならない、と発言し続けた。

「見よぼくら一戔五厘の旗」の巻頭に書かれている文章に、花森さんの心が詰まっている。

ぼくら　せいぜい　一戔五厘*だった
ぼくらの　命や　暮しなど
国にとっては　どうでもよかったのだ
そして　戦争にまけた
民主々義の〈民〉とは　ぼくらのことだ

*一戔五厘＝戦前、葉書1枚の値段が一戔五厘であった時代があり、その安い葉書1枚で、いくらでも兵隊は召集できるんだ、お前らはたった一戔五厘の値打ちしかないんだ、という意味でつかわれた。じっさいには、召集は葉書ではなく、召集令状で行われた。

と教えられた
それを　ぼくら　うれしがって　うじゃ
じゃけているあいだに　二五年もたって
気がついたら　また　ぼくら　一戔五厘
になりかかっている
〈公害〉さわぎが　はじまった　こんど
は　ぼくら　うじゃじゃけていられない
こんどは　ぼくら　こわがらないで
困まることは　困まると　はっきり言う
七円の葉書に　そのことをはっきり書く
その葉書を　大臣や社長に出す
こんど　ぼくら　だまっていたら
また　うやむやに　なってしまう
そして〈ぼくら〉は　滅びてしまう
（そして、本文の中で、強く強く、こじき旗を振った）

民主々義の〈民〉は　庶民の民だ
ぼくらの暮しを　なによりも第一にする
ということだ
ぼくらの暮しと　企業の利益とが　ぶつ
かったら　企業を倒す　ということだ
ぼくらの暮しと　政府の考え方が　ぶつ
かったら　政府を倒す　ということだ
それが　ほんとうの〈民主々義〉だ

いま、その花森さんが逝ってから38年たつが、「一戔五厘」の自覚があるか、「民主々義の〈民〉とは　ぼくらのことだ」と叫べるか、うじゃじゃけていないか、それでもジャーナリストか、編集者と言えるのかと、叱られ続けている。忸怩《じくじ》たる思いだ。


この際、どうしても言っておきたいことがある。

花森さんの戦争責任についてである。

花森さんが、先の戦争中に大政翼賛会《たいせいよくさんかい》*で働き、「欲しがりません勝つまでは」、とか「ぜいたくは敵だ」とかの標語の作者に擬せられて、一方的に、戦争責任がある、と非難する声がある。

花森さんは、このことについて一切、発言も弁明もしてこなかった。たった一度だけ、『週刊朝日』の記者に「ボクは、たしかに戦争犯罪をおかした。言い訳をさせてもらうなら、当時は何も知らなかった、だまされた。しかしそんなことで免罪されるとは思っていない。これからは絶対だまされない、だまされない人をふやしていく。その決意と使命感に免じて、過去の罪はせめて執行猶予してもらっている、と思っている」――「花森安治における『一戔五厘』の精神」(『週刊朝日』1971年11月19日号)と語ったことがある。

この1回だけを言質《げんち》にとって、鬼の首を取ったみたいに戦犯だというのは、まったく滑稽だ。私は、なんで『週刊朝日』にあんなことを言ったのか、思い切って聞いてみた。

「あの若い記者は、はじめから、ああいう答えを欲しがっていたんだよ」と、まるで他人ごとみたいにさらっと言った。そして、「『欲しがりません勝つまでは』も『ぜいたくは敵だ』も、自分がつくったものではない。自分がつくったのは『あの旗を射て』だけだ。そんなことは、みんなわかっているよ」

そうだろうか。みんなわかっているだろうか。なんとなく腹立たしい。

一緒に大政翼賛会で働いていた杉森久英(小説家)さんから、花森が「欲しがりません勝つまでは」の作者に擬せられているが、とんでもない。その標語を募集する単なる事務担当者に過ぎなかった、と言うのを、私は直接聞いている。
さらに杉森さんは、次のように『中央公論』にも書いている。

……花森安治は戦争に積極的に協力したとか、反対しなかったとかいって非難することは容易だし、花森もそれについては一言も弁解しないし、時には自己批判めいた文章さえ書いているが、だからといって、彼が心の奥底から悔悟していたと考えるのは滑稽だし、彼を戦争責任者の一人であるかのように糾弾したら、さらに滑稽なことになろう。正直にいえば、彼は一人の宣伝マンとして、自分の技術とセンスと精魂を傾けて、立派なポスターを作製することに情熱を抱いたので、その腕前が未熟で、ポスターの出来が悪いといわれたら、彼は恥じ入ったであろうが、よく出来ていて、国民の士気を昂揚させるに最適だといわれたら、彼は得意の鼻をうごめかしたはずである。……「花森安治における青春と戦争」(『中央公論』1978年6月号)

そのあとで、花森さんはとても重要なことを語ってくれた。

＊大政翼賛会＝1940年10月、第2次近衛内閣の下で新体制運動*を推進するために結成された国民統制組織。
＊新体制運動＝1940年10月、近衛文麿らが提唱した挙国政治体制樹立運動。
(ともに広辞苑　第四版　岩波書店)

「花森は、戦争責任を反省して、暮しの手帖をはじめたと、わかりやすいストーリーに仕立て上げたいのだろう。しかし、全く逆だ。ぼくは自分に戦争責任があるなどとは思っていない。だからこそ、暮しの手帖をはじめたのだ。自分ごときを戦犯にしたてて、魔女裁判みたいに血祭りにあげて溜飲を下げたら、それでなにか解決するのか。それであの戦争は起きなかったというのなら、甘んじて受けるが、そうじゃないだろう。なぜあんなに多くの人が亡くならなければならなかったのだ。なぜ日本中が焼け野原になったのだ。国民の暮しを滅茶苦茶にした。あんな戦争は、なぜ起きたのだ。誰が起こしたのだ。その根幹なことを抜きにして、小者を血祭りに上げてそれでおしまい、というのでは、肝心の問題が雲散霧消してしまうではないか」

「ぼくも含めて、みんな正しい戦争だ、聖戦なんだと、信じていた。だまされたのだ。これからはぜったいにだまされない、だまされない人をふやしていくことが大切なんだ。暮しの手帖を創ったのは、まさにそのためだ。お国のためではなく、じぶんたちの暮しが第一、という社会にするためだ。そういう国になっているのか、そういう政治になっているのか、国にも企業にもだまされない、しっかり見極める人々をふやしていく、それが暮しの手帖の使命だ」

花森さんは、2世紀8号（1970年）「見よぼくら一戋五厘の旗」の中で、こう発言している。

民主々義の〈民〉は　庶民の民だ
ぼくらの暮しを　なによりも第一にする
ということだ
ぼくらの暮しと　企業の利益とが　ぶつかったら
企業を倒す　ということだ
ぼくらの暮しと　政府の考え方が　ぶつかったら
政府を倒す　ということだ
それが　ほんとうの〈民主々義〉だ

『暮しの手帖』2世紀52号　そして「早春と青春」

花森さんが手掛けた最後の『暮しの手帖』は、2世紀52号である。１９７８年１~２月号。今この号を手に取って見ている。表紙は春である。若い男女が肩を組んで、三脚の向こうでカメラに向かってほほえんでいる。そのまわりは一面のお花畑だ。明るく、楽しく、未来がいっぱいの春だ。しかしなんという弱々しい、切ない春なのだ。辛くて苦しくて必死に描いた春だ。

花森さんは、暮れから体調を崩し、赤坂の山王病院に入院していた。私は、花森さんの絶筆になる「人間の手について」の担当だった。そのために取材した資料をもって、何度も病院へ通った。

いつもは、もっと早くに描き上げる表紙が、まだできていなかった。正月は家で過ごしたいと、一時退院したが、表紙と「人間の手について」だけは、自分で仕上げなければ、と正月4日から出社して、この表紙を描いた。

風邪をこじらせたということだったが、なかなか治らなかった。心臓には大きな負担になっていたのだろう。だから必死の思いで何とか仕上げた表紙は、明るい春だが、弱々しく、切ない春なのだった。

この号に、「食前食後」という頁がある。44号から始めたコラムで、たくさんの人の小文を集めた花森さんの好きな頁だ。編集部員全員が、毎号このコラムに原稿を書くのが義務になっていて、花森さんが全部読んで採否を決める。だから採用され掲載されたらうれしくて、新人などは夜も寝られないというくらい、必死に書く頁だ。花森さんも、この原稿を見て力量を測り、ほかの原稿を任せるかどうか決めていた。

私は、この「食前食後」の担当だった。原稿は編集部だけではなく、しかるべき人に依頼したり、読者からの投稿を選んだりもする。選ばれた原稿を、割付け用に字数を合わせて用意しておく。

割付けは、もちろん花森さんがする。私は、花森さんの前に座り、トップは何にしますか。この左肩にはこの原稿はどうですか、この原稿にはこの写真がついてます、というような会話をしながら、花森さんが原稿を選び、割付けをしていく。

花森さんが、トップはどれだ、と聞いてきた。私が2、3の候補を差し出したが、うーむと言って考えている。気に入らないようだ。

そして、急に原稿用紙を取り出して、さらさらと書いた。ほんの5分か10分。書き上げた原稿を私に渡しながら、ふっと笑った。そして、早春の写真を探してくれ、と言った。その原稿が、食前食後の巻頭の「早春と青春」である。

まだ風は肌をさし、道からは冷気がひしひしと立ち上る、あきらかに冬なのに、空気のどこかに、よくよく気をつけると、ほんのかすかな、甘い気配がふっとかすめるような、春は、待つこころにときめきがある。

青春は、待たずにいきなりやってきて
胸をしめつけ、わびしく、苦しく、さ
わがしく、気がつけば、もう一気に過
ぎ去っていて、遠ざかる年月の長さだ
け、悔いと羨やみを残していく。

まさに、あとからみれば、辞世の詩のような、読んでいて胸が張り裂けるようなつらい詩だ。しかし、この1週間のちには「もう一気に過ぎ去っていて、遠ざかる年月の長さだけ、悔いと羨やみを残していく」事態が本当に来ようとは。いまでも、あの時の花森さんの、ふっとした笑みを思い出して、胸が締め付けられる思いだ。

花森さんの食事の献立（1月4日から1月12日）

当番は毎日の夕食の献立を記録に残して、おかずが重複しないようにしている。花森さんは、昼食は千葉さんに作ってもらう。夜は原則的には編集部全員と同じものを毎日食べた。

だが、体調を崩していたこの時期は、食が進まず、みんなとは別に、千葉さんに調理してもらうことが多かった。

以下に1月の当番の献立記録を転載する。

1月4日水曜日　花森さんお昼　ごはんと千枚漬け　お餅の茶漬け

夜　チキンカレー　(花森さんも普通の半分ぐらい召し上がる)

1月5日木曜日　花森さん、お昼は外で。夜はかけうどん（さぬきうどんパック）

夜　みんなは　ヒレの一口カツ　きざみキャベツ　大根煮もの、味噌汁

1月6日金曜日　花森さんお昼　プレーンオムレツ（玉子2コ）

夜　かやくごはん　ぶりの照焼　ほうれん草おひたし　豆腐の味噌汁

(花森さん　ぶりはなし)

1月7日土曜日　花森さん　昼　中村汀女さんの会へ

夜　うどんかけ　油揚げ入り

夜　みんなはハンバーグ、大根の味噌汁

1月8日日曜日　休み

1月9日月曜日　花森さん　昼　おじや（玉子2コ、粉チーズ、かつおぶし、しょうゆ味）

夜　牛肉薄切りステーキ　ポテト添え　コンソメ、アスパラ

夜　みんなは　ハッシュドビーフ

1月10日火曜日　花森さん　昼　サンドイッチ（ビーフとトマト・レタス・アスパラ）

牛乳（温めてコップ1杯）

夜　すきやき　みんなと一緒（花森さんのご希望だったが、あまり召し上がらなかった）

1月11日水曜日　花森さん　昼　実のない茶碗蒸し　ごはん軽く一膳

おやつ　おろしたリンゴ1コ分

夜　玉寿司の海苔巻（鉄火、かっぱ、イカ、かんぴょう）

夜　みんなは　とんかつ　おろし大根しらす干し　豆腐の味噌汁

1月12日木曜日　花森さん　昼　おかゆと梅干、塩昆布

夜　ごはん　プレーンオムレツ　とろろ

夜　みんなは　とろろ　塩鮭、おひたし

1月13日金曜日　花森さん　お休み

「人間の手について」花森さん　ありがとうございました

52号の表紙をやっと描き上げ、「食前食後」を仕上げた。まだ最後の「人間の手について」の原稿が残っていた。

担当の私は、花森さんが執筆する際に、どんな質問にも答えられるように万全の準備をしなければと、元旦だけ休んで2日から出社していた。

この「人間の手について」は、花森さんのプランだった。今の小学校には備品ばかり多くて、まるで道具のために教育しているみたいだ。教育というのは道具で行うものではない、教育に道具なんていらないんだ、それを言いたい、というのが花森さんの考えだった。花森さんの指示で、全国、北海道から沖縄まで13の小学校を選んで、それぞれの学校の備品の調査をした。その調査結果は、驚くようなものだった。都会の大きい学校も、田舎の小さな学校にも、道具があふれていた。

花森さんは、自分の小学校のことを思い出していた。わたしたち担当に、一語一語嚙みしめるように、自分の小学校時代の学校を語ってくれた。

……ぼくの出た雲中小学校は、神戸のど真ん中にあって、有数の学校だった。日本で学制が発布された時に、全国でいくつか小学校が出来たそのうちの一つ、東京でいえば誠之小学校だ。そういう有数の学校に、何があったかというと、1年から6年全部の間にオルガンが1台、それからフットボールのボールが二つ。教室には黒板以外にはなんにもない。

なんにも無いに等しい中で、小学校教育を受けているわけだ。それでいて、今振り返っても、少しも教育の内容に貧しいと感じたことがない。今の子どもたちが、どういう勉強をしているか、ちらちら聞いたりしても、バカだとは思うが羨ましいと思ったことは、一度もない。そこから発想してるのだよ、ぼくは。教育というのは道具ではないと。

そんなことを言ったって、今さらあれだけあるものをどうするんだと、君らは言うだろう。そうじゃないんだ。もうやめなさい、新しく買ったりするのをやめなさい。いままで間違ってたんだと、はっきり言うんだよ。

現実を見すぎるなよ。それではこっちがバサッと切れない。今の先生たちの大半が、そんな暴論があるか、無茶いいなさんなということを言い出そうとしているんだ。それに対しては、具体的な事実を知って、少し肉付けをしようとしているんだ。だからそこを微に入り細を穿《うが》つ必要はない。『暮しの手帖』というのはいつでも、原点に立ってそこから切り出していくということだ。

君たちが調べてくれた、学校の備品のリストをみて、この中でこれはいる、これはいらん、これはまあいるだろう、なんてことをやったらダメなんだ、こんなものはいらん、なにもいらんということなんだよ。

それでむしろ知りたいのはね、行き当たりばったりに小学校に飛び込んで、こういうことでお目にかかりたい、教頭であろうが、校長であろうが、主任であろうが、若い先生でもいい。通りすがりの先生つかまえて、こういうことについて伺いに来たんだけど、先生どう思いますかと聞くんだ、体育の先生だったら、体育の道具どんなもんですか、十分ですか、そういうふうにして1日5人や10人の先生から集めたい。

それもね、誰がどう言った、それに対して誰がどう言ったかじゃなくて、今の先生がもっている雰囲気をね、もう分かっているようなものだけど、現実の声として聞いてみたい。

だからね，オルガンの数とか、オーバーヘッドプロジェクターのこととか、道具なんか話を切り出す手段ですよ。それに君ら自身がまきこまれ、先生と同じになってしまうといかんから、そういうときはなるべく聞き役になって、あれば当然、ハイハイと。今言った話を持ち出しても、向こうがきょとんとするムードだったら、貴重な時間を割いていただいて、いやありがとうございました、で帰ってくる。もし、道具過多の教育に、少し悩みを持っているような教師が見つかったら、昔はこうだったらしいが、どうだったかと聞いてみたらいい。まあそんな人にぶつかることは期待薄だろうな。

ぼくは振り返ってみると、小さな小学生と大人の教師との間に、心と心のふれあいがあるのよ。たとえば、ぼくらのクラスにね、貧乏な子もいるわけだ。今と違って貧富の差が大きい。遠足に行くとね、お菓子を持ってこられない子もいるわけだ。そうするとね、先生が、「おいだれそれ君、お前の菓子は先生が預かってるぞ」。じっさいには何も預けてなんかないのだが、「来い、これはお前の分だ」と言って先生がやるわけだよ。それでハタでぼくらも知ってるわけだけど、それをあいつは得しやがってなんて思わない。先生とはそういうことをするもんだと思っている。持ってこない人にやるなんて、公衆の面前で、名前を言ったりしませんよ。わけわからんようにしてやるんだ。

休むとね、2日休むと必ず先生が家に来るのよ。だからずる休みも2日は出来んのよ。家庭訪問なんてものはないよ。その代り休んだとか、前の日、運動場で倒れケガをして帰った時、放課後先生が見舞いに行く。そういう規則でもなんでもないのよ。日常の付き合いだったらそうするでしょ。昨日一緒に走り高跳びやった子が、一人捻挫したと。普通の人だったらどうしたかお見舞いに行くだろう。教師だから行くとか、何とかではないわけだ。心と心のふれあい、人間らしい付き合いがあるわけだ。

歌はね、歌うことはみなできる。みんながオルガンをひけるようになる必要はない。大声をあげてやさしい唱歌を次々と習って、大声あげて、歌えばいい。

私たちが全国の13校の小学校の備品をしらべた結果を、52号の誌面で発表したが、そのうちの一校である富山県の小見小学校の部分を抜き出してみよう。

富山県の上新川《かみにいかわ》郡大山《おおやま》町は、北アルプス立山連峰のふもとの町です。小見《おみ》小学校はこの町の山寄りにあり、極楽坂《ごくらくざか》スキー場の近くです。

ここは、児童一〇三人、学級数六、ということは一学年一学級、平均一クラス一七名です。ピアノは二台、教室用のオルガンは、低学年の各教室にあわせて三台あります。デスクオルガンは二二台、テレビは白黒六台、カラー二台です。ＯＨＰは二台です。鉛筆削り器は各教室ごとに電動式のが備えられています。ボールはざっと三、四十コあります。

なんでこんなにピアノもオルガンもボールもあるのか、というのがまず疑問だ。それもあるが、花森さんが気になったのは、鉛筆削り器である。

花森さんが、最後に書かれたこの痛切なる思いを、52号の誌面で読んでいただきたいと思うが、それも無理なお願いであろう。ここで少し長くなるが、「人間の手について」の一部を掲載させていただきたい。

……ぼくがいいたいのは、鉛筆削り器のことです。この十三校のうち、鉛筆削り器がほとんどないというのは、熊本県の浜町《はままち》小学校たった一校でした。

あとの一二校のうち、八校までは、電動式の鉛筆削り器をそなえているのです。なかには、電動式と手まわし式と、合せて二台の鉛筆削り器を、各教室ごとにもっている学校も、ありました。

しかも、そのうち、ナイフを学校へ持ってくることを禁止している学校さえあります。東京の誠之小学校と富山の小見小学校、大阪の桃園《とうえん》小学校、沖縄の東風平《こちんだそん》小学校の四校です。……

そんなことは、どうだっていいじゃないか、鉛筆は書けたらいいので、どんなふうに削ろうと、勉強には関係がないはずだとおっしゃるかたも、けっして少なくはないとおもっています。

だからこそ、それをいわなければならないのです。そんなふうにおっしゃるかたの〈勉強〉とは、いったいなんでしょうか。ぼくがいま、くどくどと、いかにしてナイフで一本の鉛筆を削るか、についていってきた、それも大きな〈勉強〉なのです。それは、人間の手の勉強です。あるいは、人間の手の勉強をとおして、こころの勉強だと思うからです。

もちろん、小さな子どもが、ナイフをもつのですから、ぼく個人の経験でも、何度か指さきに、小さなケガをしました。そういうとき、母親はその傷を見て、そんなものは、ちょっと口で吸ってじっと押えておけば、すぐ治るといったものです。たしかに、それでなおる程度の傷でした。いまのように、やれバンドエイドがどうのと、大騒ぎなどしなくても、すんだ時代なのです。

小学校や中学校の義務教育で、必要なのは、いわゆる読み書き算盤はもちろんですが、こういった人間の手を、大切に育て上げる教育ではないでしょうか。

ナイフが使えない不器用な手、ひもが結べない手、紙の枚数が数えられない手、箸がきちんと持てない手、いまの世の中は、どれだけ人間の手を、圧殺しようとしていることでしょう。

ところが、現実には、各教室に鉛筆削り器を備えるだけでなく、いまいったようにナイフを持ってくることを禁止している小学校が、いくつもあります。あるいは、表向きは禁止していなくても、持ってきた子がいると、教室には鉛筆削り器があるのだから、不必要なものは、もってこないように、と先生が〈指導〉する学校も、またいくつもあるようです。……

人間は、道具をつかう動物だ、といわれています。ここで、はっきりしておきたいのは、人間は、道具につかわれる動物ではないということです。

道具をつかうのは、道具は、人間の手です。あるいは、人間の目や、耳や、鼻といった感覚です。こういった感覚は、訓練をすればするほど、鋭くなっていきます。……

人間の手のわざを、封じないようにしたいというのは、つまりは、人間の持っているいろんな感覚を、マヒさせてしまわないように、ひいては、自分の身のまわり、人と人とのつながり、世の中のこと、そういったことにも、なにが美しいのか、なにがみにくいのか、という美意識をつちかっていくことになるからです。……


この「人間の手について」の原稿は、花森さんの口述をテープにとり、それを起こしたものである。いつもながら、口述が、そのまま見事な文章になり、後からご自身が見直しても、ほとんど直すところがなかった。

口述が少しできたら、待ち構えていてすぐに文字に起こす。それが出来たそばから印刷に回し、ゲラ刷りにして全部が揃ったところで割付けに入る。今だったら、パソコンに打ち込み、その場でワードに起こし、割付けも出来るのだが、当時は、文字を活字に変えるには、どうしても印刷屋さんに頼まなければならなかった。私は、花森さんの前に座り、指示をもらいながら、出来上がったゲラ刷りで割付けをした。

それがまた大急ぎで印刷に回され、ほどなく戻ってきた。花森さんは、椅子にもたれて、ぐったりしていた。

この「人間の手について」が、『暮しの手帖』2世紀52号の最後だ。これが完成すれば、52号はすべて校了。編集の仕事は終わる。

そのとき、私は、最後の一行が空白であることに気づいた。文章が一行足らない。花森さんは、こういう中途半端な編集は、絶対許さない。一行書き足さなくても、どこかを改行し、最後は、ぴったりと行を終わらせるのは当たり前のことで、ふつうの原稿ならわれわれがそれをやる。しかし、花森さんの原稿はいじれない。

「花森さん、最後の一行が足りません。どこか、改行しましょうか」と聞いた。

花森さんは、目をつぶっていた。そして、目を開けて、その一行の空白を見つめていたが、「いいよ、そのままでいい。余韻だ」と言った。

私は、そばにいた芳子さんと顔を見合わせた。芳子さんもおどろいた。こんなこと初めてね。

花森さんは、ゆっくりと立ち上がり、「これで終わったな、ごくろうさん」

このとき、昭和53（1978）年1月12日の夜8時。

この30時間後に、花森さんは亡くなった。

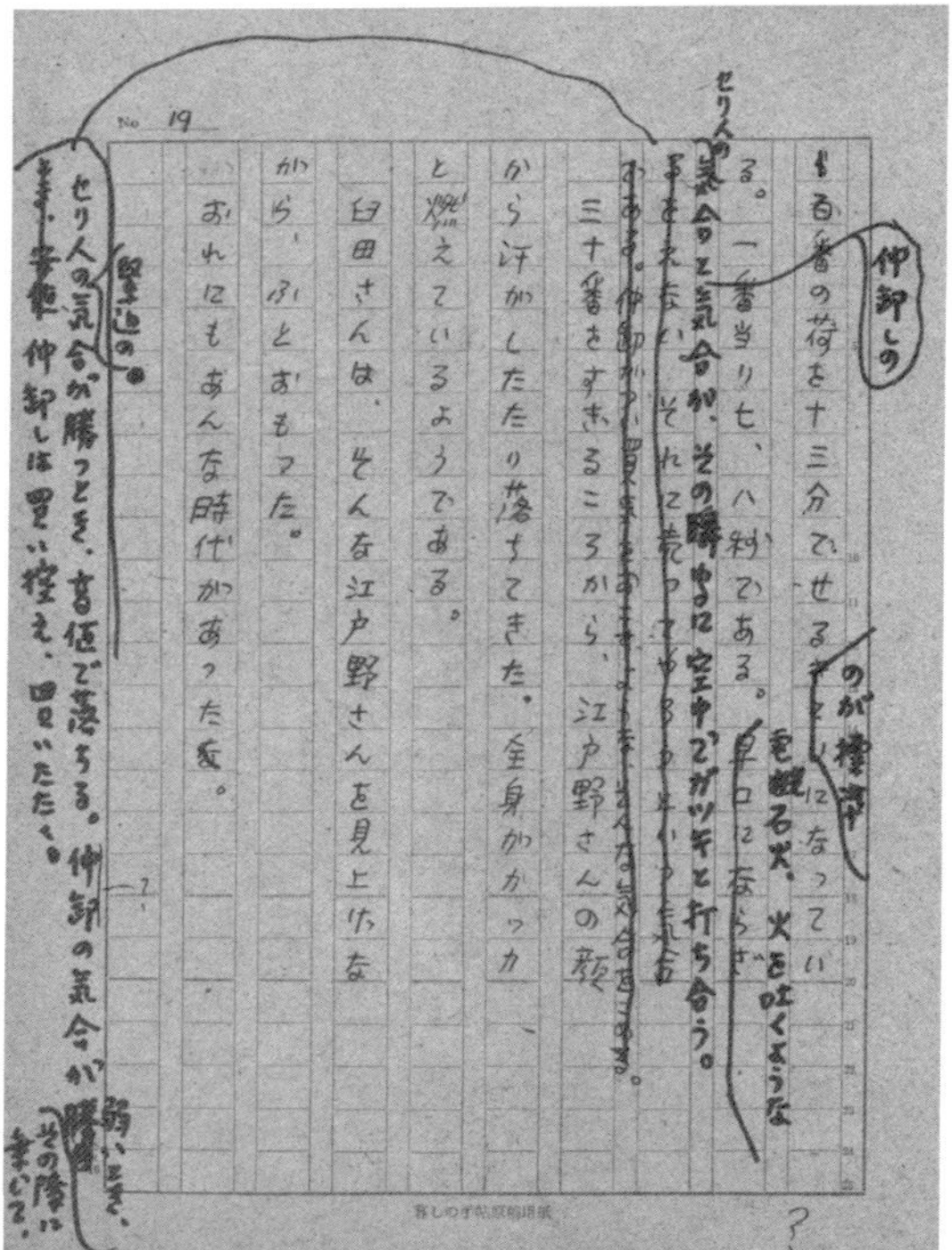
No 19

三十番をすぎるころから、江戸野さんの額
から汗がしたたり落ちてきた。全身がカッカ
と燃えているようである。
臼田さんは、そんな江戸野さんを見上げたな
がら、ふとおもった。
おれにもあんな時代があった夜。

ある日本人の暮し「競明競暮河岸哀歓」の花森さんの赤字が入った生原稿。これを見ると、花森さんの「しようもない文章を書くから、直すのも苦労するぞ」という声が聞こえてくるようだ。

花森さんが手がけた最後の号となった２世紀52号。

「一戔五厘の旗」

あとがき

この本をお手に取って、お読み下さった方は、花森安治という人のことをどのように感じられたでしょうか。よく叱られたとか、怒鳴られたというエピソードをいろいろ書きましたので、おっかない人とか、鬼みたいな人と思われるかもしれません。また、スカートをはいたとか、パーマをかけたとかの噂を聞いて、奇異な変人と思う人もいるかもしれません。

私たち暮しの手帖の人間は、鎮子さんも含めて、誰も花森さんがスカートをはいた姿を見たことはありません。ただ、キュロットスカート的なショートパンツをはいたり、パーマや長髪姿には接しています。

いまでこそ、長髪の人も変わった髪型の人もたくさんいますが、昭和30年代当時は、勤め人など普通の男性は、みな背広にネクタイをしているものだと思われていました。そんな時代に、パーマ姿や独特の服装は、異形と思われても仕方がないと思います。

しかし、花森さんは、もちろん変人でも、オネエ趣味でもありません。男らしい男であり、まともまともも、天下の常識人であります。

それなのに、花森さんはなぜ、そんな恰好をしたのでしょうか。

太平洋戦争の時代、男はみな国民服を着、女性はもんぺを穿くことが奨励（強要）されました。背広や着物、振袖などは、ぜいたく、不謹慎と非難されて、国民は全員、右向け右、服装も精神も、一億一心火の玉となってお国のために戦え、それに外れる者は非国民、と断罪されました。

国民みな同じ顔、同じ服、同じ姿、同じ考え、同じ精神……日本人はお上の言いなりになり、みんな唯々諾々と戦争に邁進する。それではだめなのだ。一人一人が個性を持ち、自分の好きなように自由な生き方をするべきなのだ。

それを、花森さんは、身を以て実践したのです。自ら、みんなとは異なる服を着、髪型にして、国民は自由なのだ、自分の好きに生きたらいいのだ、と主張をしたのです。

しかし、それがわからない、みんなと同じことが最良だと考える人、唯々諾々とお国の言いなりになるような人から見たら、異形の人、変わった人、目立ちたがり屋の変な奴、と映ったことでしょう。

それをものともせず、断固実行するためには、強烈な意志とたじろがない実行力がなければできないことなのです。普通の人にはとてもできません。すごいことです。驚嘆します。

花森さんは、ジャーナリストとして編集者として文筆家として、傑出した人でしたが、服装やファッションを通じても、表現・表出したのでした。私は、誰よりも最も尊敬する人です。

その尊敬できる花森さんの下で仕事が出来たことを、終生の幸せだと感謝しています。

花森さんの亡くなられた後、6年間、暮しの手帖で仕事をつづけましたが、鎮子さんと編集の意見を異にして、辞めました。

辞めた後、スーパーの「ダイエー」に入社し、創業者の中内㓛社長の秘書になりました。

なぜスーパーに、とよく聞かれました。

中内さんは大阪生まれ、花森さんと同じ神戸育ちで、中学校も神戸三中（現・長田高校）の後輩であり、花森さんを尊敬していました。

と同時に、花森さんと同じように一兵卒として召集され、フィリピンで負傷、飢餓地獄の瀕死の体験をしました。そして、二度と戦争をしてはならない、なぜこんなバカな戦争になったのか、と考えた時に、国民一人一人の暮しがもっと豊かになり、この暮しを守りたいとなることが、戦争をしない国になることだ、と思い至り、スーパーを創業したのでした。

花森さんが『暮しの手帖』を創ったのと、中内さんが「ダイエー」を創ったのは、方法は違うが、方向は同じだと思いました。だから、中内さんの下で働いたのでした。

今回、『暮しの手帖』を語るにあたって、創業者の花森さん、鎮子さんに加えて、あえて編集部を加えさせてもらいました。花森さんが、いかに偉大でも一人では『暮しの手帖』は作れません。鎮子さんが、どんなにがんばっても、やっぱり『暮しの手帖』はできません。この国の人々の暮しをよくしたいという運動に参画し、縁の下で日夜奮闘してきた編集部の仲間たちに登場してもらい、楽しかったこと苦しかったことを語ってもらいました。ご協力を感謝します。

久しぶりに、『暮しの手帖』のこれまでを振り返り、いまの『暮しの手帖』の編集部のみんなと語り合い、みんなの意欲や努力を知ると、なかなかやるじゃないか、まだこの国の人々の暮しのために、『暮しの手帖』は役に立つぞ、と思えてきました。

どうぞ、この機会に、ぜひ新しい『暮しの手帖』をお手に取って、お読みいただけることをこころから願ってやみません。

この本をつくるにあたって、テープ起こしや資料収集、手書き原稿のパソコンへの打ち込み等を担って下さった渡橋理恵さん、花森さんのテープや資料の整理・保存をしてくれていた難波達己君をはじめ、たくさんの人にお力添えをいただきました。ほんとうに、ありがとうございました。みんなにたすけてもらい、やっとまとまりました。心から感謝します。

２０１６年５月　小榑雅章

◎小榑雅章（こぐれ・まさあき）＝1937年、東京都生まれ。早稲田大学第一文学部を卒業した1960年、暮しの手帖社に入社。『暮しの手帖』の創刊者であり、初代編集長の花森安治が永眠するまで、18年間にわたり薫陶を受ける。もうひとりの創業者の大橋鎭子とは、24年間を編集部でともにした。退社後、スーパーマーケットのダイエーに入社。創業者の中内功のもとで働く。取締役秘書室長、兵庫エフエムラジオ放送（現Ｋｉｓｓ‐ＦＭ ＫＯＢＥ）社長、ダイエー消費経済研究所代表取締役会長などを歴任して退社。現在は、企業やＮＰＯ等の組織の利他行動の社会心理をリサーチする「向社会性研究所」主任研究員。社会学博士。

＊引用文は、原文は旧漢字、旧仮名遣いになっているものもありますが、読みやすくするため、常用漢字、現代仮名遣いに改めました。
＊本書には、今日では使用しない言い回しや言葉遣いがありますが、執筆当時の時代の雰囲気を生かすため、原文どおり収録しました。

◎校閲＝大沼倪子
◎撮影＝濱松朋子（複写） 元家健吾（複写）
◎協力＝土井藍生

花森さん、しずこさん、そして暮しの手帖編集部

平成二十八年六月十一日　初版第一刷発行

著　者　小榑雅章

発行者　阪東宗文

発行所　暮しの手帖社　東京都新宿区北新宿一ノ三五ノ二〇

電　話　〇三―五三三八―六〇一一

印刷所　株式会社　精興社

落丁・乱丁がありましたらお取り替えいたします

定価はカバーに表示してあります

ISBN 978-4-7660-0201-0　C0095

＊暮しの手帖をもっと知っていただくための本

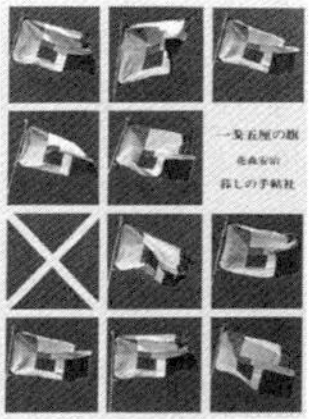

『一戔五厘の旗』
花森安治 著

『戦争中の暮しの記録』
暮しの手帖編集部 編

ポケット版『「暮しの手帖」とわたし』
大橋鎮子 著

すべて、暮しの手帖社刊